Park of the Future

75 Years Gerrit Rietveld Academie — International AIAS Student Seminar

Preface

Voorwoord

Here before you lies 'The Park of the Future', a book published to close off the AIAS seminar of the same name that took place on the Westergasfabriek grounds in Amsterdam from 12 through 16 April, 1999. The seminar consisted of a large exhibition, lectures, a film programme, workshops, work evaluations, excursions, shows and performances. The occasion was the seventy-fifth anniversary of the Gerrit Rietveld Academie and my farewell from the Gerrit Rietveld Academie and from AIAS. We are grateful for the opportunity to bring out this beautiful book.

A number of writers, journalists, students and photographers were asked to take a walk through the park in words and images. They, and last but not least the designer, have made the book into what it is today. As you can read in the various texts and see on the photo series by students and others in this book, the Park of the Future kicked up a lot of dust, in spite of the frequently wet terrain. The Dutch April cold did not stand in the way of buzzing activity. The designer, I believe, has succeeded in giving this book a character of its very own, making it not so much a reportage as a new 'Park of the Future'.

In retrospect, we can safely call the organization of this seminar a large-scale operation. The enthusiasm and the dedication of the organization bureau, with broad support from the staff of the Gerrit Rietveld Academie, formed a stimulating and much appreciated base.

This special dedication led to many organizations supporting us and acknowledging the importance of the project for the future of education in visual arts and design.

Voor u ligt het boek 'Het Park van de Toekomst', uitgegeven als afsluiting van het gelijknamige AIAS-seminar dat plaatsvond van 12 tot en met 18 april 1999 op het Westergasfabriekterrein in Amsterdam. Het seminar bestond uit een grote tentoonstelling, lezingen, een filmprogramma, workshops, werkbesprekingen, excursies, optredens en performances.

Aanleiding was het 75-jarig bestaan van de Gerrit Rietveld Academie en mijn afscheid van de academie en van AIAS. Wij zijn dankbaar dat we in de gelegenheid zijn geweest dit fraaie boek uit te brengen.

Een aantal schrijvers, journalisten, studenten en fotografen zijn gevraagd een wandeling door het park te maken in woord en beeld. Zij en niet in de laatste plaats de ontwerpster hebben het boek gemaakt tot wat het nu is.

Dat het Park van de Toekomst heel wat stof heeft doen opwaaien op het niettemin vaak natte terrein kunt u lezen in de verschillende teksten en zien op de fotoseries van studenten en anderen die verwerkt zijn in dit boek. De Hollandse arpilkou heeft een zinderende bedrijvigheid niet in de weg gestaan. De ontwerpster is er mijns inziens in geslaagd het boek een heel eigen karakter te geven, waardoor het niet zozeer een verslag is geworden als wel een nieuw 'Park van de Toekomst'.

De organisatie van het seminar kunnen we achteraf gerust een grootscheepse operatie noemen. Het enthousiasme en de inzet van het organisatiebureau, breed gesteund door de medewerkers van de Gerrit Rietveld Academie vormde een stimulerende en zeer gewaardeerde basis.

Deze bijzondere inzet heeft ertoe geleid dat vele instellingen ons steunden en het belang van het project hebben gezien voor de toekomst van het beeldende kunst- en vormgevingsonderwijs.

Simon den Hartog
former Chairman of the Board of the Gerrit Rietveld Academie, former president of AIAS (International Association of Independant Art and Designschools).
oud voorzitter College van Bestuur Gerrit Rietveld Academie, oud voorzitter van AIAS.

The Ingredients

De ingrediënten

1 idea, 3 points of departure, 101 opinions, 1 project, 1 client, 75 years Gerrit Rietveld Academie, 25 years Simon den Hartog, 1 AIAS seminar, 3 kinds of writing paper, 3 different visiting cards, 4 Issues, 10'000 copies, 4800 postal items, 140 boxes of printed matter, 16 editorial meetings, 32 staff meetings, 23 information presentations, 4 information stands, 3 general meetings, 82 times consultation in the corridor, 1137 telephone calls, 12 budgets, 25 writing pads, 11 binders, 45 floppies, 14'000 sheets of A4 paper, 12 designers, 1 website, 4 work students, 792 participants from 18 different countries and from 43 institutes, 5 different stamps, 16 ink pads in 4 colours, 800 participant packages in which 800 sun hats and 800 rain hoods, 1400 tickets for the big party, 9600 stickers, 1 scenario of 196 pages, 65 regulations, 800 participant passes, 35 staff passes, 120 volunteer passes, 80 VIP passes, 5000 posters, 6000 invitations, 10'000 flyers, 120 flags, 20 banners, 47 signposts, 33 radio and television broadcasts, 41 publications in dailies and weeklies, 2 offices, 5 days of setting up, 1.8 km extension cord, 196 sockets, 2 technicians, 2 generators, 11 large heaters, 1270 litres of fuel, 10 kg screws, 300 metres of tape, 1.2 km partitions, 800 litres of white latex, 32 paintbrushes, 905 metres of slats, 140 metres of beams, 32 construction workers, 12 brooms, 162 refuse bags, 24 refuse bins, 6 ladders, 2 vans, 1 car, 2 chauffeurs, 18 bicycles, 12 flashlights, 4 bunches of keys, 112 pizzas of which 44 vegetarian, 18 toilets, 82 towels, 144 bars of soap, 2350 rolls of toilet paper, 580 chairs, 120 tables, 286 metres of curtain, 7 large exposition halls, 12 buildings, 14 hectares of area, 1 opening spectacle, 1 state secretary, 1 minister, 1 barrel organ, 7 days of expositions, 32 lectures, 5 work evaluations, 12 workshops, 49'011 discussions, 11'348 conversations, 48 film showings, 208 cinema seats, 4 excursions, 5 busses, 820 travel kilometres, a lot of volunteers, 15 degrees average temperature, 5 types of weather: rain, hail, snow, sun, wind, 1 fallen entrance gate, 1 P.A. system, 14 loudspeakers, 22 motorcycles with riders, 24 models, 4 computer experts, 3 audiovisual experts, 16 slide projectors, 62 video monitors, 14 microphones, 18 computers, 1 tool rental, 7 daily papers, 8 photographers, 986 photographs, 3 podiums, 12 performances, 1 sponsor meeting, 1 farewell reception, 1 dinner party with 108 guests, 1 bottle of vodka for private use, 6 writers for the final publication, 1 editor-in-chief, 1 press conference, 1 meeting of mayor and councillors, 10 security guards with body-warmers, 7 mobile telephones with a total of 8000 phone minutes, 7200 Simons, 1 restaurant, 2 cold stores, 10 kitchen worktables, 45 catering volunteers, 3 cooks, 2 managers, 1850 breakfasts, 322 lunches for volunteers, 210 litres of soup, 3000 bread rolls, 50 drums of beer, 360 bottles of wine, 40 kg meats, 60 kg cheese, 1800 cups of coffee, 288 rolls of liquorice, 720 bags of crisps, 6 firemen, 4 first-aid kits, 18 first-aiders, 0 police, 20'000 visitors of whom 1 was removed, 1'042'000 footsteps, 1 pair of worn soles, 32 sponsors and subsidisers, 28 participating foreign institutes, 15 Dutch institutes, 1 accountant, 1 bookkeeper, 2 moves, 1 bottle of sticker remover, 7 containers of bulky refuse, 6 cleaners, 7 forgotten umbrellas, 4 lost gloves, 1 lost child's shoe, 1 retrieved pair of reading glasses, 1 lost bunch of house keys, 3 retrieved student passes, even more help from Rietveld personnel, 437 thank you letters, 1 general and financial report, 7 staff members, 1 project co-ordinator:

«**It was a grand event, grander than you could imagine beforehand. The idea was to create a climate in which participants were challenged to think about the meaning of parks in our society in the broadest sense of the word and in which it was appealing for students to look for a confrontation with the arts, the public and each other. I was surprised to see that the Park led to a much broader discussion about art and society. The result was busy, lively, sometimes a little bit chaotic and far from museological. A real look-and-see exhibition. It was up to the public to pick out the gems. It turned out to be a manifestation, with the participants themselves addressing the question how art was to go on, in itself as well as in relation to society.**

Moreover the art in the Park of the Future showed that the fading of the boundaries between the disciplines continues. In an increasing degree, art is socially oriented. The conventional division between architecture, design and autonomous art is dissolving. This is an interesting development for the future. The Park of the Future has certainly made a contribution to this.

Many thanks to all those who devoted themselves to the Park of the Future.»

1 idee, 3 uitgangspunten, 101 meningen, 1 project, 1 opdrachtgever, 75 jaar Gerrit Rietveld Academie, 25 jaar Simon den Hartog, 1 AIAS seminar, 3 soorten briefpapier, 3 verschillende visitekaartjes, 4 Issue's: 10.000 exemplaren, 4800 poststukken, 140 dozen drukwerk, 16 redactievergaderingen, 32 stafvergaderingen, 23 informatievoordrachten, 4 informatiestands, 3 algemene bijeenkomsten, 82 maal overleg in de wandelgangen, 1137 telefoongesprekken, 12 begrotingen, 25 schrijfblokken, 11 ordners, 45 floppy's, 14.000 vel A4 papier, 12 vormgevers, 1 website, 4 vaste werkstudenten, 792 deelnemers uit 18 verschillende landen en van 43 instituten, 5 verschillende stempels, 16 stempelkussens in 4 kleuren, 800 deelnemerspakketten waarin 800 zonnehoedjes en 800 regenkapjes, 1400 kaartjes voor het grote feest, 9600 stickers, 1 draaiboek met 196 pagina's, 65 voorschriften, 800 deelnemerspasjes, 35 stafpasjes, 120 vrijwilligerspasjes, 80 VIP pasjes, 5000 posters, 6000 uitnodigingen, 10.000 flyers, 120 vlaggen, 20 banieren, 47 aanwijzingsborden, 33 radio en televisie-uitzendingen, 41 publicaties in dag- en weekbladen, 2 kantoren, 5 dagen opbouwen, 1,8 km verlengsnoer, 196 stopcontacten, 2 technici, 2 stroomgeneratoren, 11 grote kachels, 1270 liter brandstof, 10 kilo schroeven, 300 meter plakband, 1,2 km schotten, 800 liter witte latex, 32 verfkwasten, 905 meter latten, 140 meter balken, 32 bouwvakkers, 12 bezems, 162 vuilniszakken, 24 vuilnisbakken, 6 ladders, 2 busjes, 1 auto, 2 chauffeurs, 18 fietsen, 12 zaklantaarns, 4 sleutelbossen, 112 pizza's waarvan 44 vegetarisch, 18 toiletten, 82 handdoeken, 144 stukjes zeep, 2350 rollen toiletpapier, 580 stoelen, 120 tafels, 286 meter gordijn, 7 grote expositieruimtes, 12 gebouwen, 14 hectare oppervlak, 1 spektakelopening, 1 staatssecretaris, 1 minister, 1 draaiorgel, 7 dagen tentoonstelling, 32 lezingen, 5 werkbesprekingen, 12 workshops, 49.011 discussies, 11.348 gesprekken, 48 filmvoor-

stellingen, 208 bioscoopstoelen, 4 excursies, 5 bussen, 820 reiskilometers, heel veel vrijwilligers, 15 graden gemiddelde temperatuur, 5 weertypen: regen, hagel, sneeuw, zon, wind, 1 omgevallen toegangspoort, 1 omroepinstallatie, 14 luidsprekers, 22 motoren met bestuurder, 24 modellen, 4 computerdeskundigen, 3 audiovisuele deskundigen, 16 diaprojectoren, 62 videomonitoren, 14 microfoons, 18 computers, 1 gereedschapverhuur, 7 dagkranten, 8 fotografen, 986 foto's, 3 podia, 12 optredens, 1 sponsorbijeenkomst, 1 afscheidsreceptie, 1 grand diner met 108 genodigden, 1 fles wodka voor privé gebruik, 6 schrijvers voor de eindpublicatie, 1 eindredactrice, 1 persbijeenkomst, 1 bijeenkomst van burgemeesters en wethouders, 10 bewakers met bodywarmers, 7 mobile telefoons met in totaal 8000 belminuten, 7200 Simon's, 1 restaurant, 2 koelcellen, 10 keukenwerktafels, 45 horecavrijwilligers, 3 koks, 2 managers, 1850 ontbijten, 322 lunches voor vrijwilligers, 210 liter soep, 3000 broodjes, 50 vaten bier, 360 flessen wijn, 40 kilo vleeswaar, 60 kilo kaas, 1800 kopjes koffie, 288 rollen drop, 720 zakken chips, 6 brandweermannen, 4 verbandkisten, 18 EHBO-ers, 0 politie, 20.000 bezoekers waarvan 1 is verwijderd, 1.042.000 voetstappen, 1 paar versleten zolen, 32 sponsoren en subsidieverleners, 28 buitenlandse deelnemende instituten, 15 Nederlandse instituten, 1 accountant, 1 boekhouder, 2 verhuizingen, 1 fles stickerverwijderaar, 7 containers grof vuil, 6 schoonmakers, 7 achtergelaten paraplu's, 4 verloren handschoenen, 1 verloren kinderschoentje, 1 gevonden leesbril, 1 zoekgeraakte bos huissleutels, 3 teruggevonden studentenpasjes, nog veel meer hulp van Rietveld personeel, 437 bedankbrieven, 1 inhoudelijk en financieel verslag, 7 stafmedewerkers, 1 projectcoördinator:

«Het was een groots gebeuren, groter dan je kunt bedenken. Het idee was een klimaat te creëren waarin de deelnemers uitgedaagd werden na te denken over de plaats die parken in de breedste zin van het woord innemen in onze samenleving en waarin het tegelijkertijd aantrekkelijk was de confrontatie op te zoeken met de kunsten, het publiek en elkaar. Ik vond het verrassend om te zien dat het park juist aanleiding gaf tot een bredere discussie over samenleving en kunst. Het resultaat was levendig, druk, soms wat chaotisch en verre van museaal. Een echte kijktentoonstelling waarin het de taak was aan het publiek om zelf de juweeltjes eruit te halen. Een manifestatie, waarbij de vraag hoe het nu verder moet met de kunst door de deelnemers zelf is aangekaart.

De werken in het Park van de Toekomst lieten bovendien zien dat de vervaging van de grenzen tussen de disciplines voortschrijdt. De kunst is in toenemende mate maatschappelijk georiënteerd. De conventionele scheiding tussen architectuur, vormgeving en autonome kunst lost op. Dat de vakgebieden steeds dichter bij elkaar komen, is een interessante ontwikkeling voor de toekomst. Het Park van de Toekomst heeft hieraan zeker een bijdrage geleverd.

Mijn grote dank aan iedereen die zich heeft ingezet voor het Park van de Toekomst.»

Harry Heyink
Project co-ordinator Park of the Future
Project coördinator Park van de Toekomst

Speech

by Andrée van Es
Park of the Future, Friday, april 16th

Dear Simon, Friends, Ladies and Gentlemen,

Last week I read an interview in the Amsterdam newspaper Het Parool with our host, Simon den Hartog. He explained something on the character of the Gerrit Rietveld Academie with a story he had told me a few weeks before: Simon told that 25 years ago, during the procedure which would end in appointing him as director of the Gerrit Rietveld Academie, students came up to his house to check him out. They weren't as much as interested in his skills, but more in his ways as a person: who is this guy who will be our new director. In his house, they saw two leftwing weekly magazines, Vrij Nederland en de Groene Amsterdammer and they saw the newspaper het Parool. That was enough to convince them that Simon was the right person, the idealist, the leftwinger, they obviously had in mind.

In that very same period, about 25 years ago, I finished university and started to work as a political assistant of the small leftwing PSP, Pacifist Socialist Party in the Dutch parliament. Ten years after, by then MP for that same party, I would, in a way, experience the opposite reaction as Simon had in '73. When I visited the US parliament in a parliamentary delegation, a conservative republican read the name of my party, looked at me and cried out: «Pacifist Socialist Party, is that as bad as it sounds?» «Worse», I remember, or at least hope, to have answered. Pacifism, non-violence, for me a winking future, was a horrifying enemy in the Cold War years for him. Twenty five years ago the first collective hungerstrike by illegal immigrant workers in Amsterdam was about to begin. Twenty five years ago students at universities and academies lived their dream of selfdetermination and democracy. Twenty five years ago the East was called the Sino-sowjet-bloc and the peacemovement in the West reached the eve of its enormous growth.

«Nooit meer oorlog», was our slogan, «no more wars», »stell dir vor, es ist Krieg, und keiner geht hin», was the most beautiful poster-line.

There were anti-Nato demonstrations, especially in relation to the fascist-Nato members Greece and Portugal.

The future was ahead of us. It was an abstraction, it was why we worked day and night in what was called «the struggle». «Love in the struggle» was the most loving way to adress yourselves to friends and lovers.

Let me identify some of our thoughts of the future in those days: as I said, no more war. There was the issue of world-federalism, even world-government. Internationalism would mean no more oppressive states, no more borders and passports, except for worldpassports. No more rich exploiting the poor, equality between men en women, no more uniforms.

Yes, we could think of the Park of the Future, and yes, it looked good in the future. But only in the future. There was no way we allowed ourselves to play in the present. And we hardly thought about what it would take to get to the future.

No uniforms, we said. And we would have never imagined that in the future the slogan would be «more blue in the street», a probably very Dutch eufemism for more uniformed policemen. To feel safe. We would never have imagined that public space needed so many, many rules to be maintained and that violence and agression would be the most extreme examples of the competitive reality in the streets.

But, probably most of all, we didn't, couldn't have imagined that the future would bring more wars. That uniforms would be asked for to protect human rights. Rwanda was ahead of us en so was de Balkan crisis. We could never had imagined that technological progress would leave us completely torn up: All over the world people can watch the war in Kosovo hour by hour on tv. It makes you outsider and participant at the same time. «You know, so do something». It is at the same time almost fiction, far from the rainy Park of the Future. We know, despite rhetoric, that the third world war is not our future, that the destroyed future of the people in Kosovo and also in Serbia will be very neatly contained in this little spot on the world-map. We hardly can feel, or truly understand that this is reality, what is happening day after day. The Flemish writer Kristien Hemmerechts described this as the illness of our time: being fundamentally not able to feel, to understand the full meaning of reality, when we did not experience it ourselves, or when a director or writer does not explain or manipulate the meaning of it. Whoever watched Dutch tv yesterday, a fundraising show on and for the Kosovo-refugees, must have experienced this manipulation of reality.

In november of this year, we will have a program in De Balie, called 'Burengeruchten', Rumours of neighbours. It deals with the fall of the Berlin Wall, 10 years ago. Recent history teaches us that our excited expectations then: no more division between East and West, a common future instead, now has brought us only very little common life. The old ideas of worldgovernment and worldfederalism in the future meet in a way a much harder resistance in these days then a Wall or an Iron Curtain could ever have been: it meets the need of most people to define who is «us» and who is «them». Whether we like it or not, one of the hottest issues in the future in our part of the world is the question: where begins the East and ends the West. We are brutally confronted with our own capacity to define the Kosovo people as «they», as strangers or as «not-western», at least «not us».

Why do I need to speak on the Kosovo-war, while having been asked to talk about idealism and about the future. Because it is the most dominant context of nowadays future-building. Whether that is in politics, or art, or journalism. As I said before, maybe we felt free to phantasize on a future world 25 years ago. Maybe we were more optimistic on the goodness of mankind. Maybe even we were inspired by the thought that we could win a world and that the sky was the limit. In nowadays context those thoughts seem naïve and almost improper. Adorno's most famous statement, that it's barbaric to write poetry after Auschwitz, comes to life these days.

How much we can understand Adorno – every word or image can only banalize reality. But as the world may be grateful that Adorno changed his mind – to remain silent is worse, we must acknowledge the importance of thinking and talking and writing about the future in the context of a world in war. Is it a restriction? Yes, in the way fear, pessimism, or a painful loss is. The philosopher Patricia de Martelaere analyses in 'Een verlangen naar ontroostbaarheid' (a desire for unconsolableness) Freud's comparison between mourning and melancholia. Both are charactarized by a loss of interest for the outside-world, an inability to love, an irritant inhibition in all daily pursuits. On mourning de Martelaere states that the normal ending of this slow and painful process is that reality wins and that the «I» becomes free and full of life once again. This is, I realize a lot of psychologizing. But I was struck by this image of «free and full of life». Because in another way, that, in my view, is what idealism is all about. And that is what the future requires. To relate to the political and social context becomes a token of strength instead of a restriction. I don't know where this war is going to end. I know that it depresses many, many people. And yet, one of the most heavy weapons we have, to fight it, is a free spirit.

There are other circumstances to involve in this small lecture on the future. They have to do with social-economic politics in the last 25 years. It is, I find, more threatening than the context of war and peace I spoke on. It is the dominancy of economics and market values. The main question seems to be: is it useful, what you do? Does it lead you to success, to work, to profit, to a curriculum vitae.

Now that I find really restrictive for a free spirit: It is not useful to think of a Park of the Future, so why do it? If we try to analyse the last 25 years along this path, we do have reason to be worried. In the educational field, words keep telling me that education is a number one-priority of different governments. But their deeds tell me otherwise. The lack of teachers, an urgent matter these days, may serve as illustration. From two years of age, children should be educated in one straight line to labour market, because that is what counts. Dominant the notion that there is a lot to choose, that the complexity of modern life is overwhelming and that children therefore should be teached to choose. It is a real struggle for those who want to stand up for the right to experiment, the need to deepen knowledge, the right to find your own way. Simon den Hartog is one of those strugglers, not only in his fight for Independent Art and Designschools.

I know by experience all political debates on the necessity of budget-cuts, rationalisation, etcetera. But I also know the everlasting struggle for acknowledgement of creativity and experiment. If we, in De Balie, centre for Politics and Culture, try and struggle to find the right questions, to relate politics to philosophical questions underneath, if we study and think and debate to get to the bottom of, for example the influence of technology on basic principles as democracy and selfdetermination, we are counterproductive for policymakers who ask for measures, to solve this and that problem, quickly and low-budget, please.

So we feel very much related to the Gerrit Rietveld Academie and everything Simon den Hartog stood for the last 25 years. The eagerness to question everything and everybody you meet. The creativity and the freedom of spirit, opinion and speech. The will, but also the skill to experiment, to think the unthinkable. The need to deal with a pluriform world, in which no abstract ideal or truth can be uncritisized. The expression of the things you believe in, the creation of the park of the Future. That, Simon, is what you tought students and via them, to us all. Society will desperately need that in the near future. Because building the future by living our today's life, confronts us with the poverty of the concept of 'usefulness'. The fight in public space, on which I spoke on before, shows that to eventually succeed in sharing that public space, in living together in a world, a city, a neighboorhood where individualism, migration, big differences in welfare and wellbeing form the context, we need more than 'usefullness' or rational policymaking.

This week I spoke to the governors of exact this part of the city, Westerpark. It is a very interesting part of the city of Amsterdam. Policymaking means how to make sure money, goods, knowledge, space and beauty benefits the poor, how to make sure immigrant children will find their way to Dutch society and at the same time to make sure the neighbourhood's diversity will be remained.

That is a political debate which is very strong, very actual, very much of today. Problems are today's problems, but have to be faced with a strong vision of the furure. That is the context in which the Park of the Future has been built. Free and full of life. In that sense, this event is a very hopeful one. And as I hope to have made clear, not only a loss compared to our phantasies of the future of 25 years ago, but also a step forward in connecting our present with the future.
Simon den Hartog, therefore I thank you very much.

Please allow me to read a poem of Herman de Coninck on Ieper, Belgian battlefield of the First World War.

Andrée van Es
is managing director of De Balie in Amsterdam.

Last Post

Vanavond zou ik naar Ieper. Het liep tegen zessen.
Ik reed ondergaande zon tegenmoet, en drie verdiepingen
Dali-achtige wolken die door windkracht negen werden
    weg-

gejaagd, de hemel waaide van de aarde weg,
ik moest hem laten gaan, ik reed en reed, 150 per uur,
en raakte per minuut tien minuten achter. Daar ging mijn
    horizon.

Als ik in Ieper arriveer is het 1917. Duitsers hebben de zon
kapotgeschoten. Het licht dat er nog is, zijn explosies.
Ik bevind mij in een gedicht van Edmund Blumen.

Vanuit de loopgraven schrijft hij een ode aan de klaproos.
Aarde heeft een groot Über-ich van bloemen over zich.
Blunden heeft ze letterlijk in het vizier.

Het is hier een paar jaar lang
de laatste seconden voor je sterft.
Er zijn alleen maar kleinigheden.

Later hoor ik onder de Menenpoort de Last Post aan:
drie bugels die je tot tachtig jaar terug
door wat nog over is van merg en been hoort gaan.

Herman de Coninck

Pietje Tegenbosch

Biosphere 3

The Art

Biosphere 3

De kunst

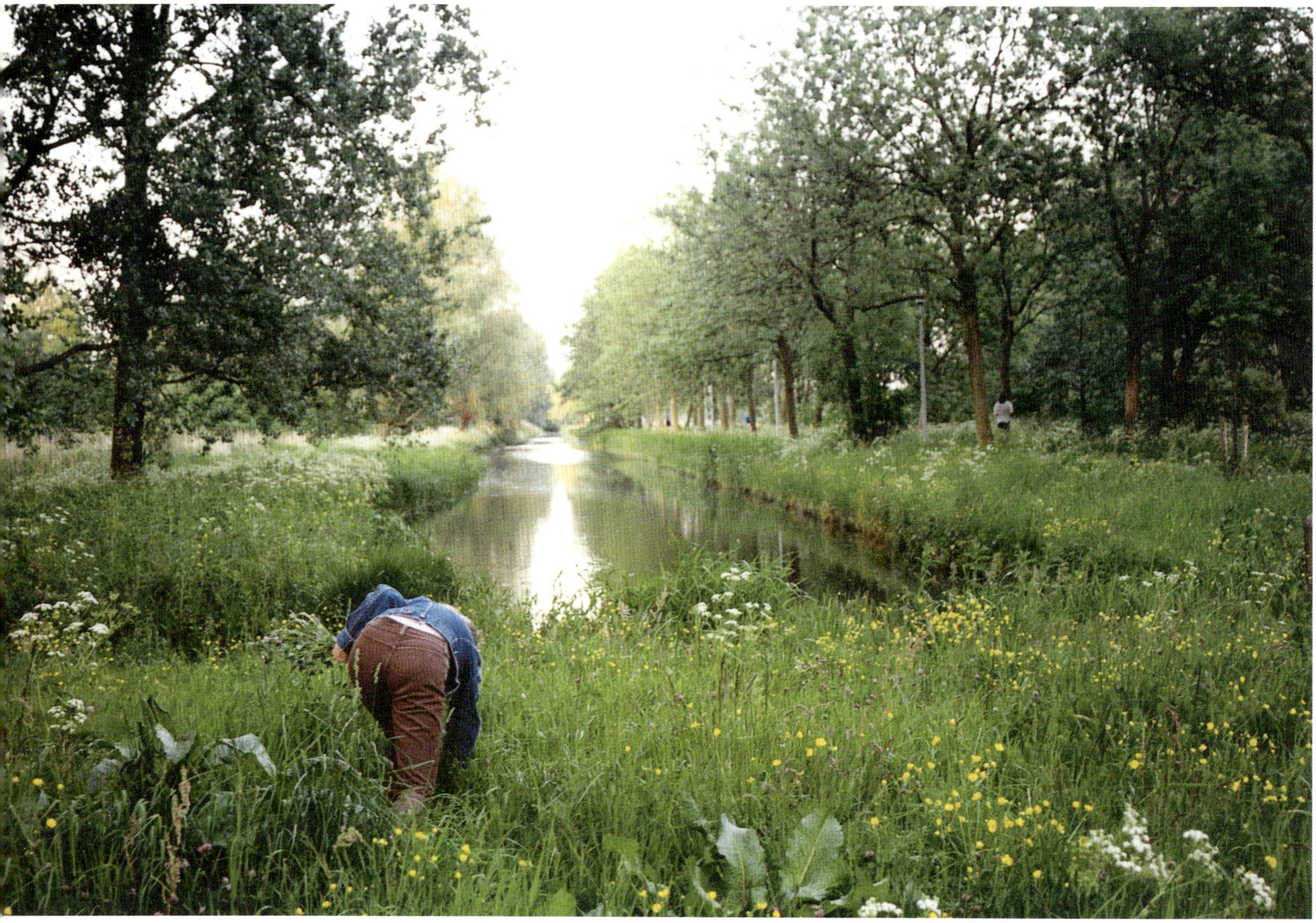

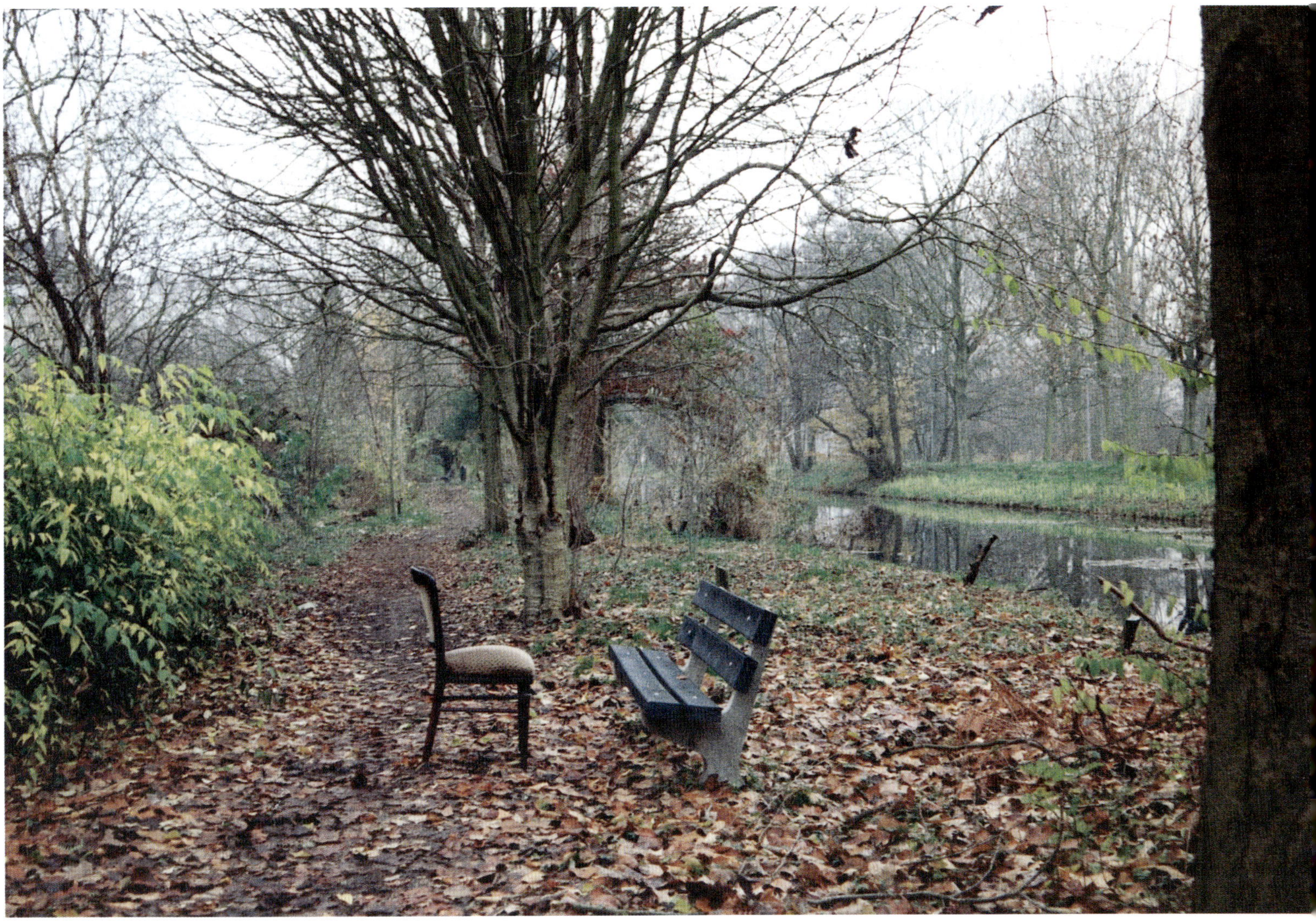

In 1991, a spectacular project financed by a Texan multimillionaire, Edward P. Bass, was begun in the desert of Arizona. Under the name Biosphere 2, a programme was started up that was designed to simulate the conditions on earth in a completely enclosed and controlled environment. Bass initially considered Biosphere 2 as a first step on the way to human colonization of Mars. During a period of two years, until 1993, a group of eight people lived in the greenhouse that was structured around five areas, pieces of |wild| nature, varying from tropical rainforest to a desert. The occupants had to learn how to live from the land while, apart from minimal means of communication, they were completely isolated from the outside world.

It was not as successful as Bass had hoped. There were unexpected chemical reactions in the system. The oxygen level in the greenhouse, for example, dropped so sharply in the course of time that measures had to be taken to protect the lives of the occupants. Besides, there was a rumour that the yield of crops was so low that the occupants were starving and decided to smuggle in food. Almost all the birds and animals, who were believed to be able to thrive in the greenhouse, died. Only the cockroaches and the ants held out. The project turned into a joke, a tourist attraction disguised as a scientific tour de force.

But Bass didn't give up. He entrusted the project to the University of Columbia that nowadays uses it as a special laboratory for studying the greenhouse effect. Purpose of this study is to learn how our plants and the surrounding atmosphere can be better |managed|. Biosphere 2 is being taken seriously by the scientific world now that it doesn't claim to do more than gain insight into small pieces of reality.

In this day and age, with virtual reality having become an integral part of everyday reality thanks to digital media, and thus turning our experience of that reality quite topsy-turvy, Biosphere 2 evokes suspiciously many associations with an average computer-game.

Biosphere 2 attempted to simulate the real world. Partly thanks to the computer, the alienating effect of various realities existing beside each other has become common knowledge. Walt Disney has introduced large scale amusement parks that have proven mega-successful. Commercial enterprises such as the sports brand Nike or fashion houses like Armani are changing their outlets into theme-stores representing a parallel world in which their own laws and rules hold. 3D entertainment is flourishing as never before. The attractive but at the same time disturbingly realistic atmosphere of the Truman Show, a film in which the main character lives in a completely orchestrated artificial world without being aware of it, a cinematic setting complete with actors, seems awfully close by. And what to think of the purely artificial Ocean Drome in Myazaki, Japan, where beachgoers imagine themselves to be in a Bounty paradise: all thinkable forms of virtual reality have nestled into daily life like |body snatchers|.

In 1991 werd in de woestijn van Arizona in de Verenigde Staten een begin gemaakt met een spectaculair project dat werd gefinancierd door een Texaanse multimiljonair, Edward P. Bass. Onder de naam Biosphere 2 werd een programma opgestart dat was ontworpen om de condities op aarde na te bootsen in een volledig afgesloten en gecontroleerde omgeving. Bass beschouwde Biosphere 2 aanvankelijk als de eerste stap op weg naar de kolonisatie van Mars door de mens. Gedurende een periode van twee jaar, tot 1993, leefde er een groep van acht mensen in de kas die een structuur bevatte die was opgebouwd rond vijf gebieden, stukken |wilde| natuur, variërend van een tropisch regenwoud tot een woestijn. De bewoners moesten leren hoe ze konden leven van het land terwijl ze, afgezien van wat minimale communicatiemogelijkheden, helemaal afgezonderd werden van de buitenwereld.

Het pakte niet zo mooi uit als Bass gehoopt had. Er waren onvoorziene chemische reacties in het systeem. Het zuurstof niveau in de kas, bijvoorbeeld, daalde in de loop der tijd zo sterk dat ingegrepen moest worden om de levens van de bewoners te beschermen. Bovendien ging het gerucht dat de opbrengst aan voedsel zo laag was dat de bewoners uitgehongerd raakten en besloten om voedsel binnen te smokkelen. Bijna alle vogels en dieren, waarvan men had gedacht dat ze een bloeiend bestaan zouden kunnen leiden in de kas, stierven. Alleen kakkerlakken en mieren hielden het uit. Het project werd een lachertje. Een toeristische attractie vermomd als wetenschappelijk hoogstandje.

Maar Bass gaf niet op. Hij bracht het project onder bij de Universiteit van Columbia die het tegenwoordig gebruikt als een speciaal laboratorium voor onderzoek naar het broeikas effect. Doel van dit onderzoek is te leren hoe onze planeet en de atmosfeer eromheen beter |gemanaged| kunnen worden. Biosphere 2 wordt serieus genomen in de wetenschappelijke wereld nu het niet meer pretendeert dan inzicht in kleine stukjes werkelijkheid te kunnen veroveren.

In deze tijd waarin de virtuele realiteit dankzij de digitale media onlosmakelijk onderdeel is gaan uitmaken van de alledaagse werkelijkheid en zodoende onze beleving van die werkelijkheid danig op zijn kop heeft gezet, roept Biosphere 2 verdacht veel associaties op met een doorsnee computer-spel.
Biosphere 2 probeerde de reële wereld na te bootsen. Mede dankzij de computer is de vervreemdende werking van verschillende realiteiten die naast elkaar bestaan gemeengoed geworden. Walt Disney heeft grootschalige pretparken geïntroduceerd die mega-successen blijken te zijn. Commerciële ondernemingen als het sportmerk Nike of modehuizen als Armani veranderen hun verkooppunten in thema-winkels die een parallelle wereld vertegenwoordigen waar eigen wetten en regels gelden.

Little pieces of reality, under a bell jar as it were, that is also what the Park of the Future has to offer. The challenge for students to give their own interpretation to the Park of the Future, seems not to lie in developing ideologies or a total-concept, not even in developing an Ultimate Park. It seems rather that the students make use of the given of different realities to explore their own boundaries and to study their own ties with the world.

And so the Park of the Future is a park where romantic winding paths and broad asphalted lanes cross each other, where nostalgia and high-tech architecture go hand in hand, where fantasy and reality merge. A park where the efficient and the visionary meet each other. Art is not a science. And the Wester gasworks grounds are not Biosphere 2. And yet it is the power of growth, characteristic of real greenhouses, that makes the Park of the Future so alluring.

It is cold, wet and windy on the grounds of the gasworks in Amsterdam. Ho Wai Fong, student of the Sandberg Instituut, has therefore dropped the idea of a real market-stand and has chosen for mobile comfort. She uses her car as shop-window and counter in one. In the invitingly open trunk, there are hundreds of mini-cacti, some of them adorned with deep-red flowers. They are set in rings of earthenware as if they are gems. These prickly |green| jewels are in great demand among the visitors, who are not only treated lavishly to the fickle play of the elements, but can let themselves be carried on the current of images and ideas generated by the theme of this happening.

Fong relates that buyers want a guarantee for the life-span of their small valuable and she sighs: «good art, but horrible gardening.» The cactus-rings of Ho Wai Fong, forming an independent green mini-world, at the same time serve as a piece of jewelry.

With their ambiguity, they fit nicely in the concept of the Park of the Future, where the phenomenon |park| and everything connected to it forms the central theme.

De 3D entertainment bloeit als nooit tevoren. De even aantrekkelijk als onrustbarend realistische sfeer van The Truman Show, een film waarin de hoofdrolspeler zonder het zelf te beseffen in een volledig geregisseerde kunstmatige wereld leeft, een filmische setting compleet met acteurs, lijkt akelig dichtbij. En wat te denken van het louter artificiële Ocean Drome in Myazaki, Japan, waar badgasten zich in een Bounty paradijs wanen: alle mogelijke vormen van virtuele realiteit hebben zich als |body snatchers| in het dagelijks leven genesteld.

Kleine stukjes werkelijkheid, als het ware onder een glazen stolp, dat is ook wat Het Park van de Toekomst te bieden heeft. De uitdaging aan studenten om een eigen invulling te geven aan het Park van de Toekomst lijkt niet te liggen in het ontwikkelen van ideologieën of een totaalconcept, zelfs niet in het ontwerpen van het Ultieme Park. Veel meer lijken studenten het gegeven van de verschillende realiteiten aan te grijpen om hun eigen grenzen te verkennen en hun eigen band met de wereld te onderzoeken.

Het Park van de Toekomst is dan ook een park waar romantische kronkelpaadjes en brede geasfalteerde lanen elkaar doorkruisen, waar nostalgie en hi-tech architectuur hand in hand gaan, waar fantasie en werkelijkheid samenvloeien. Een park waar het doelmatige en het visionaire elkaar treffen. Kunst is geen wetenschap. En het Westergasfabriekterrein is geen Biosphere 2. Toch is het de kweekkracht, kenmerkend voor de echte broeikas, die het Park van de Toekomst zo aanlokkelijk maakt.

Het is koud, nat en winderig op het terrein van de Westergasfabriek in Amsterdam. Ho Wai Fong, studente aan het Sandberg Instituut, heeft het idee van een echte marktkraam daarom maar laten varen en gekozen voor mobiel comfort. Ze gebruikt haar auto als etalage en toonbank in een. In de uitnodigend opengeklapte achterbak staan honderden mini cactussen waarvan sommige zijn getooid met dieprode bloemen. Ze zijn gevat in ringen van aardewerk als waren het edelstenen. Deze stekelig |groene| sieraden vinden gretig aftrek bij het publiek dat in het Park van de Toekomst niet alleen ruim getrakteerd wordt op het wispelturige spel van de elementen, maar zich bovenal kan laten meevoeren op de stroom van beelden en ideeën die het thema van deze happening genereert.

Fong vertelt dat de mensen bij aankoop een garantie willen voor de levensduur van hun kleinood en ze verzucht: «Good art, but horrible gardening». De cactus-ringen van Ho Wai Fong, die een op zichzelf staande groene miniwereld vormen dienen tegelijk als |piece of jewelry|. Met hun dubbelzinnigheid passen ze helemaal in het concept van het Park van de Toekomst waar het fenomeen |park| en alles wat daarmee samenhangt het centrale thema vormt.

Volgens de definitieve bestemmingsplannen zal het niet lang meer duren of het terrein rond de Westergasfabriek in Amsterdam zal onder handen genomen worden door professionele landschapsarchitecten die het zullen transformeren tot een heus park van de toekomst. Het gebied ademt nu nog de industriële sfeer van weleer met de monumentale fabrieksgebouwen en de woeste gronden eromheen. Juist in dit rafelige land mogen studenten van over de hele wereld hun gang laten gaan in hun poging het om te toveren tot één groot park van voorstellen en ideeën.

Het Park van de Toekomst dient gedurende een week als broeikas. Voor deze periode zijn, in het kader van het jaarlijkse AIAS-symposium, meer dan zevenhonderd deelnemers – studenten, maar ook docenten en directieleden – afkomstig van zo'n veertig academies, bijeen om hun ideeën over Het Park van de Toekomst gestalte te geven in tentoonstellingen van eigen werk, lezingen, performances, films en excursies. Het vijfenzeventig-jarig bestaan van de Gerrit Rietveld Academie geeft het geheel een feestelijk tintje. Het Rietveld |family| gevoel (mooi gevisualiseerd in het portret van scheidend directeur Simon den Hartog, dat de |Simon|, de munteenheid van Het Park, siert) genereert een energie waar menig academie slechts van kan dromen.

Ondanks het gure weer bruist het Westergasfabriekterrein van een hartverwarmende activiteit. Een eerste bezoek tijdens de dagen dat er ingericht wordt, levert een ander beeld op dan het laatste bezoek, vlak voor het einde van het seminar. In een week tijd is het terrein steeds voller geworden. Het Park blijkt een |work in progress|.

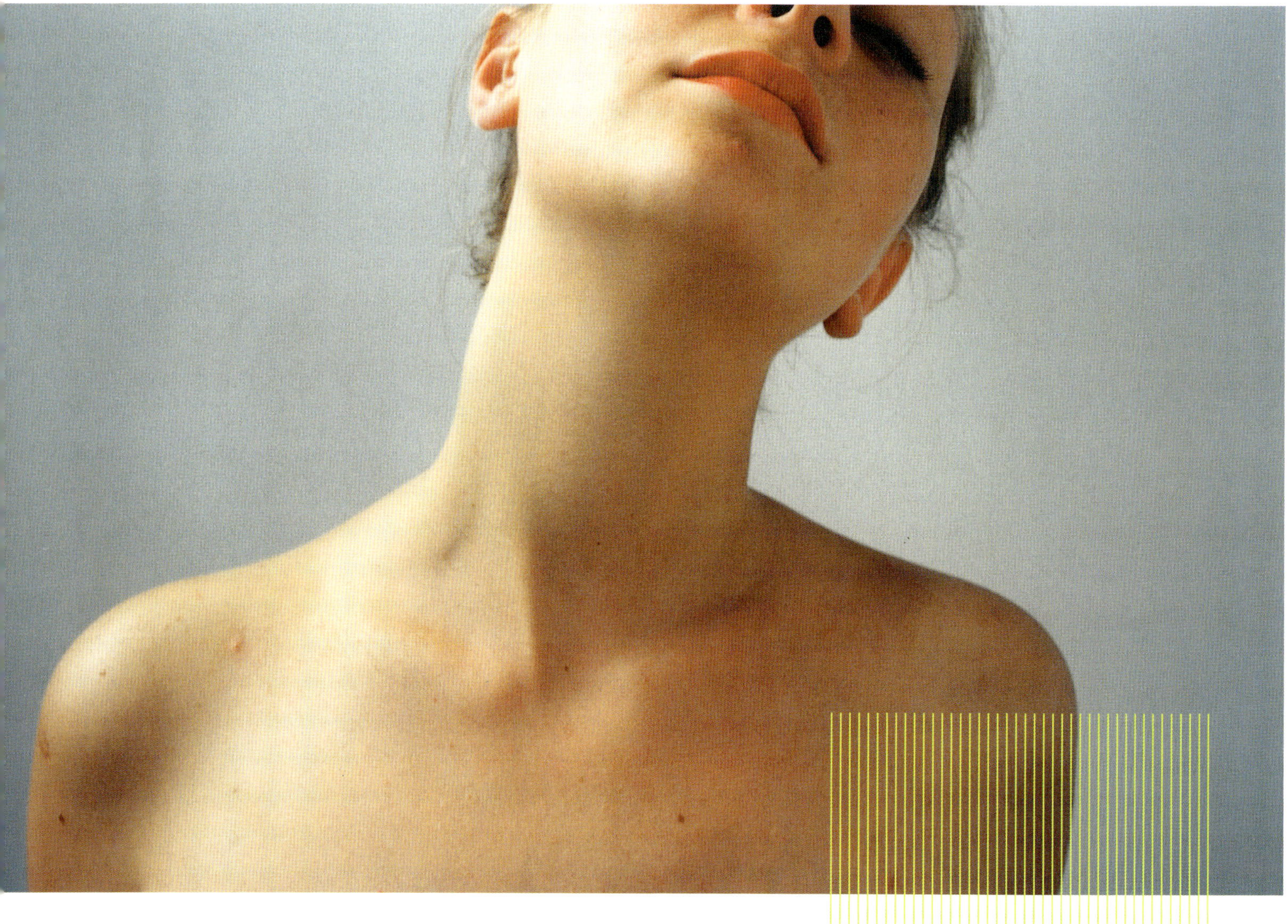

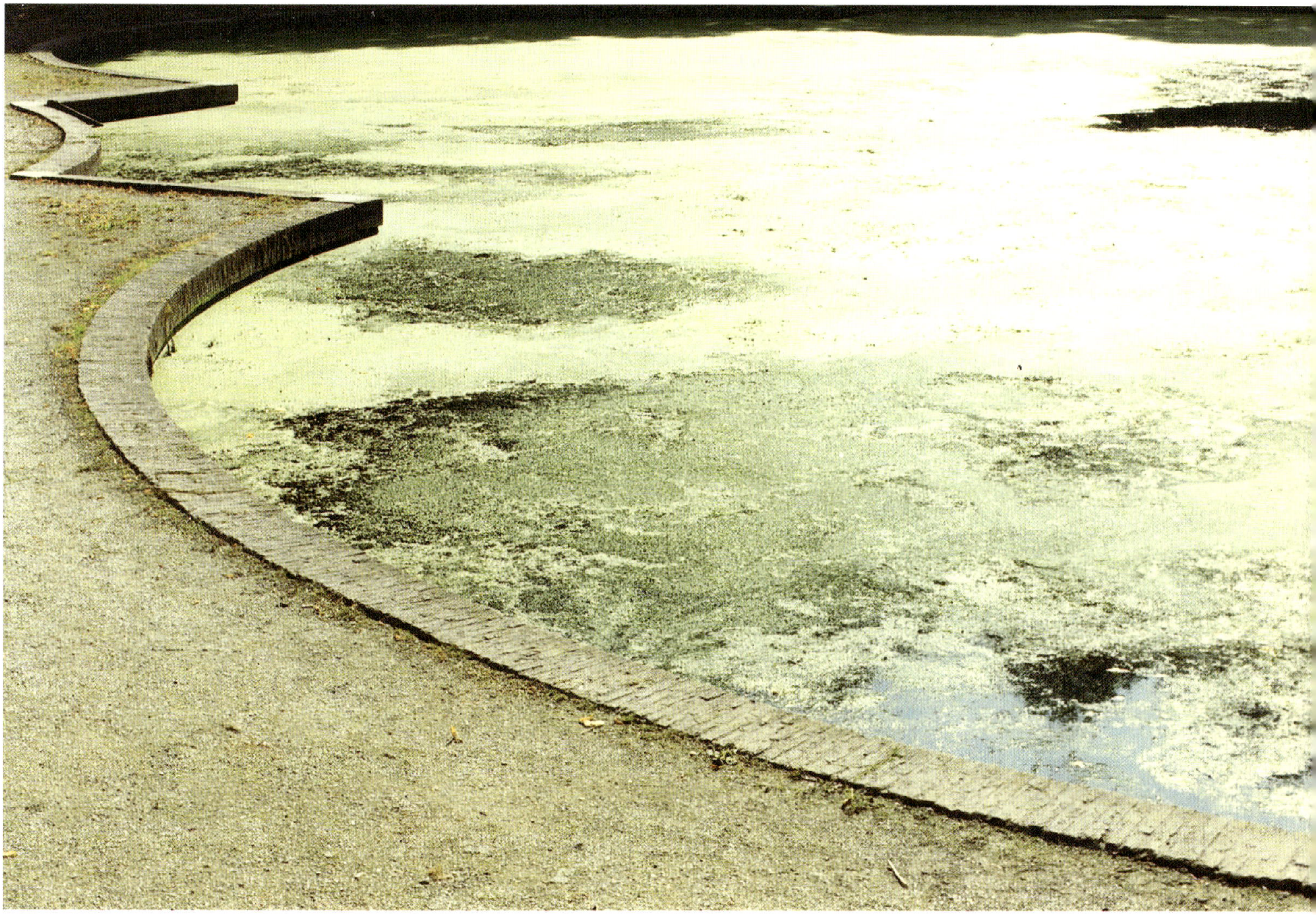

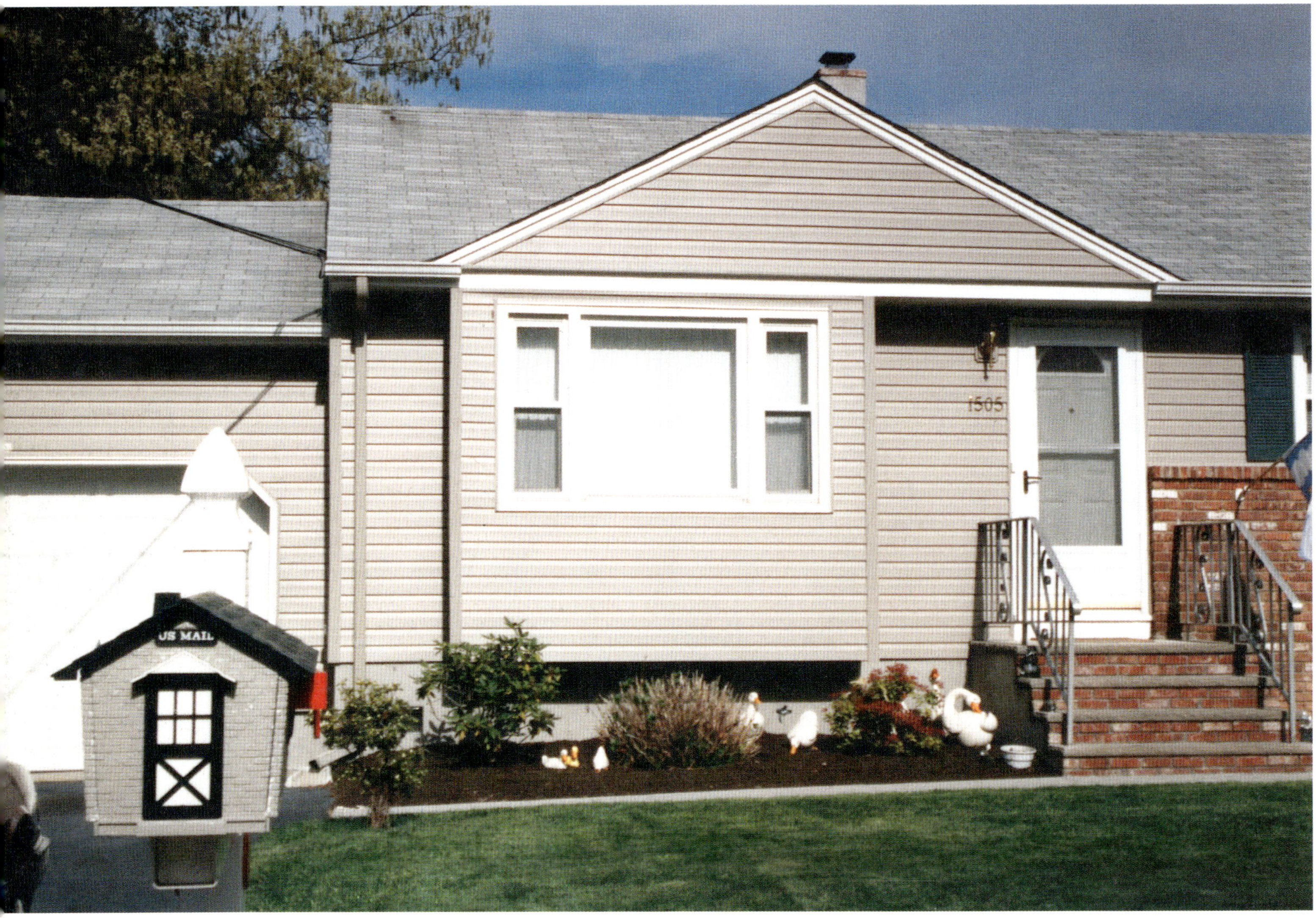
US MAIL
1505

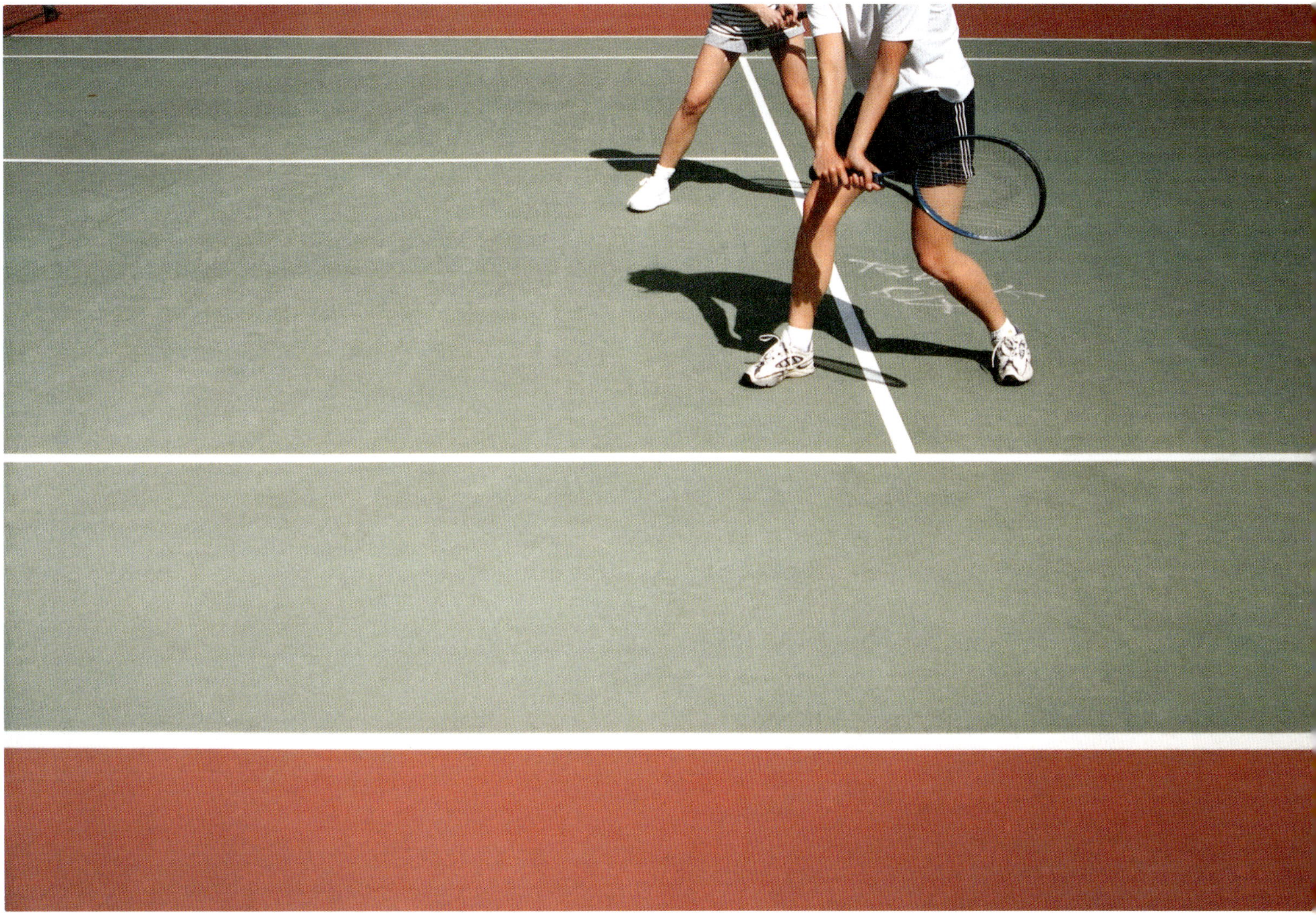

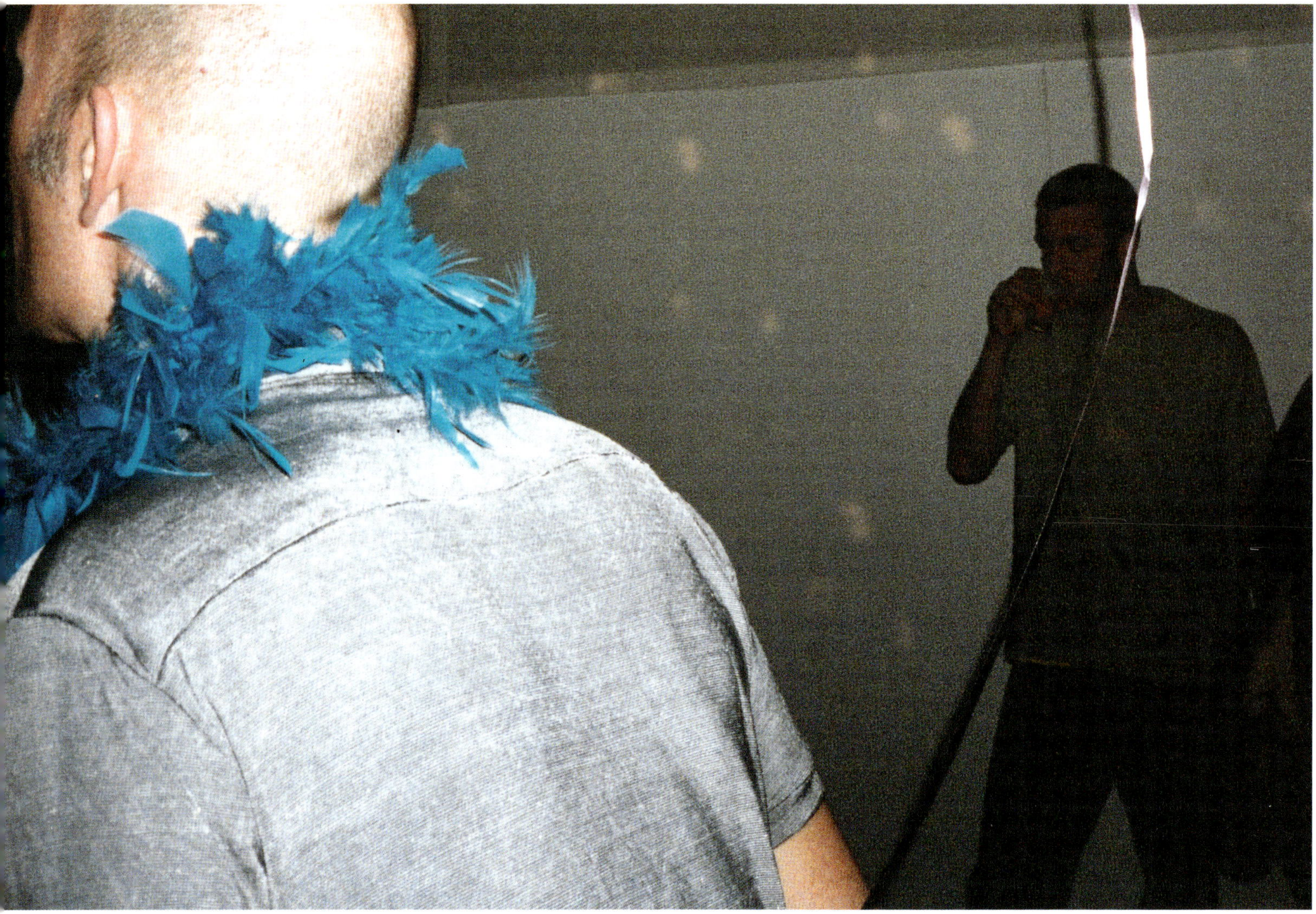

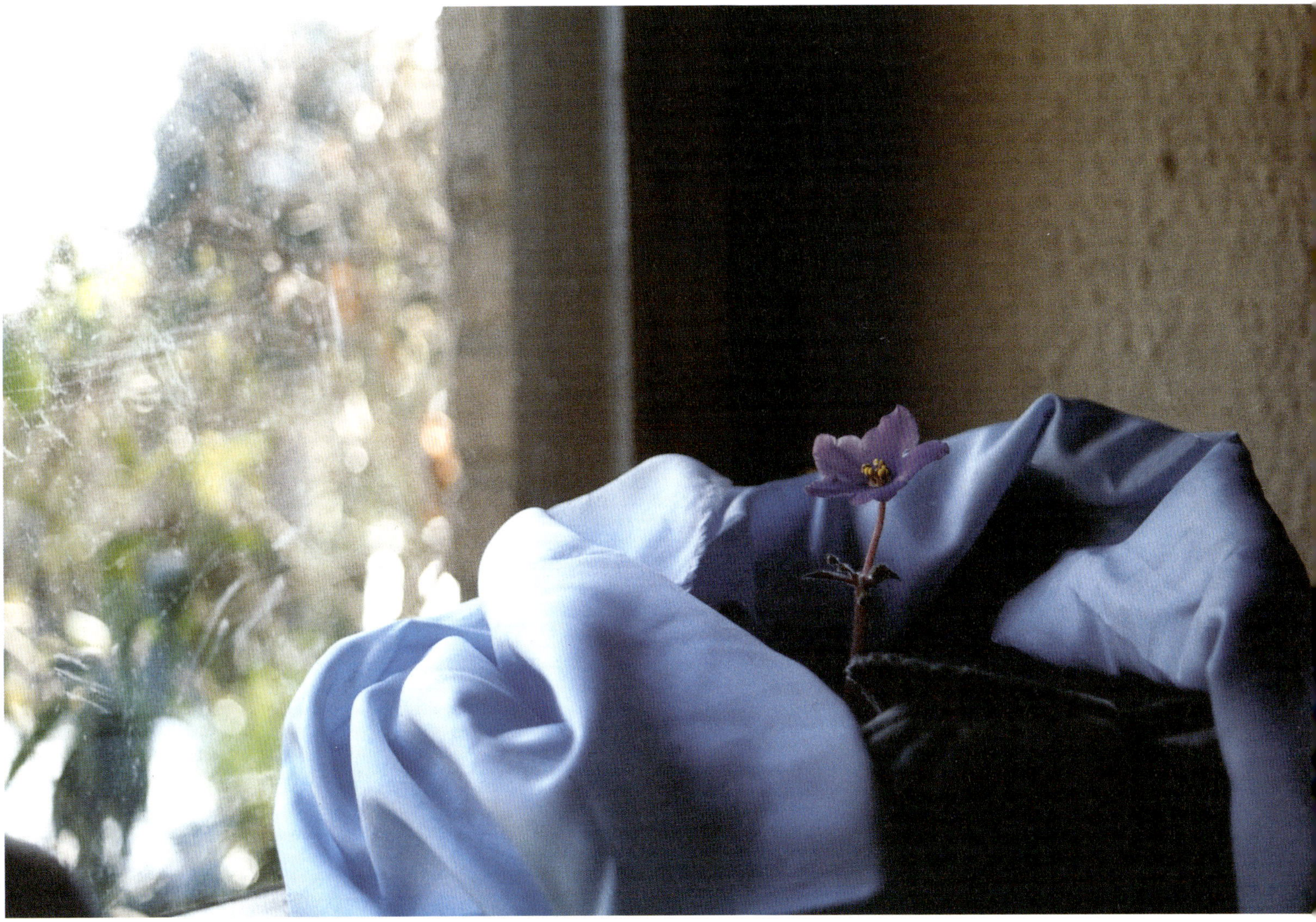

According to the definitive zoning plan it won't be long before the grounds around the Wester gasworks in Amsterdam will be taken in hand by professional landscape architects who will transform it into a true park of the future. The area now still exudes the industrial atmosphere of olden days with the monumental factory buildings and the barren wasteland around them. Yet it is in this scruffy land that students from all around the world are given free rein in their attempt to transform it into one great park of proposals and ideas. For one week, the Park of the Future serves as a greenhouse. In the framework of the annual AIAS symposium, more than seven-hundred participants – students, but also teachers and management from some forty participating academies – have gathered to give shape to their ideas on the Park of the Future in exhibitions of their own work, lectures, performances, films and excursions. The seventy-fifth anniversary of the Gerrit Rietveld Academie adds a festive note. The Rietveld 'family' feeling (nicely visualized in the portrait of the parting director Simon den Hartog gracing the Simon, the currency of the Park) generates an energy that many an academy can only dream of.

In spite of the bleak weather the Wester gasworks grounds bubble with heart-warming activity. A first visit during the days of setting up provides a different picture than on the final visit, just before the end of the seminar. In a week's time, the grounds have become fuller and fuller. The Park turns out to be a 'work in progress'.

The Park-newspaper, a work in itself, symbolizes the dynamics of the manifestation. On the big square near the Zulu building, the news centre of the manifestation is housed in a white container. Here, thanks to a loose-leaf system of latest news reports, people can compile their own individual park-paper. The Park of the Future is constantly changing and growing in this ambience that is fed by the dialogue on the role and meaning of art.

In the various buildings on the grounds, the works are roughly grouped according to discipline. Outside, everything is more intermingled. A walk past the works makes it clear that for many students the Park evokes a longing for lost paradise. This results in works depicting a romantic search for the Garden of Eden. The other extreme is a sci-fi coldness of a purely hi-tech ambience in which the Park of the Future is imagined. One work is dead serious, an other light-footed to the point of being humorous. Besides a lot of 'me myself and I' that can be found on the grounds, there are a number of works that are conceived from a more investigative and rational perspective and are concerned with theoretical reflection, or designs and plans geared particularly towards (sensory) experience.

Some projects zoom in on the detail, blowing it up to a whole world, others search for pattern in the complexity and diversity of things.

> De Park-krant, een werk op zich, symboliseert de dynamiek van de manifestatie. Op het grote plein vlakbij gebouw 'Zulu' is, in een witte container, het nieuwscentrum van de manifestatie gevestigd. Hier kan dankzij een losbladig systeem van actuele nieuwsberichten steeds een eigen park-krant samengesteld worden. Het Park van de Toekomst is voortdurend in beweging en groeit in deze ambiance die gevoed wordt door de dialoog over de rol en betekenis van de kunst.
>
> In de verschillende gebouwen op het terrein zijn de werken grofweg naar discipline ondergebracht. Buiten loopt alles meer door elkaar. Een wandeling langs de werken maakt duidelijk dat het Park bij veel studenten verlangens oproept naar het verloren paradijs. Dat resulteert in werken die een romantische zoektocht naar de tuin van Eden verbeelden. Het andere uiterste is de science fiction-achtige kilte van een louter hi-tech ambiance waarin het Park van de Toekomst wordt voorgesteld. Het ene werk is bloedserieus, het ander lichtvoetig op het humoristische af. Behalve dat er veel 'me, myself and I' te vinden is op het Westergasfabriekterrein, zijn er ook een aantal werken die explicieit vanuit een meer onderzoekend en rationeel standpunt zijn geconcipieerd en zich richten op de theoretische reflectie, of ontwerpen en plannen die vooral inspelen op de (zintuiglijke) ervaring. Soms wordt ingezoomd op het detail dat opgeblazen wordt tot een hele wereld, dan weer wordt het zoeken naar de grote lijn in de complexiteit en veelheid van de dingen centraal gesteld.

> In het werk van Ro Hagers (Gerrit Rietveld Academie) en in dat van Anneliese Sojer (AKI, Enschede), beide genomineerd voor de AIAS Prize of Honour, worden die uitersten overtuigend met elkaar verbonden. Ro Hagers vertelt dat hij in zijn werk al veel langer bezig is met het thema van het park. Hij wandelt graag en veel, vooral in gebieden waar stad en land elkaar overlappen. Op zijn tochten langs de raakvlakken tussen natuur en cultuur maakt hij zijn foto's, zoals bijvoorbeeld de foto van een willekeurig stukje park waar bloesemblaadjes de minder poëtische getuigenissen van het alledaagse bestaan, zoals kauwgom, condooms en verfrommelde tissues op een homo-ontmoetingsplaats, met hun schoonheid betoveren. Hagers verbindt twee verschillende manieren van kijken met elkaar en slaat op een verrassende manier een brug tussen een micro- en een macrowereld. Hij manipuleert zijn beelden niet, hij vindt ze in de werkelijkheid van alledag, verscholen in de kleinste hoekjes of zo maar open en bloot voor het oprapen.
>
> Anneliese Sojer heeft buiten een intrigerende installatie gemaakt waarin ze enerzijds de aarde portretteert als een bevroren bal – een prachtig object, gemaakt van suikerklonten en het verpakkingsmateriaal styrophor dat met behulp van siliconen rond een bolvormige basis van staal is geconstrueerd – tegenover een ander werk dat de aarde als een bolle brok houtskool neerzet in een glazen kas met een kacheltje erin. Het beeld van een verschroeide aarde, gevangen in de kas en zo te kijk gezet, tegenover de koele (en plakkerige) schoonheid van de 'bevroren' bal, is indrukwekkend.

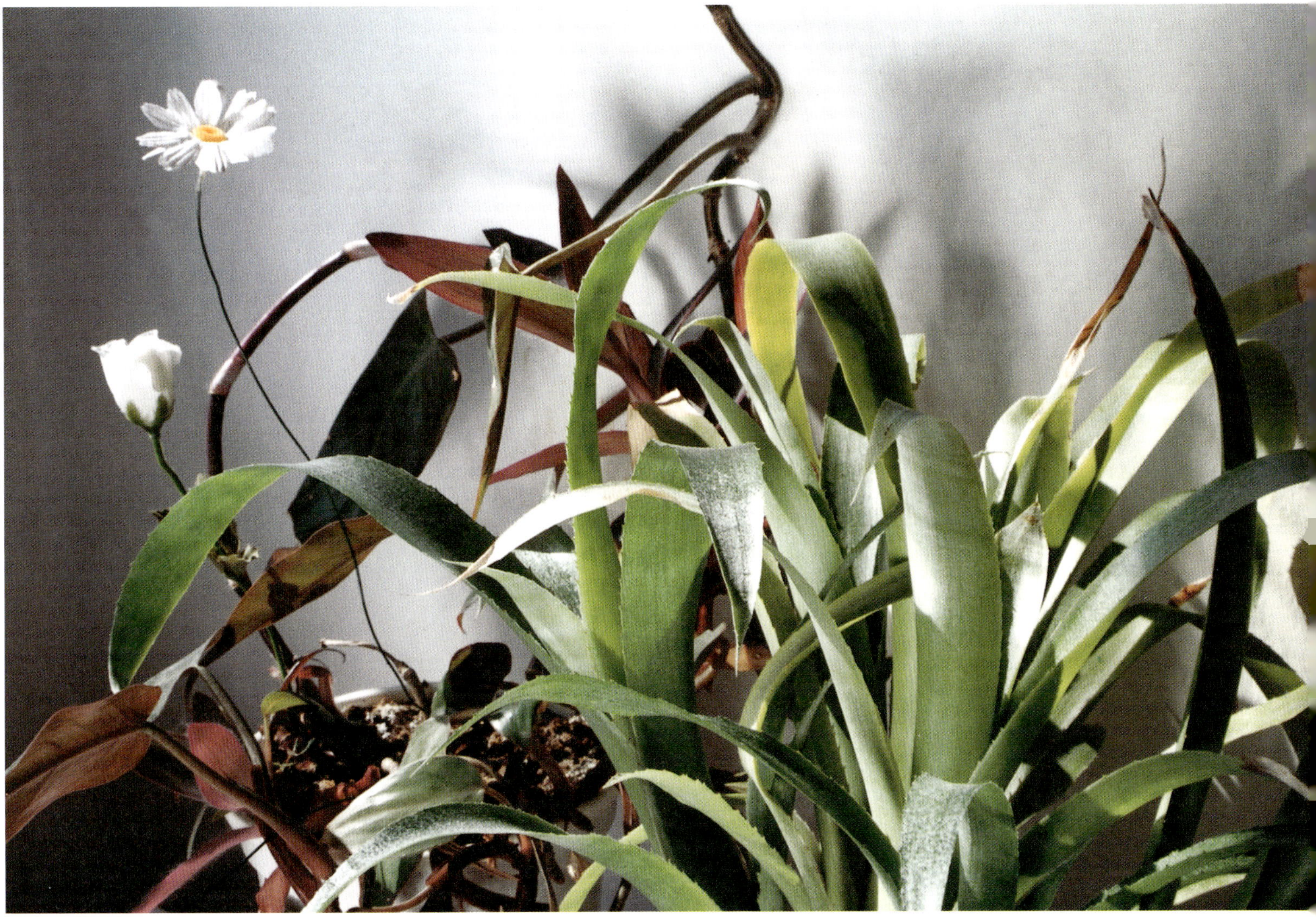

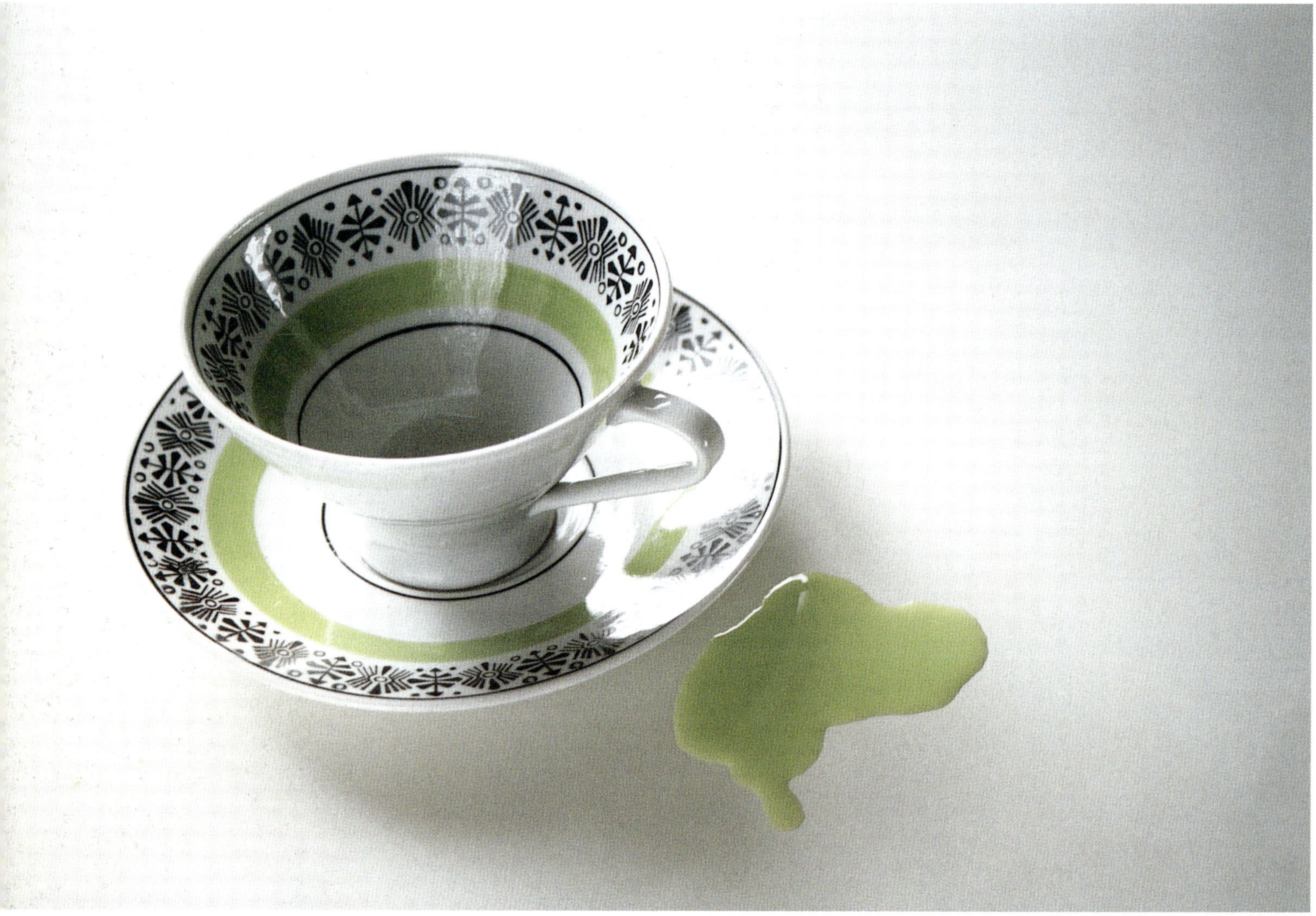

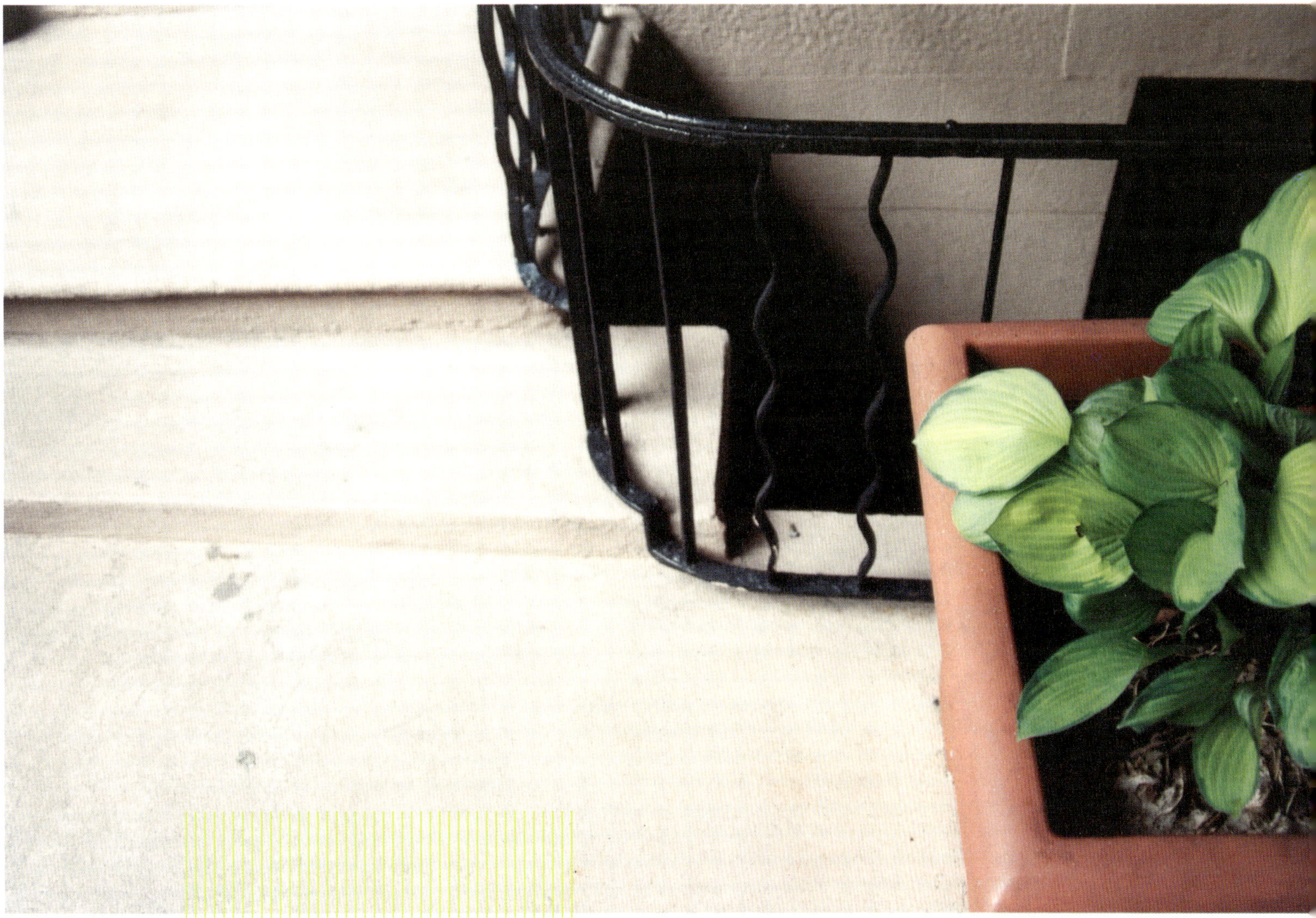

In the work of Ro Hagers (Gerrit Rietveld Academie) and in that of Anneliese Sojer (AKI, Enschede), both nominated for the AIAS Prize of Honour, extremes are convincingly connected to each other. Ro Hagers explains that the park theme has played for much longer in his work. He likes to go on walks, especially in areas were city and countryside overlap. On his trips through the boundary zone between nature and culture, he takes photographs, as for instance the photograph of an arbitrary piece of park where blossom petals enchant with their beauty the less poetic testimony of daily life, like gum, condoms, and crumpled tissues at a gay meeting place. Hagers connects two different ways of looking and in a surprising way builds a bridge between a microcosm and a macrocosm. He does not manipulate images, he finds them in everyday reality, hidden in the smallest corners or right out in the open and for the picking.

Anneliese Sojer has made an intriguing installation outdoors, in which she portrays the earth as a frozen ball – a beautiful object, made of sugar cubes and the packaging material styrophor that with the aid of silicones has been constructed around a ball-shaped base of steel – contrasted against an other work depicting earth as a round chunk of charcoal in a glass casing with a heater inside. The image of scorched earth, trapped and put to such shame inside the casing, against the cool (and sticky) beauty of the frozen ball, is impressive.

The projects by (landscape) architects, designers, photographers, painters, media artists, sculptors in effect form a colourful collection of often incomparable images and a number of recurring themes.

Nature, for years a taboo subject in the visual arts, is back again completely, meaning a lot of eco, a lot of scents, bird noises and children's playgrounds. But for most students, sweet-voiced nature is more a utopia than a (feasible) reality. More often nature has disappeared completely, banned from the Park of the Future with a rigorous hand. What then remains is not flowers or bees, but a train-ride in the Butterfly Express by Natasja Boezem, leading the guests to the remote corners of the grounds, a heavily polluted piece of Holland, with as guideline a story about the remarkable butterflies that could have flown here.

What is striking in the design of the Park of the Future is that there is little distinction as far as the nationality of students is concerned. A work by a Japanese student, such as the anecdotal Tulip Field by Kawai Makiko, student of the Tokyo Institute of Art and Design, does breathe a typically Japanese aesthetic, just like the poetical mountain landscape with texts in Japanese script by Yuki Hashimoto, student of the Hokkaido College of Art and Design, 'Outside II', but these are exceptions. The tendency to pay ample attention to the humanitarian aspect, the will to tell stories about personal experiences (highly recommended is the Iranian story teller who on request tells every individual visitor his stories) the aversion to a slick aesthetic, whatever the discipline, seems to be a global tendency.

In feite is het aanbod van (landschaps)architecten, vormgevers, fotografen, schilders, mediakunstenaars, beeldhouwers een bonte verzameling van vaak niet te vergelijken individuele beelden en een aantal terugkerende thema's.

De natuur, jarenlang een taboe-onderwerp in de beeldende kunst, is helemaal terug. Dat betekent veel eko, veel geurtjes, veel vogelgeluiden en kinderspeelplaatsen. De zoetgevooisde natuur is voor de meeste studenten echter eerder utopia dan (maakbare) realiteit. Vaker is die natuur helemaal verdwenen, met rigoreuze hand uit het Park van de Toekomst gebannen. Dan resten er geen bloemen en bijtjes, maar een trein-ritje in de Butterfly Express van Natasja Boezem die de gasten naar de uithoeken van het terrein, een zwaar vervuild stukje Nederland, voert met als leidraad een verhaal over de bijzondere vlinders die hier hadden kunnen vliegen.

Opvallend is dat er in de vormgeving van Het Park van de Toekomst als het de nationaliteit van de studenten betreft, weinig onderscheid is. Een werk van een Japanse student, zoals bijvoorbeeld het anecdotische 'Tulip Field' van de Japanse Kawai Makiko van de Tokyo Institute of Art and Design, ademt weliswaar een typisch Japanse esthetiek, net als het poëtische berglandschap met teksten in Japans schrift van Yuki Hashimoto, student aan het Hokkaido College of Art en Design, 'Outside II', maar dat zijn uitzonderingen.

De tendens om ruimschoots aandacht te besteden aan het humanitaire aspect, de wil om verhalen te vertellen die gaan over persoonlijke belevenissen (een aanrader is de Iraanse verhalenverteller die iedere individuele bezoeker op verzoek zijn verhalen vertelt), de afkeer van een gelikte esthetiek lijkt, om welke discipline het ook gaat, een globale tendens.

Een voorbeeld van de ervaringsgerichte aanpak van het thema is het werk van drie Franse studenten die verschillende routes bedachten voor het Park van de Toekomst gebaseerd op de zintuigen, reuk, gehoor, zicht en tast. Thomas Danet, Zoé Viot en Hermine Ansquer van de ESAG in Parijs nemen het Park letterlijk, net als dat bij de meeste vormgevers, (landschaps)architecten en fotografen het geval is.

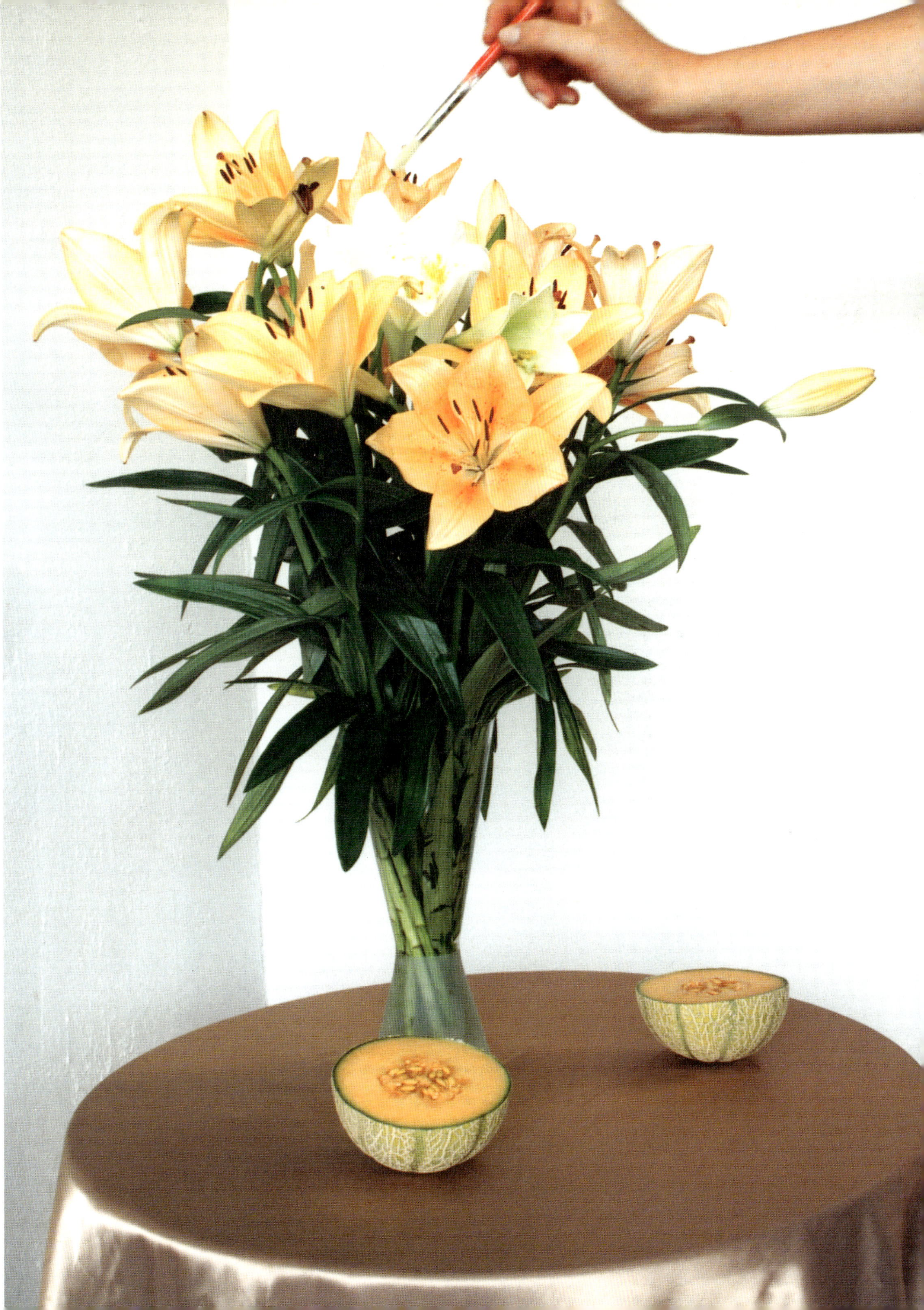

An example of the experientially guided approach of the theme is the work by three French students who conceived different routes for the Park of the Future based on the senses of smell, hearing, sight and touch. Thomas Danet, Zoé Viot and Hermine Ansquer, students of the ESAG in Paris, take the Park literally, as is the case with most designers, (landscape) architects and photographers.

The group of students classified under the autonomous directions, generally use the Park more as a metaphor. For example, the park is presented as a 'guilty' landscape, witness the suggestive colour photographs by Rachel de Joode of women who are portrayed cowering and dishevelled as victims in the merciless green. The Park of the Future is also seen as 'horticulture', not as the classic park-culture of plants, shrubs and trees cultivated with love and care in a stylized environment, but one of artificial colour and plastic. Bas de Waal and Bart Hoogveld of the St. Joost Academy of Breda recycle office furniture, computers and appliances into a new park landscape.

Of an enchanting simplicity is the installation 'Instant Park' by two students from Kampen. In a poignant way, modern reality is coupled to the unspoilt nature from the past and the prospect of a prefab future. In a bare room, in which a faint light switches on when you enter, they have laid down a pile of rolled-up sods held together by a belt. To the side, a bag of shells resembling a sleeping animal. To complement the instant park, a tape starts to play on which quacking ducks and geese can be heard.

Bij de groep studenten die zijn ondergebracht bij de autonome richtingen wordt het Park over het algemeen eerder als metafoor gebruikt. Het park wordt bijvoorbeeld als 'schuldig' landschap opgevoerd, getuige de suggestieve kleurenfoto's van Rachel de Joode van vrouwen die in elkaar gekrompen en verwilderd als slachtoffers geportretteerd worden tussen het meedogenloze groen. Ook wordt het Park van de Toekomst gezien als een 'horticultuur', niet de klassieke park-cultuur van met liefde en aandacht opgekweekte planten, struiken en bomen in een gestileerde omgeving, maar eentje van kleurstof en plastic. Bas de Waal en Bart Hoogveld van de academie St. Joost in Breda recyclen kantoormeubelen, computers en gebruiksvoorwerpen tot een nieuw parklandschap.

Van een betoverende eenvoud is de installatie 'Instant Park' van twee studenten uit Kampen. Hier wordt op een indringende manier de moderne realiteit gepaard aan de ongerepte natuur uit het verleden en het vooruitzicht op een prefab toekomst. Zij hebben in de kale ruimte, waar een zwak lichtje gaat branden als je binnenkomt, een stapel opgerolde graszoden die door een riem bij elkaar gehouden worden, neergelegd. Daarnaast een op een slapend dier lijkende zak met schelpen. Om het instant park te complementeren start er een geluidsband waarop snaterende eenden en ganzen te horen zijn.

The theme of health is also a hot item in the Park of the Future. The almost desperate exorcism of the negative energy of our hectic world at the end of the millennium is depicted in the work of Inghtor Hrafnkelsson, from the Oslo National College of the Arts. With his 'Streams of pink dreams', he has made an anti-stress tent, containing a soft mattress to let the frazzled body and the fatigued mind relax. It is a health product, to be used in all sorts of weather conditions. It is bright pink and wrapped in a plastic kit, complete with a cd of exotic sounds and a headphone.

The criticism of the destructive force of modern consumer society is subtly expressed in the work of Silke Wawro, Gerrit Rietveld Academie. She shows three bags of felt, with the revealing title 'Wehmut 99'. The two pieces of green grass carpet that complement her poetic installation are as it were mini-Parks of the Future.

Browsing through the Park of the Future reveals that the manifestation is a fruitful Biosphere in which – still far-removed from the attempt to fill in public space literally, but from a connectedness to the rich history of the concept 'park' – the imagination has free rein.

Het thema van de gezondheid is ook een 'hot item' in het Park van de Toekomst. Het bijna wanhopig bezweren van de negatieve energie van onze jachtige wereld wordt, aan het einde van het millennium, verbeeld in het werk van Inghtor Hrafnkelsson, van het Oslo National College of the Arts. Hij heeft met zijn 'Streams of pink dreams', een anti-stress tentje gemaakt waarin een zachte matras ligt om het getergde lichaam en de vermoeide geest te ontspannen. Het is een 'health product' te gebruiken in allerlei verschillende weersomstandigheden. Het is knalrose en verpakt in een plastic kit, compleet met cd van exotische geluiden en koptelefoon. De kritiek op de vernietigende kracht van de moderne consumptie-maatschappij wordt subtiel uitgedrukt in het werk van Silke Wawro, Gerrit Rietveld Academie. Zij toont 3 tassen van vilt, die de veelzeggende titel 'Wehmut 99' dragen. De twee stukjes groen grastapijt die haar poëtische installatie complementeren zijn als het ware mini-Parkjes van de Toekomst.

Het grasduinen in Het Park voor de Toekomst leert dat de manifestatie een vruchtbare Biosphere is gebleken waarin – nog ver verwijderd van de poging tot het letterlijk invullen van de openbare ruimte, maar wel vanuit de gebondenheid aan de rijke geschiedenis van het begrip 'park' – gefreewheeled kan worden met de verbeelding.

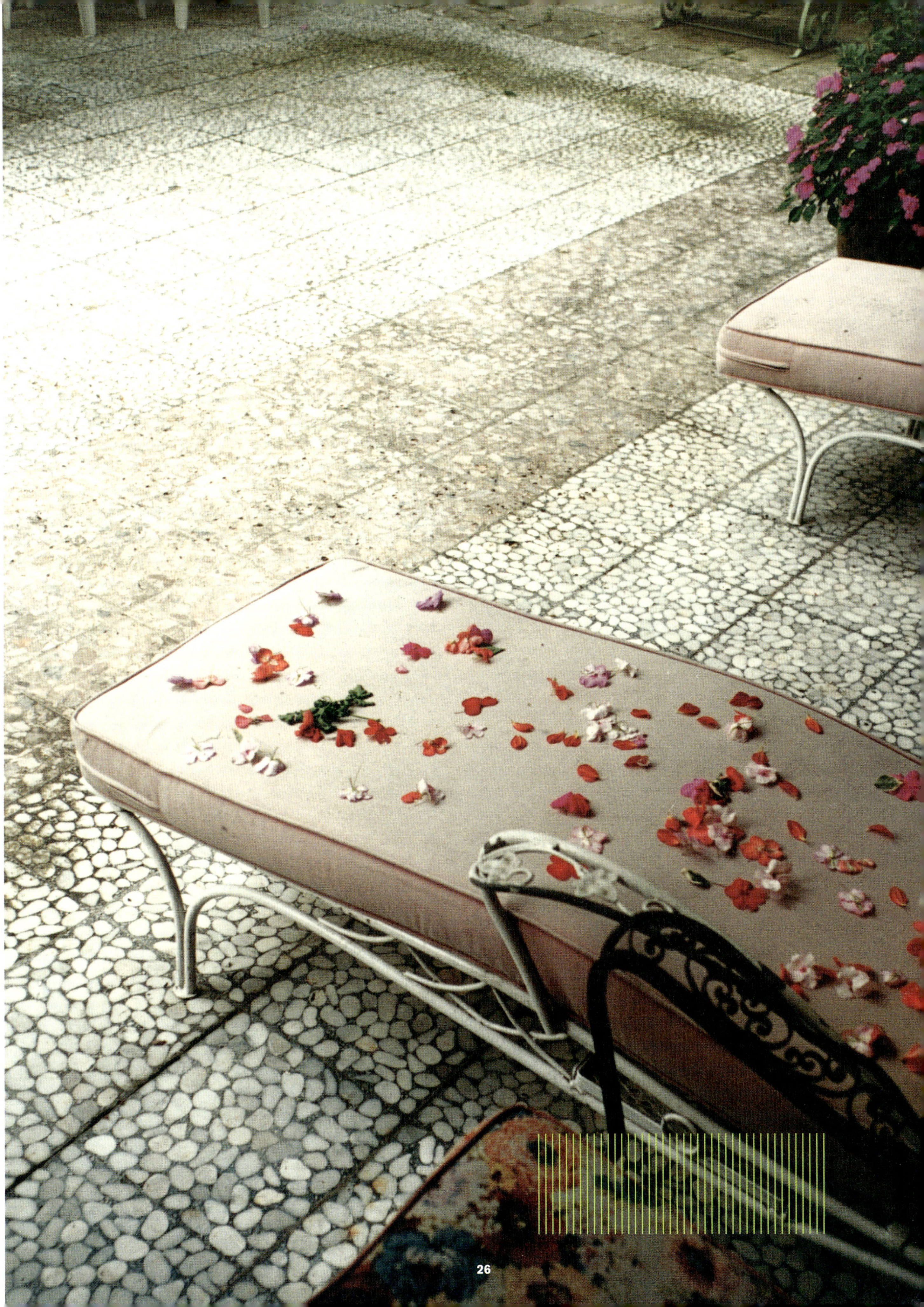

Pietje Tegenbosch
 is a freelance critic and publicist and teaches at the Koninklijke Academie voor Kunst en Vormgeving (Royal Academy of Art and Design) in Den Bosch.

is free-lance criticus en publicist en geeft les aan de Koninklijke Academie voor Kunst en Vormgeving in Den Bosch.

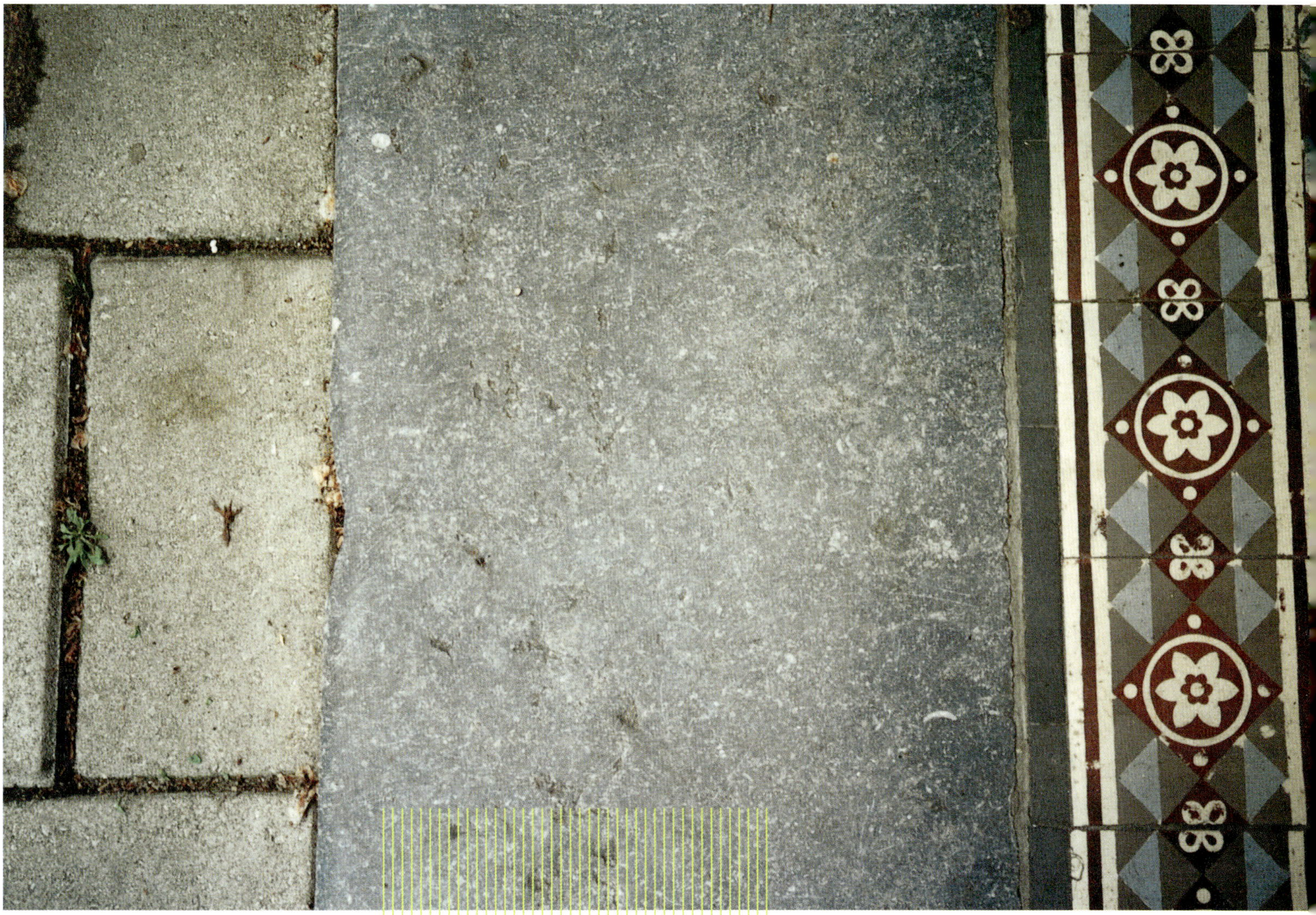

Marina de Vries **A Cloudless Playground for Body and Mind**
The Guest Speakers

Een wolkenloze speeltuin voor lichaam en geest
De gastsprekers

Rarely was the future as tangible as in the rainy spring of 1999. Without a trace of doubt, the speakers in the KILO building, the former boilerhouse of the former Wester gasworks in Amsterdam, sent their thoughts forward. With every word, every slide, every sigh, the end of the century came nearer. One more moment, and the future is now.

How different it was twenty-five years ago. Then, the future was an intangible abstraction, pure science fiction. «No more war,» the politician Andrée van Es chanted, without knowing what she does know now: that the world cannot turn without war. «Yes it looked good in the future,» she recalls, shrugging her shoulders at so much naïveté. And yes, they were able to muse on the park of the future. Only the fantasy hovered apart from reality. What the Park of the Future looks like, nowadays? Without war and without violence. But also without what she sees as the much more dangerous tyranny of economy and utility. As an oasis full of life and freedom.

Traditional parks are anything but free. Nature is harnessed. Here a flowerbed, there a tree. That is why cartoonist, stand-up comedian and artist Kamagurka steps on the gas as soon as the smell of park creeps into his nostrils. Kamagurka detests parks: «Normally I never go to the park,» he frankly declares. «The park leaves me cold. The park is nature for the disabled. Those who sit in the park do so because they can't really sit in the forest. Old people, they belong in the park. For in the park, the water isn't really deep. In the park, trees are never really dangerous. In the park, almost all birds are Donald Duck. And Donald Duck isn't enough of a bird. Many Koreans sit in a park. I wouldn't even want to die there.»

Zelden was de toekomst zo tastbaar als in het regenachtige voorjaar van 1999. Zonder spoor van twijfel stuurden de sprekers van gebouw Kilo, het voormalige Ketelhuis van de voormalige Westergasfabriek in Amsterdam, hun gedachten vooruit. Met elk woord, elke dia, elke zucht kwam het einde van de eeuw dichterbij. Nog even en de toekomst is nu.

Hoe anders was het vijfentwintig jaar geleden. Toen was de toekomst een ongrijpbare abstractie, pure science fiction. «No more war!», scandeerde politica Andrée van Es zonder te weten wat ze nu weet: dat de wereld niet kan draaien zonder oorlog. «Yes it looked good in the future», herinnert ze zich schouderophalend over zoveel naïviteit. En ja, ze kònden mijmeren over «Het Park van de Toekomst». Alleen zweefde de fantasie los van de werkelijkheid. Hoe het Park van de Toekomst eruitziet, nu? Zonder oorlog en zonder geweld. Maar ook zonder de in haar ogen nog veel gevaarlijker dwingelandij van de economie en van het nut. Als oases vol leven en vrijheid.

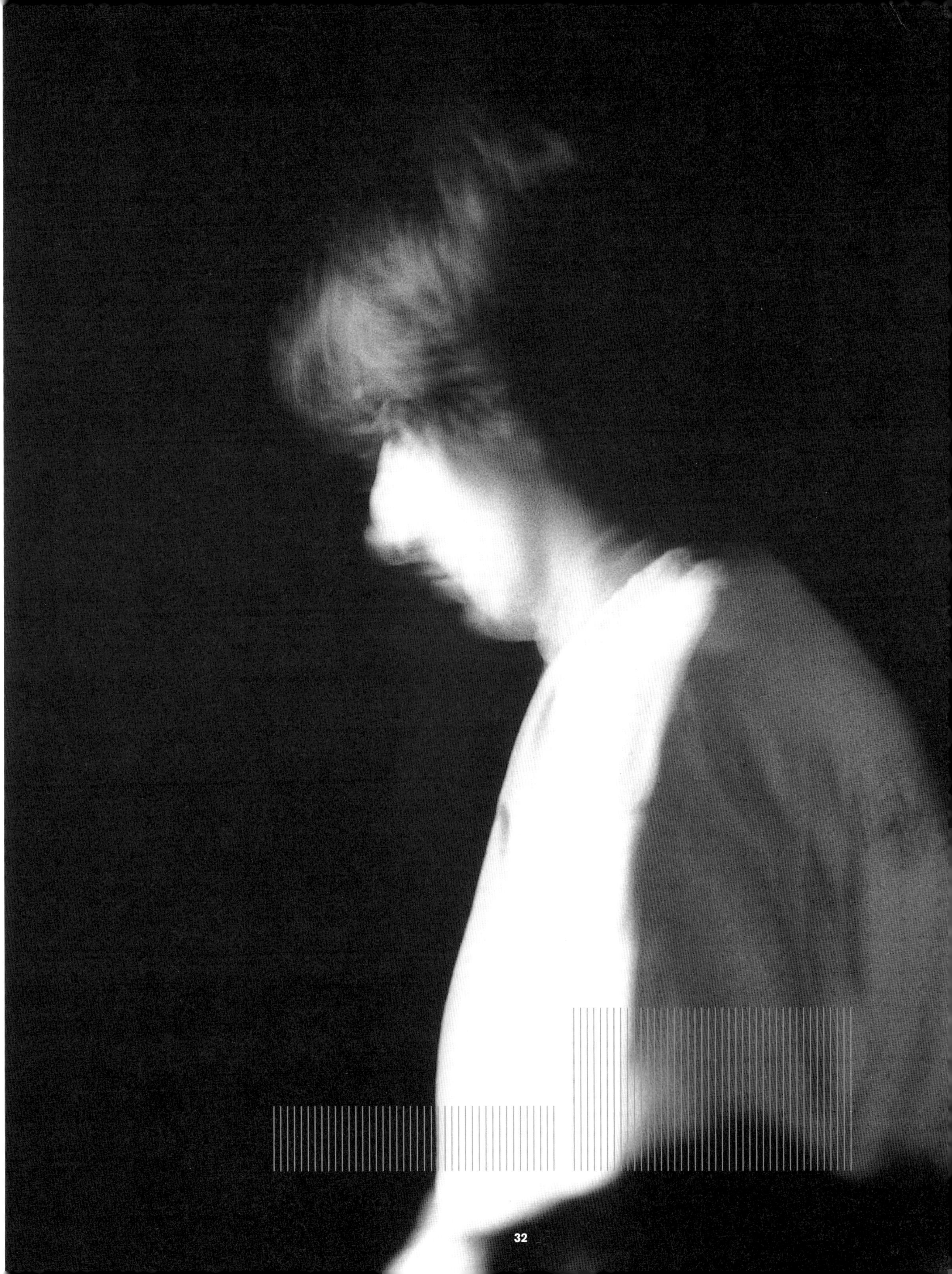

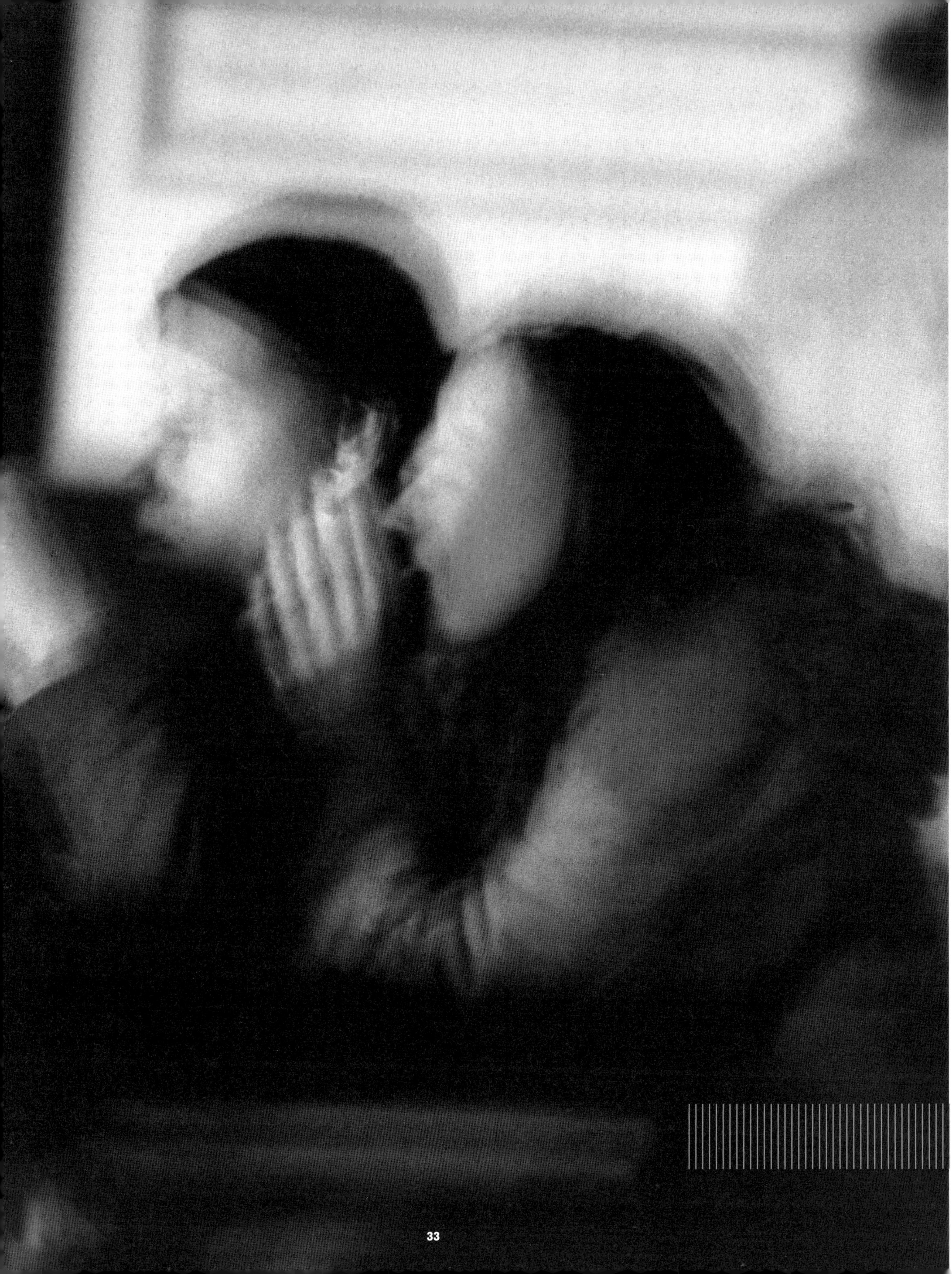

Not really deep and not really dangerous. Fake and artificial. So that is not what a Park of the Future should be. But what then? Is it «one of the most pleasant places of the world,» as was the wish of the seventeenth-century viceroy Johan Maurits van Nassau, nicknamed the Brazilian because of his overseas escapades with the West-Indian Company, when he had his famed art park laid out in Kleef, Germany? A place of such beauty that the concerns of daily life are forgotten? A place of such beauty that it triumphs over death? No, that isn't it either. Merely romantic beauty is deadly dull and terribly annoying. Besides, the Park of the Future has long since ceased to be a refuge for only the rich or needy. Situated in the nicest spot of the city and different to it in every respect. The Park of the Future has become a product with a programme. A democratic extension of society, in which everybody and everything has a say. Situated in a polluted, former industrial area.

No, the Park of the Future no longer turns its back on the hectic, nervous city. But it remains «the holy place with creative powers», space-age kid Mike Tyler contends. Guru Vito Acconci views the park as follows: as a labyrinth full of unpredictably winding pathways, automatically slowing down the pace and carrying the visitor into a realm of abstinence and respite. Will you join in exploring the maze of the future?

The Chamber of Horrors

For some time now, in a well-known town in the southern Dutch province of Limburg, Jesus hangs so lifelike on the cross, that people cry shame of it. The bloody statue, with real hair, is exciting and terrifying at the same time. Fear not. In the Park of the Future there is no crucifix. But you are bound to run into the emotional tableaux of Ronald Ophuis, made with thick gobs of paint. Life-size and defiled with blood, perverted sex and crude violence. Take the young little football player on the floor of the changing-room with a broken bottle up his arse. Or the soldiers in combat dress. While in one corner they compete to keep the soccer ball up in the air the longest, a man lies on his stomach by the toilet bowl. Blood clots spatter from his back. The man has been crushed by the soldiers, discarded and cast aside, just like the crumpled package of paper handkerchiefs just farther on. Ophuis' tableaux are sensational and cruel. The artist is fascinated by the dark forces of society and thrives on true stories. Ophuis provocatively places them in reality with a packet of Marlboros, a can of Coke, a carton of Fristi; silent witnesses of daily life. A good artist must charge up and strengthen images, he believes, or they won't get through to the heart. He paints for months before flinging his gruesome icons back into society. They do not offer redemption, but rather confusion. Why should we shudder in the park of the future? Because awe no longer suffices. Because in the Park of the Future, too, we cannot close our eyes to reality.

Traditionele parken zijn allesbehalve vrij. De natuur is er geharnast. Hier een bloemperk, daar een boom. Dat is de reden waarom striptekenaar, stand-up comedian en kunstenaar Kamagurka plankgas geeft zodra de geur van park zijn neusvleugels nadert. Kamagurka haàt parken: «Normaal ga ik nooit naar het park», verklaart hij openhartig. «Het park laat me koud. Het park is de natuur voor minder-validen. Wie in het park zit, zit daar omdat hij eigenlijk niet in het bos kan zitten. Oude mensen, die horen in het park thuis. Want in het park is het water niet echt diep. In het park zijn de bomen nooit echt gevaarlijk. In het park zijn bijna alle vogels Donald Duck. En Donald Duck is te weinig vogel. Veel Koreanen zitten in een park. Ik zou er nog niet willen sterven.»

Niet echt diep en niet echt gevaarlijk. Nep en namaak. Zo moet het dus niet in het Park van de Toekomst. Hoe dan wel? Is het «een van de pleisanste platzges van de werelt», zoals de zeventiende-eeuwse stadhouder Johan Maurits van Nassau, bijgenaamd de Braziliaan vanwege zijn overzeese escapades bij de Westindische Compagnie, het wilde toen hij zijn befaamde kunstpark liet aanleggen in het Duitse Kleef? Een oord zo schoon dat de zorgen van het dagelijks leven vergeten worden? Een oord zo schoon dat het zegeviert over de dood? Ook dat niet. Louter hemelbestormende schoonheid is oersaai en stomvervelend. Bovendien is het Park van de Toekomst allang niet meer een toevluchtsoord voor louter rijken of behoeftigen, gelegen op het mooiste plekje van de stad. Het Park van de Toekomst is een produkt geworden met een programma. Een democratisch verlengstuk van de samenleving, waarover alles en iedereen mag meebeslissen. Gelegen in een vervuild, voormalig industriegebied.

Nee, het Park van de Toekomst keert zijn rug niet langer naar de hektische, nerveuze stad. Maar het blijft een «heilige plaats met scheppend vermogen» vindt ¦space-age kid¦ Mike Tyler. Goeroe Vito Acconci beziet het park aldus: als een labyrinth vol onvoorspelbaar kronkelende paden, die ervoor zorgen dat de pas automatisch wordt vertraagd en de bezoeker wordt meegevoerd in een «rijk van onthouding of respijt». Gaat u mee op verkenning door het doolhof van de toekomst?

Het gruwelkabinet

In een bekende stad in de zuidhollandse provincie Limburg hangt Jezus sinds kort zo levensecht aan het kruis, dat de mensen er schande van spreken. Het bloederige beeld, met echt haar, is opwindend en afschrikwekkend tegelijk. Vrees niet. In het Park van de Toekomst hangt geen crucifix. Maar u stuit vast en zeker op de emotionele, in dikke brokken verf geschilderde taferelen van Ronald Ophuis. Even groot als de werkelijkheid en bezoedeld met bloed, doorgeslagen sex en grof geweld. Neem het jonge voetballertje op de vloer van de kleedkamer met een stukgeslagen fles in z'n reet. Of de soldaten in oorlogstenue. Terwijl zij in de ene hoek wedijveren wie de voetbal het langst in de lucht kan houden, ligt bij de toiletpot een man op z'n buik. Bloedstolsels spatten van zijn rug. De man is door de soldaten vermorzeld, afgedankt en weggesmeten, net als het verfrummelde pakje Tempo-zakdoekjes even verderop.

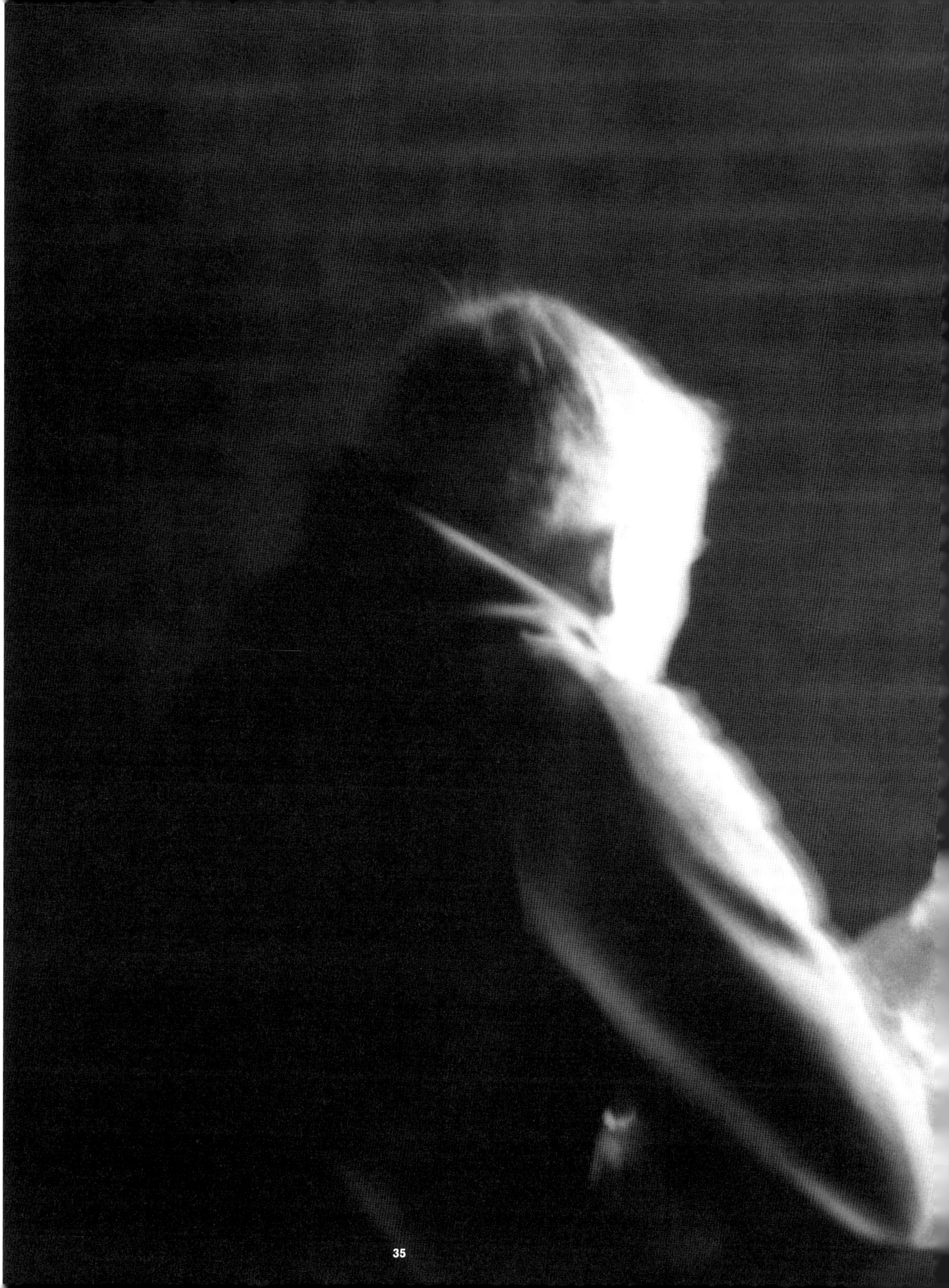

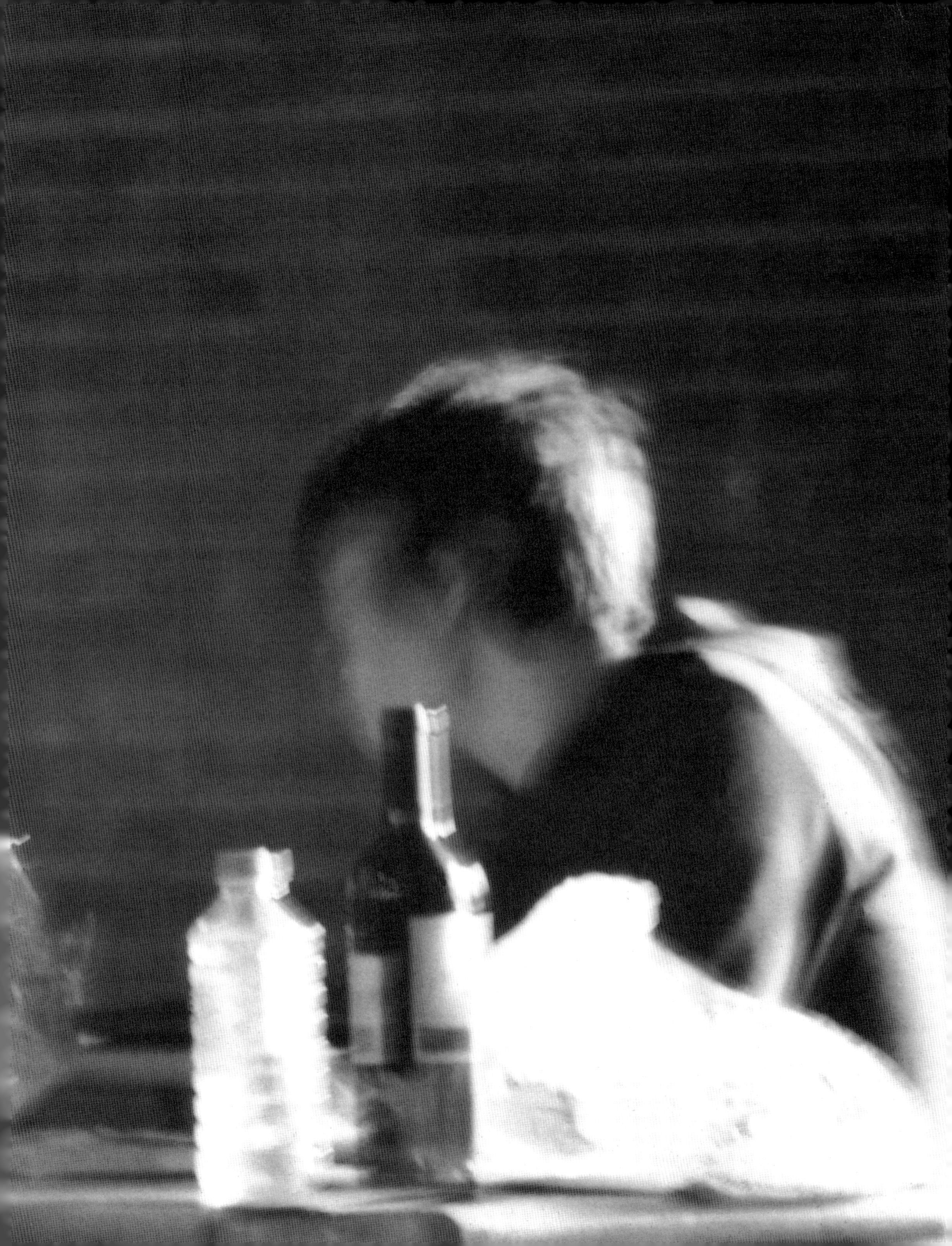

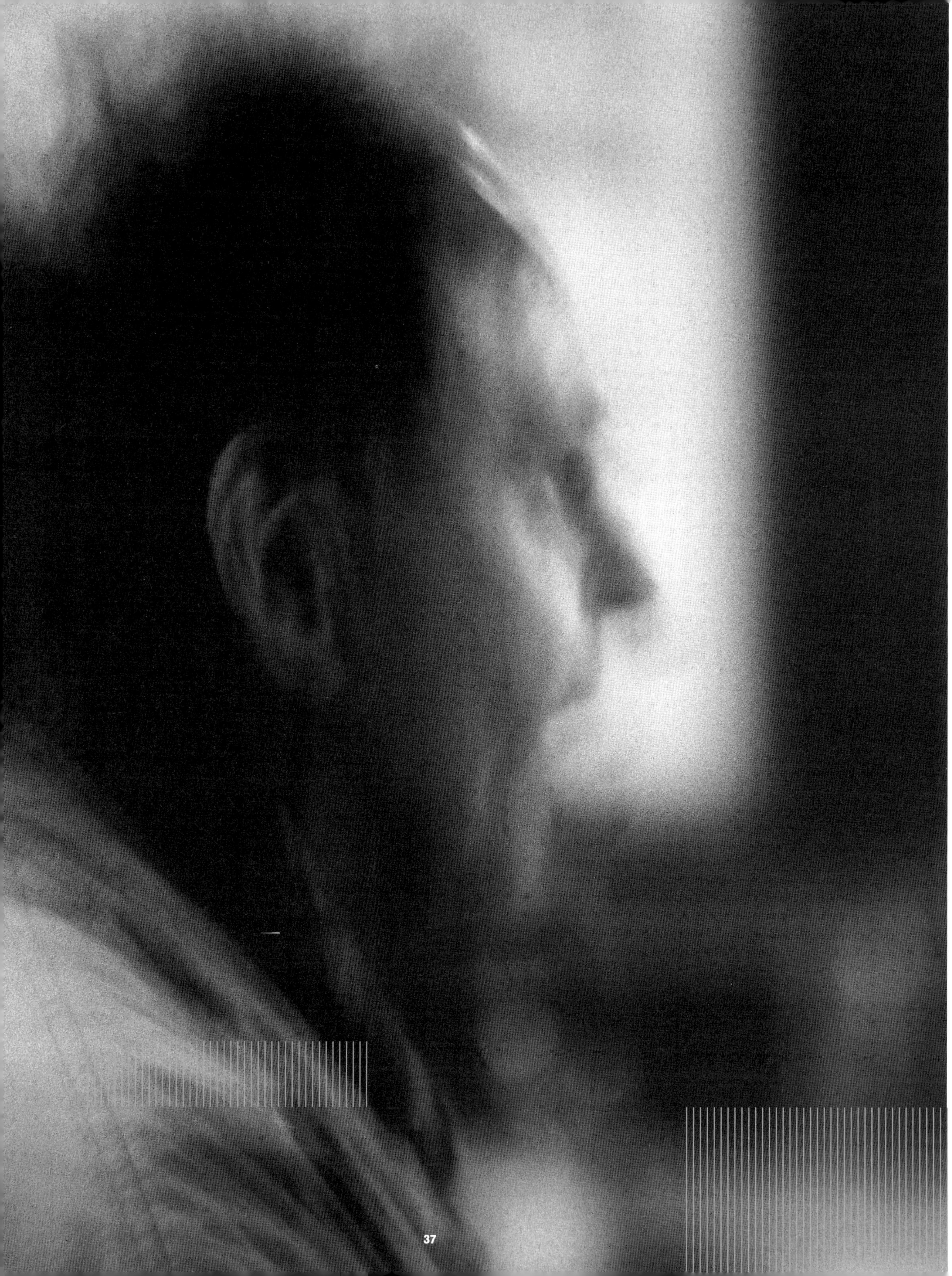

Learning and Enjoyment

Since Johan Maurits, the park has been a place for curiosities, paintings, pillars with war trophies and wondrous fountains. A haven for learning about the world. Not through study or discussion, but simply by looking, smelling, strolling, listening or feeling. In the Park of the Future, society also stands on a pedestal with mirages by the Danish artist Olafur Eliasson. Just like Ophuis, Eliasson wants to hold up a mirror for us. With a difference. Eliasson is no Medusa. His work is not gruesome, but stunningly beautiful. The Dane criticizes the matter-of-factness and the indifference with which we treat public space. He wants to make people think and does so by making the impossible possible. Sometimes his work is dead simple, like a river of 100,000 litres of water issuing from a rain barrel and seeking its own whimsical course straight through houses and streets. Sometimes his work is a miracle of technology. Eliasson can conjure up a rainbow indoors, even when the sun isn't shining, and sends a fountain the wrong way, with water falling up instead of down.

One time, he gave the Brazilians an ice rink. The breathtaking white sculpture that he had in mind unleashed chaos. People came pouring in from all around the country. First they set one cautious foot on the ice, subsequently taking over the artwork, dancing and jumping on it. The attendants, who know that art is untouchable, were at a loss and stopped the freezing machines, after which there was no end to the mess. Eliasson enjoys the revolution that he causes. Just like Andrée van Es, he believes that people have a right to their own thinking, their own vision. That is why the future bridge between Denmark and Sweden is to be interactive. To give people back their sorely needed, highly individual experiences.

Ophuis' taferelen zijn sensationeel en wreed. De kunstenaar is gefascineerd door de donkere krachten van de maatschappij en teert op verhalen die echt zijn gebeurd. Uitdagend zet Ophuis ze in de realiteit met een pakje Marlboro, een blikje cola, een pakje Fristi; stille getuigen van het dagelijks bestaan. Een goede kunstenaar moet de beelden opladen en versterken, vindt hij, anders dringen ze niet door tot in het hart. Maanden is hij aan het schilderen voor hij zijn gruwelijke iconen terugslingert in de maatschappij. Verlossing bieden ze niet, eerder verwarring. Waarom we moeten griezelen in het Park van de Toekomst? Omdat verwondering niet meer volstaat. Omdat we ook in het Park van de Toekomst onze ogen niet kunnen sluiten voor de realiteit.

Lering en vermaak

Sinds Johan Maurits is het park een plek geweest voor rariteiten, schilderijen, zuilen met oorlogstrofeeën en wonderbaarlijke fonteinen. Een vrijplaats om de wereld te leren kennen. Niet door studie of discussie, maar gewoon, door te kijken, te ruiken, te wandelen, te luisteren of te voelen. Ook in het Park van de Toekomst staat de maatschappij op een voetstuk met de fata morgana's van de Deense kunstenaar Olafur Eliasson. Net als Ophuis wil Eliasson ons een spiegel voorhouden. Met dit verschil. Eliasson is geen Medusa. Zijn werk is niet gruwelijk, maar juist beeldschoon. De Deen hekelt de vanzelfsprekendheid en de onverschilligheid waarmee wij de openbare ruimte bejegenen. Hij wil mensen aan het denken zetten en doet dat door het onmogelijke mogelijk te maken. Soms is zijn werk doodsimpel, zoals de rivier van 100.000 liter water die hij vanuit een regenton laat stromen en die dwars door huizen en straten haar eigen grillige weg zoekt. Soms is zijn werk een wonder van techniek. Eliasson kan binnenskamers een regenboog tevoorschijn toveren, ook als de zon niet schijnt, en stuurt een fontein de verkeerde kant op, met water dat omhoog valt in plaats van naar beneden.

Op een keer gaf hij de Brazilianen een ijsbaan. Een adembenemende witte sculptuur stond hem voor ogen en hij ontketende een chaos. Uit het hele land stroomden de mensen toe. Eerst zetten ze voorzichtig één voet op het ijs, om vervolgens dansend en springend bezit te nemen van het kunstwerk. De suppoosten, die weten dat kunst onaanraakbaar is, wisten zich geen raad en stopten de vriesmachines, waarna de ravage helemaal niet meer was te overzien. Eliasson geniet van de revolutie die hij teweegbrengt. Hij vindt, net als van Es, dat mensen recht hebben op hun eigen denken, hun eigen blik. Daarom moet de toekomstige brug tussen Denemarken en Zweden interactief zijn. Om mensen hun broodnodige, hoogstindividuele ervaringen terug te geven.

De dodenakker

Kamagurka wil nog niet sterven in het park, maar er zijn er genoeg die begraven willen worden in het mensenparadijs. En wat is eigenlijk het verschil tussen een park en een begraafplaats? Niks menen de kunstenaars Annet Bult en Mike Tyler en ze blazen de traditionele oorden van verdriet vol leven en gezelligheid, vol absurditeit en drama. Voor space-age kid Tyler is de stad van de dood zelfs even belangrijk als de stad van het leven, want «de wereld verliest zijn betekenis zonder hen die voor ons kwamen». Tyler is gefascineerd door nieuwe, buitenaardse vormen van leven en laat op zijn gothische begraafplaats de aarde met Mars versmelten. Koninklijke bomen staan naast een onherbergzaam maanlandschap, waarin de as van de doden kan worden verstrooid. Hypergeorganiseerd is het leven, hypergeorganiseerd de dood, vindt Bult. Alleen de armen worden rucksichtlos bij elkaar gegooid, zonder steen of bloemen. Om ook de naamlozen te eren, geeft ze hen eigen grafvakken. Daar liggen de overwinnaars bij de overwinnaars, de maagden en de bruiden bij hun collegae maagden en bruiden. Elke groep krijgt de bloemen en de voorzieningen die zij verdient: zilverwitte vlinderlokkers voor het graf van de maagden en de bruiden, betonnen picknickbankjes en opiaten voor de voormalige levensgenieters. Zo weten de doden zich tot in lengte van dagen verzekerd van aandacht.

Om de band met het leven nog verder aan te halen, liggen Bults grafvakken in de oksels van een verkeersknooppunt, waar de interactieve ingrepen van de Amerikaanse landschapsarchitect Vito Acconci goed kunnen gedijen. Elke auto die aan komt rijden zet op het midden van de rotonde een waterval in werking. Nepwolken draaien als slagschepen over de weg. Wie zegt dat de dood niet leuk mag zijn?

The Last Resting-Place

Kamagurka does not want to die yet in a park, but there are enough people who would like to be buried in human paradise. And what is really the difference between a park and a cemetery? Nothing, according to the artists Annet Bult and Mike Tyler, and they imbue the traditional places of sorrow with life and fun, absurdity and drama. For space-age kid Tyler, the city of death is even just as important as the city of life, for «the world loses its meaning without those who came before us.» Tyler is fascinated by new, extraterrestrial forms of life and lets Mars and Earth merge in his Gothic cemetery. Majestic trees stand beside an inhospitable moon landscape, in which the ashes of the dead can be scattered. Life is hyper-organized, death is hyper-organized, Bult believes. Only the poor are thoughtlessly heaped together, without stone or flowers. To honour the nameless as well, she gives them their own grave lots. There the victors lie beside the victors, virgins and brides beside their virgin and bride colleagues. Every group gets the flowers and provisions that it deserves: silver-white butterfly tempters for the grave of the virgins and brides, concrete picnic benches and opiates for the former bon vivants. Thus the dead are ensured of attention to the end of time.

To further strengthen the ties with life, Bult's grave lots lie in the armpits of a traffic junction, a good locale for the interactive interventions of the American landscape architect Vito Acconci. Every car that approaches triggers a waterfall in the middle of the traffic circle. Fake clouds veer like battleships over the road. Who says death can't be fun?

De wip van Acconci

Geen Park van de Toekomst zonder de vitale, sociale humor van Vito Acconci, uitvinder van de body art, architect en landschapsarchitect, zoals hij zichzelf tegenwoordig noemt. Acconci, grootgeworden in de sixties, hamert op het belang van de eerste blik. Die moet overweldigend zijn, zoals het land dat opdoemt na een verre zeereis, en alles doordringend, zoals een regen- of sneeuwbui. Wie het parklabyrinth vervolgens binnentreedt, komt in een wereld die aan de ratio ontsnapt. Een wereld waarin de beweging zegeviert en waaraan je je moet overgeven, of je wilt of niet: «In een close-up wereld bestaat geen afstand om je terug te trekken en te kijken. In een close-up wereld kan het oog niet scherpstellen en de mond geen woorden vinden. Voor het lichaam zonder ogen, het lichaam zonder taal, wordt het land zee. Voor het lichaam zonder ogen, het lichaam zonder taal, wordt het land lucht.»

Kunst in de openbare ruimte moet sluw zijn, vindt Acconci, en dat wat er al staat binnensluipen, ondermijnen of overvallen. Dat kan op twee manieren. Ofwel het kunstwerk slaat een wond in de grond: «Aan je voeten ligt bij wijze van spreken een leger, een vossenhol of een nest dat gebruikt kan worden voor een snelle wip of voor een samenzwering.» Ofwel de kunstenaar pakt het landschap op en smijt het als een bom elders weer neer.

Acconci's Quickie

No Park of the Future without the sprightly, social humour of Vito Acconci, inventor of body art, architect and landscape architect, as he calls himself nowadays. Acconci, who made his name in the sixties, insists on the importance of the first impression. It should be overwhelming, like the land that looms after a long sea voyage, and permeating, like a rain or snow shower. If you subsequently enter the park labyrinth, you come into a world that escapes reason. A world in which motion triumphs and to which you must abandon yourself, whether you like it or not; «in a close-up world there is no distance to step back and watch. In a close-up world the eye cannot focus and the mouth cannot find words. For the body without eyes, the body without language, the land becomes sea. For the body without eyes, the body without language, the land becomes sky.»

Art in public areas must be crafty, Acconci believes, and creep into what is already there, undermining and ambushing it. This can be done in two ways. Either the artwork opens up a wound in the ground: «At your feet lies a lair so to speak, a fox den or a nest that can be used for a quickie or for a conspiracy.» Or else the artist picks up the landscape and drops it down elsewhere like a bomb.

Acconci's portable park came about in this manner. He lets a structure of telescope tubes stick to a building like a bloodsucker. Now and then an island looms in this climbing frame for adults, to sit on, to shelter, to pee, to ponder, or to look. His bench in the Dutch polder is a wound in the ground. When you approach the bench you see a rowboat in the boggy shore, dug in and having come to a permanent standstill. But the bench-boat can really sail, and in its wake drags a whole island along, complete with mud, earth, grass and a tree. In the middle of the noisy park bustle, Acconci creates the sorely needed oases of freedom. Places of respite. For by yourself or for two.

Acconci's portable park is op zo'n manier ontstaan. Een stelsel van telescoopbuizen laat hij als een bloedzuiger aan een gebouw kleven. Af en toe gloort een eiland in dit klimrek voor volwassenen, om te zitten, te schuilen, te plassen, te mijmeren of te kijken. Zijn bank in de Hollandse polder is een wond in de grond. Wie de bank nadert ziet een roeiboot in de drassige oever. Ingegraven en voor altijd tot stilstand gekomen. Maar de bankboot kan echt varen en neemt in zijn kielzog een heel eiland mee, compleet met modder, aarde, gras en een boom. Midden in het rumoerige parkgewoel creëert Acconci broodnodige oases van vrijheid. Oorden van respijt. Voor alleen of voor z'n tweeën.

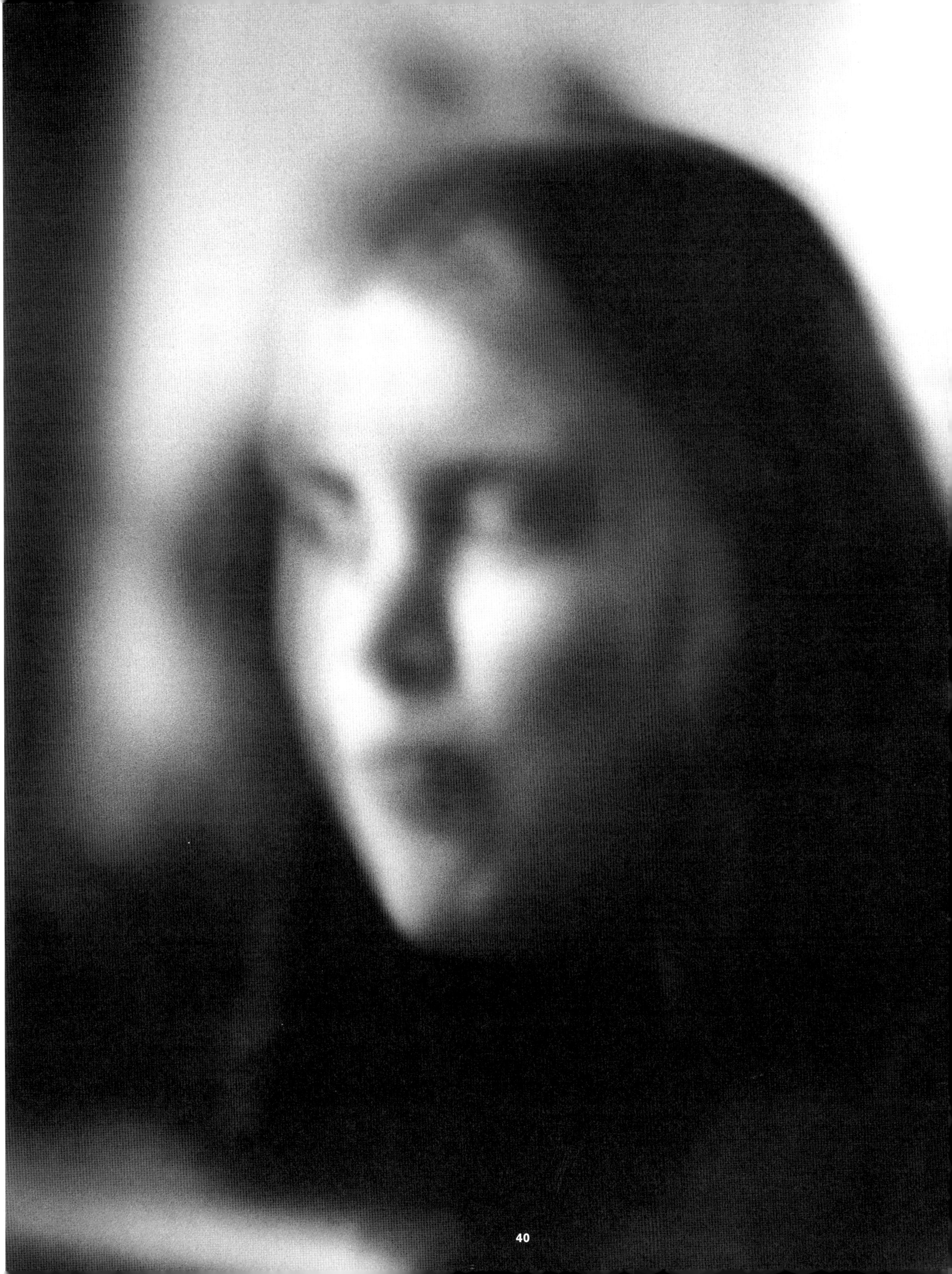

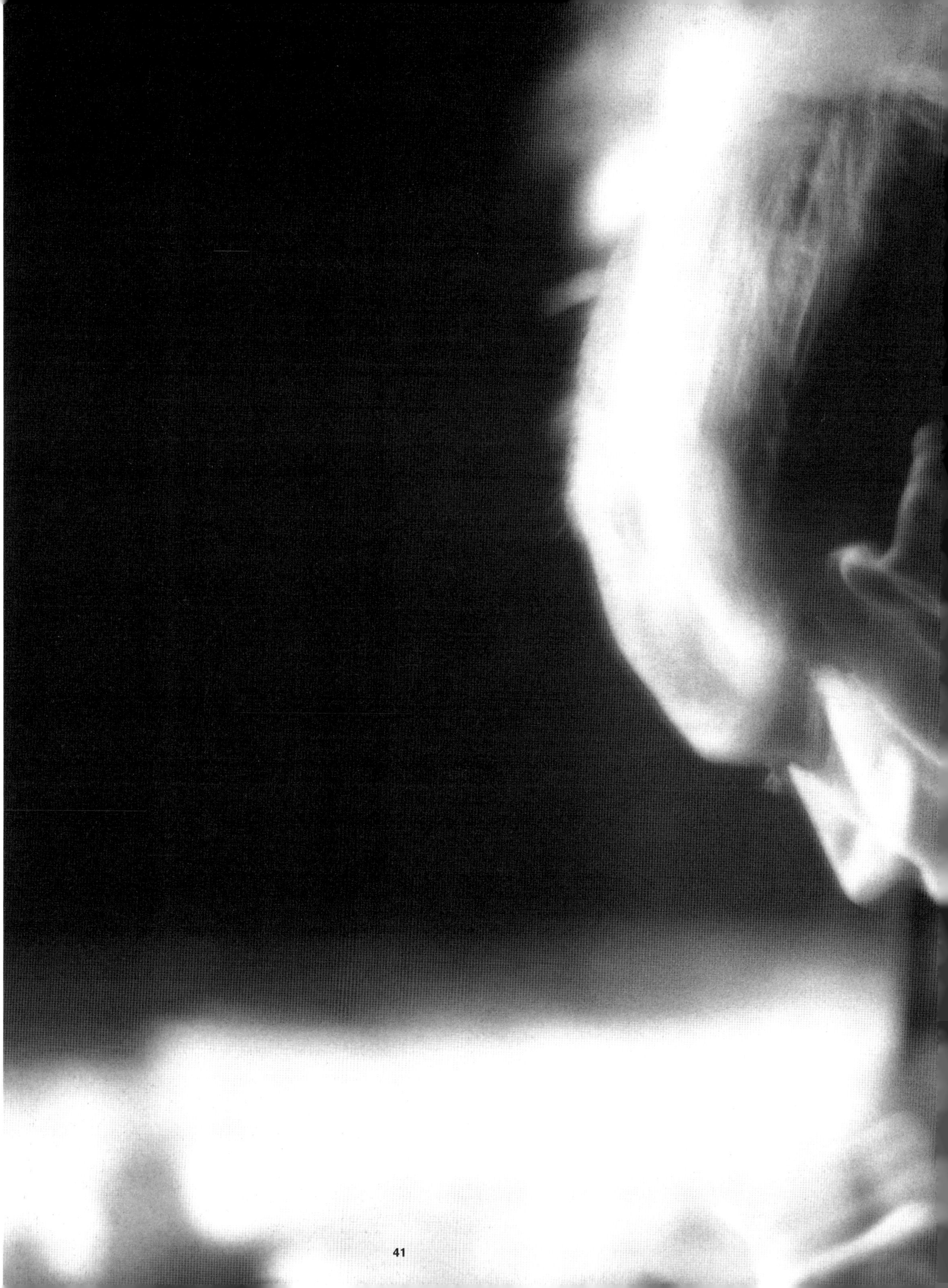

Unity and Reconciliation

At the moment there are more people walking around on this earth than have ever lived up till now. While it is constantly getting fuller around us, the world at the same time is constantly shrinking. Via television and the computer, everything and everybody is within reach. Is it surprising that people feel uprooted? In the park of the future there is space to take root anew and to reconcile yourself with the present, the past and the future. With people from distant, primitive places to colleagues on the other side of the ocean. With the living and the dead.

Strange machines and bamboo flutes emit sounds in the middle of the labyrinth. Music artist Hans van Koolwijk has constructed his devices in such a way that the sound falls over you like a cloud. Sometimes it sounds like an orchestrated jungle, sometimes as a whizzing firecracker or like the softly revolving rotor of a helicopter. Sometimes it is happy, sometimes sad, sometimes harmonious, sometimes disastrous. But whatever chord is struck, every sound conjures up the tranquil singing of New Guinea. Where people live who have not yet been tainted by modern life or disconnected from their own past.

Where van Koolwijk brings the park saunterer in contact with the origin, the internet brings the rest of the world closer by. One click of the mouse and Jim Morrison chants his wisdom through the park. For there may be millions of people alive, it is the dead who most influenced artist and designer Yariv Alter Fin. On internet they have eternal life. But the internet is also a park for the mind, a playground for adults that explores new terrain. The net will unite us, internet artist Debra Solomon predicts.

Eenheid en verzoening

Momenteel lopen meer mensen op deze aardkloot dan er ooit bij elkaar hebben geleefd. Terwijl het almaar voller wordt om ons heen, wordt de wereld tegelijk almaar kleiner. Via televisie en de computer is alles en iedereen onder handbereik. Is het een wonder dat mensen zich ontheemd voelen? In het Park van de Toekomst is ruimte om opnieuw wortel te schieten en je te verzoenen met heden, verleden en toekomst. Met mensen uit verre, primitieve oorden en collega's aan de andere kant van de oceaan. Met levenden en met doden.

Vreemde machines van bamboefluiten stoten midden in het labyrinth hun klanken uit. Muziekkunstenaar Hans van Koolwijk heeft zijn apparaten zo geconstrueerd, dat het geluid als een wolk over je heen valt. Soms klinkt het als een georkestreerd oerwoud, soms als een gillende keukenmeid of als het zachtwiekende blad van een hefschroefvliegtuig. Soms is het vrolijk, soms triest, soms harmonieus, soms desastreus. Maar welke snaar ook wordt beroerd, elk geluid tovert de rustgevende gezangen van Nieuw Guinea in het oor. Waar mensen leven die nog niet door het moderne leven zijn aangetast en afgekoppeld van hun eigen verleden.

New Nature

And what if the park of the future is lashed by rain and storm? Is it then a godforsaken place, slurping up too much space and of too little value? Should there perhaps be a roof on the Park of the Future, so that it can participate in the twenty-four hour economy, and we can sunbathe in the summer and in the winter with the aid of heat-cannons and artificial suns? What chutzpah. Of course the park has a right to exist without humans. Even if only for nature's sake. Biochemist Rodney Turner warns us not only to pay attention to visible diversity, but also to nature that is too small for the naked eye. For it too, makes up part of the Park of the Future. The world of medicine is even 85% dependent on this tiny nature, according to Turner. Plants, leaves, food remains, spores, mushrooms and bacteria are so important to the pharmaceutical industry that large companies pay their employees to take samples home with them from all around the world. In search of medicines that can cure AIDS or cancer and improve the quality of life. It is precisely in the remaining pristine areas that evolution flourishes. But there is a fear that by the time the samples are used up, original nature will have been wiped out.

Brengt Van Koolwijk de parkflaneur in contact met de oorsprong, het internet brengt de rest van de wereld dichterbij. Eén klik op de muis en Jim Morrison scandeert zijn wijsheden door het park. Want er mogen dan miljoenen mensen leven, het zijn de doden die kunstenaar en ontwerper Yariv Alter Fin het meest hebben beïnvloed. Via de computer staat hij met hen in contact. Op het internet hebben zij het eeuwige leven. Maar het internet is ook een 'park voor de geest', een grensverleggende speeltuin voor volwassenen. Het net zal ons verenigen, voorspelt internetkunstenaar Debra Solomon.

Nieuwe natuur

En hoe moet het als het Park van de Toekomst wordt gegeseld door regen en storm? Is het dan een godverlaten oord, dat teveel ruimte opslorpt en te weinig van waarde is? Moet er misschien een dak op het Park van de Toekomst, zodat het mee kan draaien in de vierentwintig-uurseconomie en we met warmtekanonnen en nepzonnen zowel 's zomers als 's winters kunnen zonnebaden?

Wat een gotspe. Natuurlijk heeft het park ook zonder mensen bestaansrecht. Al was het alleen maar vanwege de natuur. Biochemicus Rodney Turner waarschuwt om niet alleen te letten op de zichtbare diversiteit, maar ook op de natuur die te klein is voor het oog. Want ook die maakt deel uit van het Park van de Toekomst. De wereld van de geneeskunst is zelfs voor 85% afhankelijk van die piepkleine natuur, aldus Turner. Zo belangrijk zijn de planten, bladeren, etensresten, sporen, paddenstoelen en bacteriën voor de farmaceutische industrie, dat grote bedrijven hun werknemers geld betalen om vanuit de hele wereld monsters mee naar huis te nemen. Op zoek naar medicijnen die aids en kanker genezen en de kwaliteit van het leven verbeteren. Juist in restgebieden floreert de evolutie. Maar de angst bestaat dat als de monsters op zijn, de oorspronkelijke natuur is weggevaagd.

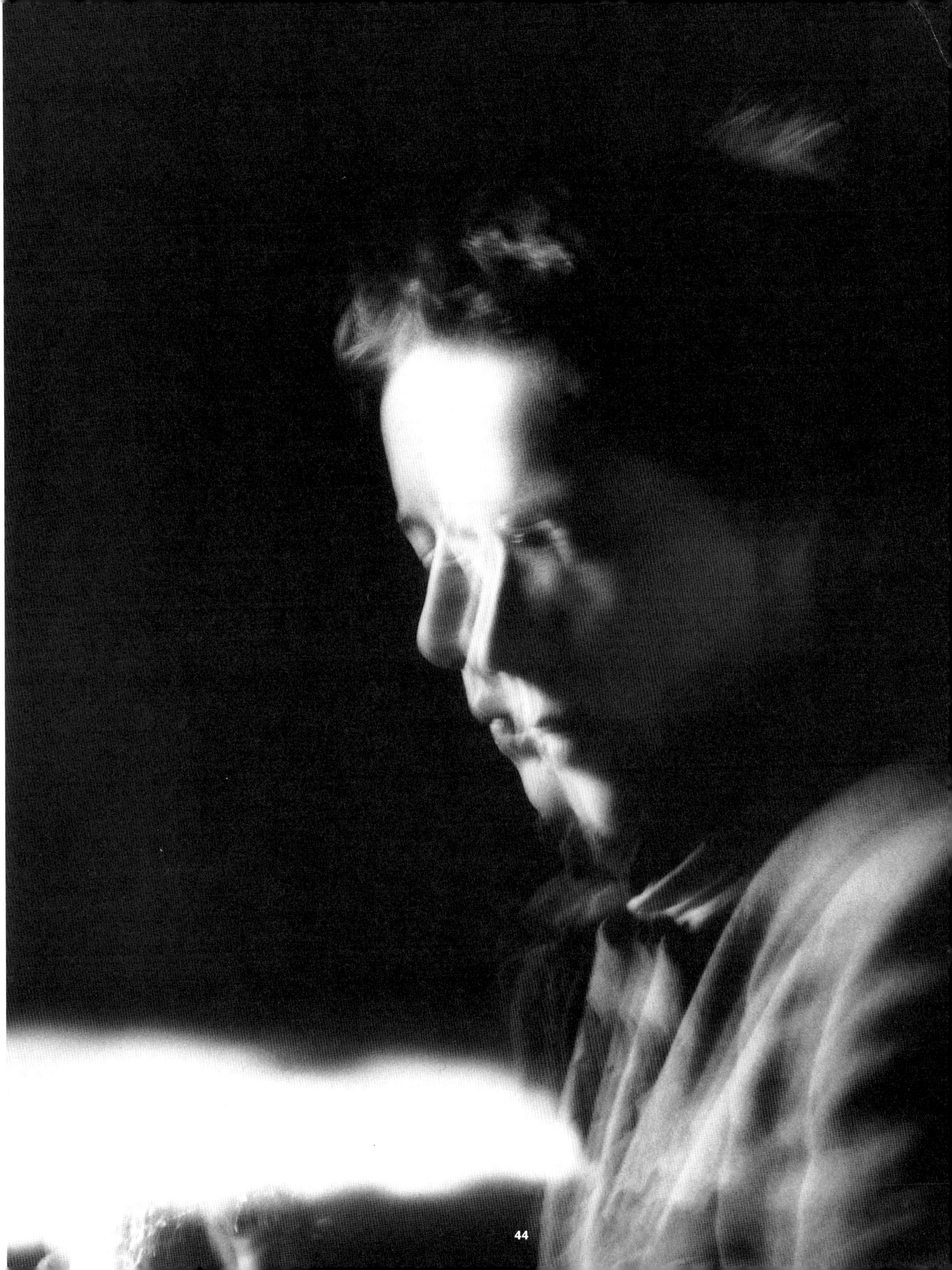

In this century we have literally destroyed nature, according to Jonathan Smales, former head of Greenpeace, health manager and founder of the Earth Centre in Yorkshire. If we want to survive at all, we must treat our resources ten times as efficiently. In the nature theme park, for which the Park of the Future will provide ample room, not only experiments are being carried out with new technology and alternative production methods, but in a playful way visitors are being educated and made aware. Smales wants to restore the relationship between man and nature, change the world. For without nature, no future.

Undoubtedly the labyrinth has many more surprises in store, but one thing is clear. The park of the future is a playground for body and mind and is not just a lightweight place for repose, slowing down and amusement, but also a dead serious place for emotion, reflection and a wise lesson. And, oh yes, somewhere along the way you are bound to come across Jeroen Kooijmans' slowly moving video graffiti. For there is also room for tranquillity and beauty in the park. Especially the cloud factory is extremely welcome: «to suck out the clouds in the sky».

In deze eeuw hebben we de natuur letterlijk vernietigd, vindt Jonathan Smales, voormalig voorman van Greenpeace, gezondheidsmanager en oprichter van het Earth Centre in het Britse Yorkshire. Willen we überhaupt overleven, dan moeten we tien keer zo efficiënt omgaan met onze hulpbronnen. In het natuurthemapark, waarvoor ook in het Park van de Toekomst ruim baan wordt gemaakt, wordt niet alleen volop geëxperimenteerd met nieuwe technieken en alternatieve produktiemethoden. Maar worden de bezoekers tegelijk op een speelse manier opgevoed en bewust gemaakt. Smales wil de relatie tussen mens en natuur herstellen, de wereld veranderen. Want zonder natuur, geen toekomst.

Ongetwijfeld heeft het doolhof nog veel meer verrassingen in petto, maar één ding is duidelijk. Het Park van de Toekomst is een speeltuin voor lichaam en geest en is niet alleen vederlicht – oord van ontspanning, onthaasting en amusement – maar ook bloedserieus – oord van emotie, bezinning en een wijze les. En, oh ja, ergens onderweg stuit u ongetwijfeld op de traag bewegende video-graffiti van Jeroen Kooijmans. Want ook voor rust en schoonheid is plek in het park. Vooral de wolkenfabriek is uitermate welkom: «To suck out the clouds in the sky».

Marina de Vries
is a freelance critic for the newspaper 'Het Parool'.
is free-lance criticus bij het Parool.

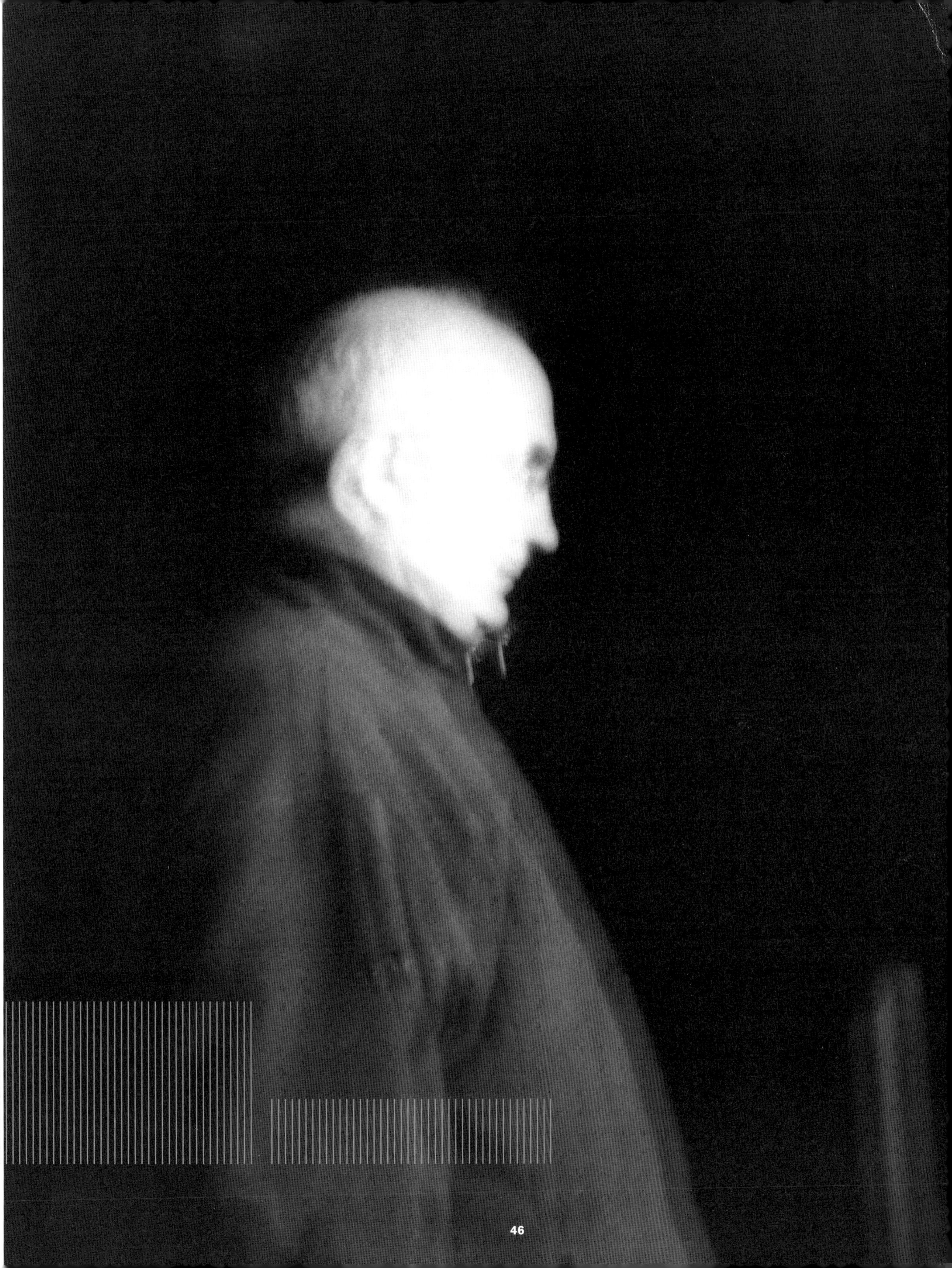

Atte Jongstra — Breaking, Building, Planting, Chopping

The Public

Breken, bouwen, planten, hakken

Het publiek

The Wester Gasworks complex. It is cold, the wind is blowing, the local shower from the weather forecast has found its place. I have led my visitors from our minibus on the parking lot past the barrier and have provided them with food vouchers. They look around like children on a school trip, my visitors. Ill at ease, shivering in their thin jackets.

«The purpose of our visit, gentlemen…» I begin. I couldn't find any women. Mien Ruys, the only female expert that I knew, had just been admitted to the park that forms the future of us all. I see the walking artwork Fabiola coming by, in plainclothes. In the distance, theatre maker Dick Hauser is working up a sweat on his bicycle in the brisk wind.

«Hey Dick!» I call out. Nice man.

«I'm here now for the third time,» Dick says. «Haven't seen a thing. I keep chatting with people that I meet.»

I say that I have to keep it short, pointing towards my guests, Dick says «fine» and once again I say: «the purpose of our visit, gentlemen…»

Does everyone understand me? The duo Bouvard and Pécuchet, self-made landscape man Capability Brown, the Frenchman Lenôtre and Hundertwasser from Austria, the visionary of the company.

We keep things simple, we speak Dutch.

«The purpose of our…»

«We are here for the park of the future, I thought,» Lenôtre says stiffly, «while I believe it already exists. I myself designed it long ago.»

«Then is also soon,» says Hundertwasser with an expression of a desert father.

«Now then,» I conclude, as we enter the first building. «This is the purification hall.»

«We would indeed like to wash our hands,» Bouvard and Pécuchet say. I show them a wash basin with a mirror and walk with the others to the Rietveld supervisors on duty, Bert Hendriks, and Kees Maas.

«Good news never comes alone,» Kees says. «Usually it brings bad tidings along. Nice to see you again. Who are those people?»

I introduce Brown, Lenôtre and Hundertwasser, and wonder what is keeping Bouvard and Pécuchet. They resurface a bit later, rumpled, hair dishevelled, ties wrapped like shawls around their necks.

«Call that purification,» grumbles the taller of the two. «Whatever I tried, I kept seeing a woman in the mirror.»

«Yes,» says Bouvard. «I didn't succeed in looking like myself either.»

Lenôtre meanwhile looks around and asks about the line in the exhibition. Hendriks and Maas laugh and say that they too, have yet to find a pattern.

«Maybe there is none,» Hendriks laughs.

«The contributions are separate,» Maas says. «Everything has its own order.»

Lenôtre closes his eyes and declares solemnly that it happens to have pleased the Bon Dieu to bring line and order into the whole of things and that the Park of the Future definitely should reflect this. In his view, the world is a marriage between squares and triangles, circles and parallelepipeds, a park should be that too.

«Christ!» Hundertwasser cries, with his fingers his wild beard. «What has become of the organic? There should be more rampant growth!» Lenôtre once more.

«We reject rampant growth. We would rather think of trimmed shrubs such as spheres and cubes, along straight paths, that cross each other according to Vitruvian proportions in clearings, with a regular building inside, full of Euclidean symmetry. You might for example think of a tea house, a music pavilion, a…»

Westergasfabriekcomplex. Het is koud, het waait, de plaatselijke regenbui uit het weerbericht heeft haar plaats gevonden. Ik heb mijn bezoekers uit onze minibus op het parkeerterrein langs de slagboom geleid en ze van consumptiebonnen voorzien. Ze staan om zich heen te kijken als kinderen op een schoolreisje, mijn gasten. Onwennig, huiverend in te dunne jasjes.

«Het doel van ons bezoek, mijne heren…» begin ik.

Ik kon geen vrouw vinden. Mien Ruys, de enige vrouwelijke deskundige die ik kende, was net opgenomen in het park dat ieders toekomst vormt. Ik zie het wandelend kunstwerk Fabiola passeren, in burger. In de verte werkt theatermaker Dick Hauser zich tegen de stijve bries fietsend in het zweet.

«Hé Dick!» roep ik. Aardige man.

«Ik ben hier nu voor de derde keer,» zegt Dick. «Nog niets gezien. Ik sta maar steeds met mensen te praten die ik tegenkom.»

Ik zeg dat ik het kort moet houden, wijzend op mijn gasten, Dick zegt «mooi» en opnieuw roep ik: «Het doel van ons bezoek, mijne heren…»

Verstaat iedereen mij? Het duo Bouvard en Pécuchet, selfmade landschapsman Capability Brown, de Fransman Lenôtre en Hundertwasser uit Oostenrijk, de visionair van het gezelschap.

We doen niet ingewikkeld, we spreken Nederlands.

«Het doel van ons…»

«Wij komen hier voor het Park van de Toekomst dacht ik,» zegt Lenôtre stijfjes. «Terwijl ik meen dat dat al bestaat. Ik heb het lang geleden zelf ontworpen.»

«Toen is anders óók straks,» zegt Hundertwasser met een blik als een woestijnvader.

«Nu dan,» besluit ik, als we het eerste gebouw betreden. «Dit is de zuiveringshal.»

«Wij zouden inderdaad graag even onze handen wassen,» zeggen Bouvard en Pécuchet. Ik wijs ze op een wastafel met een spiegel en loop met de anderen naar de Rietveldsurveillanten van dienst, Bert Hendriks en Kees Maas.

«Goed nieuws komt nooit alleen,» zegt Kees. «Meestal heeft het slechte berichten bij zich. Leuk je weer te zien. Wie zijn die mensen?»

Ik stel de heren Brown, Lenôtre en Hundertwasser voor, en vraag me af waar Bouvard en Pécuchet blijven. Ze duiken even later op, verfomfaaid, haar in de war, stropdas als sjaaltjes om de hals geknoopt.

«Noem dat maar zuivering,» moppert de langste van de twee. «Wat ik ook probeer, ik bleef een vrouw in die spiegel zien.»

«Ja,» zegt Bouvard. «Ik kreeg het evenmin voor elkaar op mezelf te lijken.»

Lenôtre kijkt intussen om zich heen en vraagt naar de lijn in de tentoonstelling. Hendriks en Maas lachen. Ze zeggen dat ze ook zelf nog geen patroon hebben gevonden.

«Misschien is het er wel niet…» lacht Hendriks.

«Het zijn afzonderlijke bijdragen,» zegt Maas. «Alles heeft zijn eigen orde.»

Lenôtre sluit de ogen en verklaart plechtig dat het de Bon Dieu nu eenmaal heeft behaagd lijn en orde in het geheel der dingen te brengen en dat het Park van de Toekomst die wat hem betreft beslist moet weerspiegelen. De wereld is volgens hem een huwelijk tussen vierkanten en driehoeken, cirkels en parallellopipida, een park moet dat ook zijn.

«Christus!» roept Hundertwasser, met de vingers in zijn wilde baard. «Waar is het organische gebleven? Er moet meer gewoekerd worden!»

Lenôtre opnieuw.

Chinese pagoda by our books is certainly dispensable,» Bouvard interjects, and he tells his own steps in the field of park architecture, which that pagoda. They had built a replica on the basis of a book illustration. When the wind blew, everything creaked, but it remained standing. Until an other standard work claimed that a park should contain rustic elements, points of rest for the eye, as it were, and that a fallen tree would provide this rest. Whereupon Pécuchet had set the axe into a large elm, which promptly had the pagoda collapse with a sigh under its weight, suddenly providing the garden with a rustic, oriental ruin beside the rustic tree trunk. We made a wooden bench to go with it and often sit there contemplating creation and destruction,» Pécuchet confirmed.
«Yes,» Bouvard hastened to agree with his companion. «Bringing rest into a park, and depth, the Chinese are good at that.»

«Woekering wijzen wij af. Wij denken eerder aan figuurstruiken als bollen en kubussen, langs rechte paden, die elkaar volgens Vitruviaanse verhoudingen kruisen in open plekken, met een regelmatig gebouw daarin, vol euclidische symmetrie. U zou bijvoorbeeld kunnen denken aan een theehuis, aan een muziekpaviljoen, aan…»
«Een Chinese pagode mag volgens onze boeken ook beslist niet ontbreken,» onderbreekt Bouvard en hij vertelt over hun eigen stappen op het terrein van de parkarchitectuur, waarin die pagode. Ze hadden hem op basis van een boekillustratie nagebouwd. Als het waaide kraakte alles, maar hij stond. Tot een ander standaardwerk beweerde dat een park rustieke elementen moest bezitten, rustpunten voor het oog als het ware, en dat een omgevallen boom die rust kon bieden. Waarop Pécuchet de bijl had gezet in een grote iep, die even later de pagode zuchtend onder zijn valgewicht had doen bezwijken en er naast de rustieke boomstam ineens een rustieke, oosterse ruïne in de tuin was ontstaan.
«We hebben er een bankje bij getimmerd en zitten daar vaak aan opkomst en ondergang te denken,» beaamde Pécuchet.
«Ja,» haastte Bouvard zijn kompaan bij te vallen. «Rust in een park brengen, en diepte, dat kunnen die Chinezen wel.»
«Wat wil je met die lui?» vroeg Kees Maas, die me even apart had genomen. «Rare types, géén goed nieuws lijkt me.»
«Ik moet een wandeling langs de bezoekers van het Park van de Toekomst beschrijven.»
«Heb je dáár dan niet genoeg aan?»

«What do you want with that bunch?» Kees Maas asked, taking me aside for a moment. «Strange characters, not good news, it seems to me.»
«I have to describe a walk past the visitors of the Park of the Future.»
«Wouldn't that over there do for you?» he said, pointing to a beggar, a pseudo-Medieval figure in rags and artfully applied filth, holding up a sign indicating the closing time of the park called world.
My gaze slides past a complete congregation of the Society for countrywomen with helmets of bluish perms who blush with excitement while oohing and ahing at the explanations of a guide in a Heidemij uniform. Through the image walks a sombre walrus in a black tube-coat, arm in arm with a woman half as tall wearing a knitted cap.
«Or how about that one?»
«I don't know if he sees much of a future,» I say.
«You are mistaken,» Maas says. «He is one of our top teachers.»
Not a visitor, in other words. All the others who Kees Maas points out to me turn out to be students, girls and women who I would sometimes like to write a book about, boys and men suited for a paragraph. They come from all over. Germany, Japan, Russia, a gaudy population which, in all its gaudiness, can hardly be distinguished from each other.
«Enough material,» Kees says. «Don't need those madmen of yours for that.»
But students, not visitors. They linger by their work multilingually, ready for questions about how and why. Others are still working away.

Hij wijst naar een bedelaar, een pseudo-middeleeuwer in lompen en kunstig aangebrachte vervuiling, die een groot bord omhoog houdt waarop de sluitingstijd wordt aangekondigd van het park dat wereld heet. Mijn blik glijdt langs een complete afdeling van de Bond voor plattelandsvrouwen met helmen van blauwig permanent die met opgewonden blossen staan te ahen en ohen bij de uitleg van een gids in het uniform van de Heidemij. Een sombere walrus in een zwarte kokerjas loopt gearmd met een half zo hoge vrouw met een gebreid mutsje door het beeld.
«Of die dan?»
«Ik weet niet of hij nog wel toekomst ziet,» zeg ik.

When later I walk in the direction of the gas holder, a Babylonian girl is busy digging a hole with a bicycle-chain protector, to place a post with an intercom full of bird-chirping.
«A very technical instrument,» Pécuchet says once the object stands. «Didn't have that in our day. It does inspire thoughts, I must say, the same that we, too, used to have.»
He and Bouvard had decided to feather their landscape with the aid of a bird book. From South America they had ordered a parrot, which had indeed arrived half a year later, seriously ill, trembling, with faded feathers. The animal had passed away after a week of suffering. They had imported cranes and noted that they were migrating birds with a yearning for warmer regions, the penguins they had ordered hadn't survived the crossing of the equator, and for a secretary bird that had arrived alive, they had not found enough snakes. A swarm of starlings did stay, but then they were not mentioned in their handbooks of landscape architecture.
«Couldn't get rid of them,» Bouvard says. «Even the herrings that we hung in trees didn't help. Everything was covered with their shit. There were too many of them to blast them out of the air. Which did work with the storks, by the way. Ten, wasn't it, Pécuchet?»
«Eleven,» says Pécuchet. «Exactly one wheelbarrow full. But birds in a park, you can't plan it.»
Hundertwasser says that you mustn't want to. «Nature should run its course.»
Lenôtre shakes his head and starts about the aha, the invisible division between a park and the surrounding, wild nature.

«Je vergist je,» zegt Maas. «Het is een van onze topdocenten.»
Geen bezoeker dus. Alle anderen die Kees Maas mij aanwijst blijken studenten, meisjes en vrouwen waar ik een boek over zou willen schrijven soms, jongens en mannen geschikt voor een alinea. Ze komen overal vandaan. Duitsland, Japan, Rusland, een kakelbonte bevolking die in alle bontheid nauwelijks van elkaar valt te onderscheiden.
«Materiaal genoeg,» zegt Kees. «Heb je die gekken van jou niet voor nodig.»
Studenten toch, geen bezoekers. Ze dralen rond hun werk, klaar voor veeltalige explicaties van het hoe en waarom. Anderen zijn nog volop aan het werk.

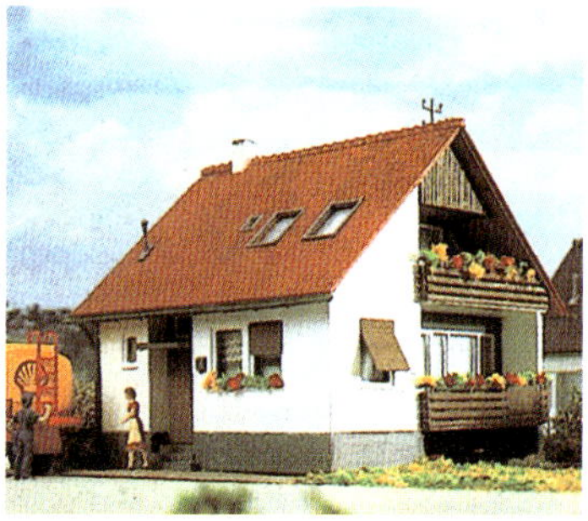

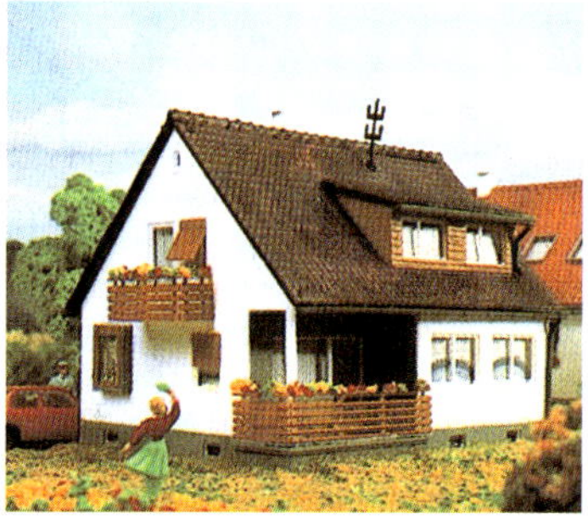

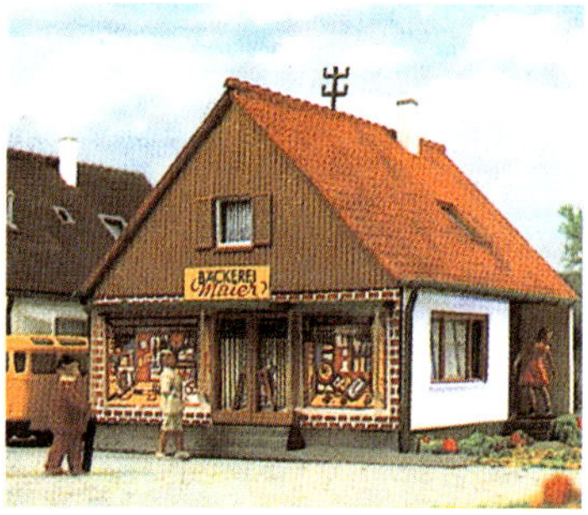
BACKEREI
Maier

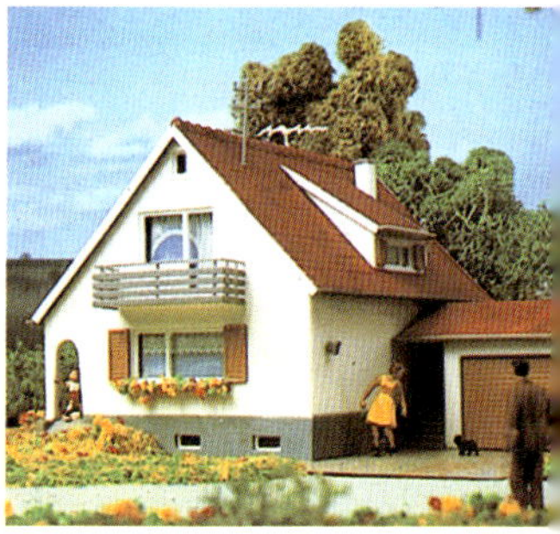

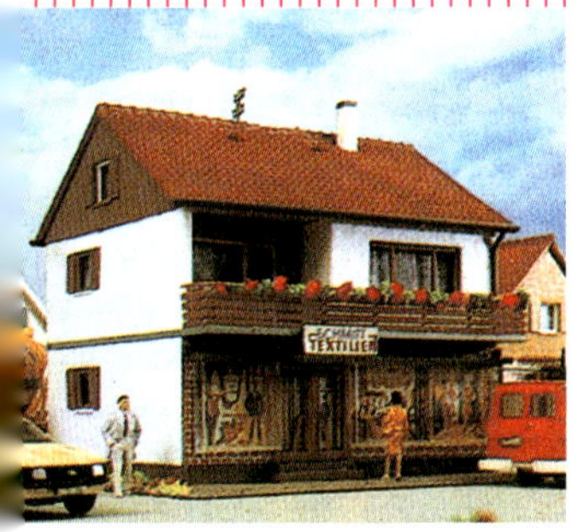
TEXTILIEN

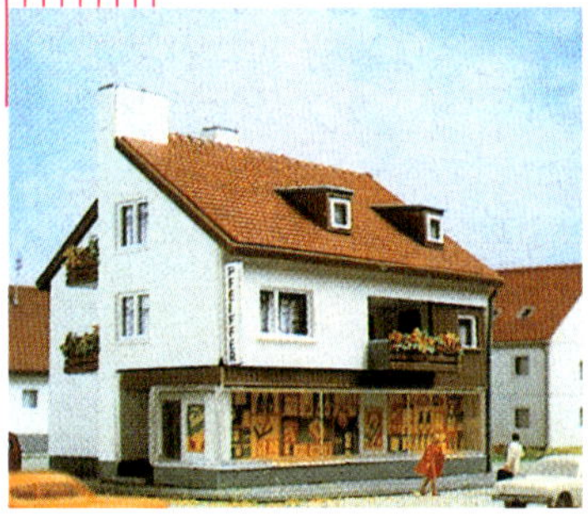

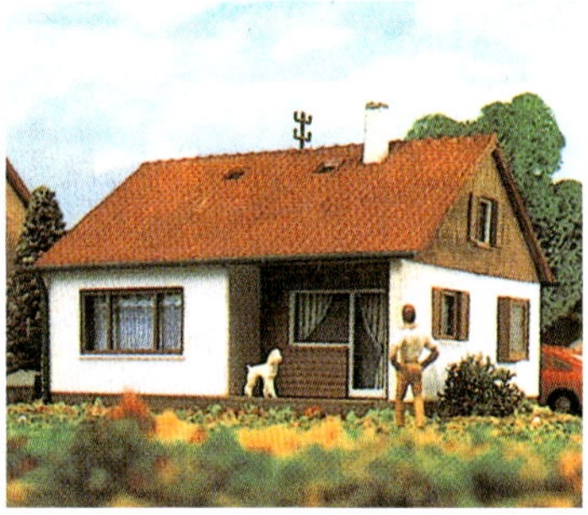

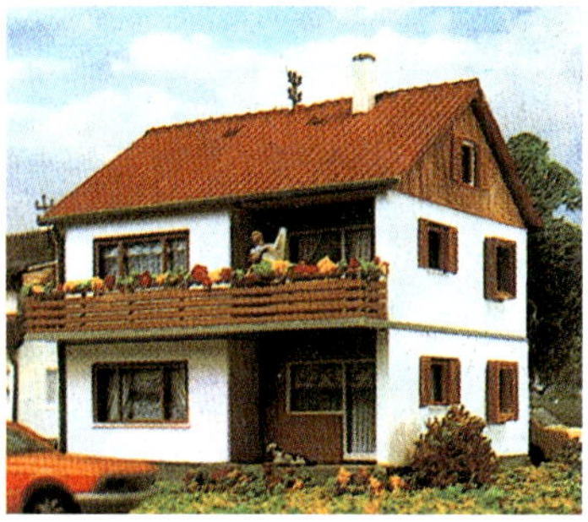

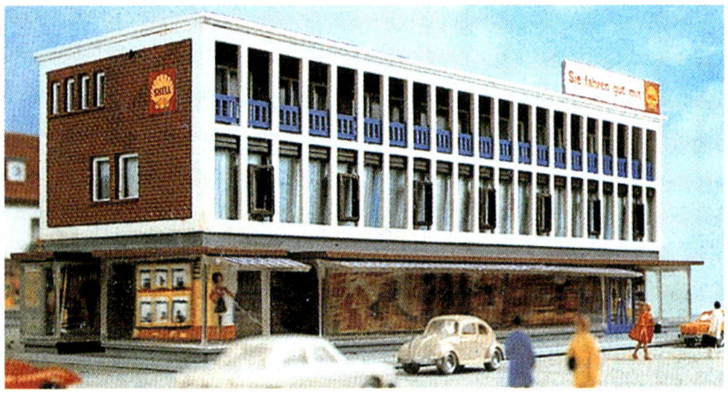
SHELL
Sie fahren gut mit

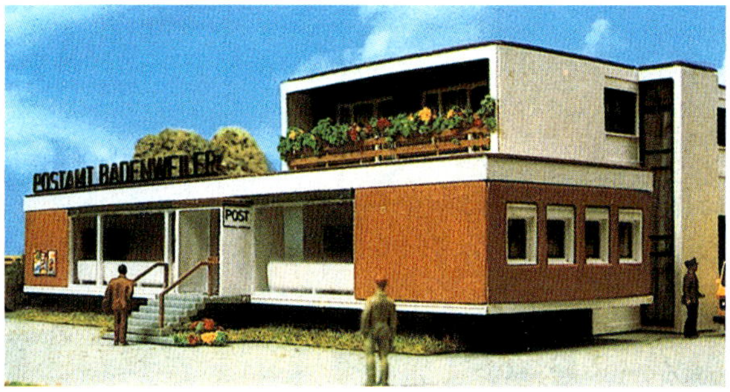
POSTAMT BADENWEILER
POST

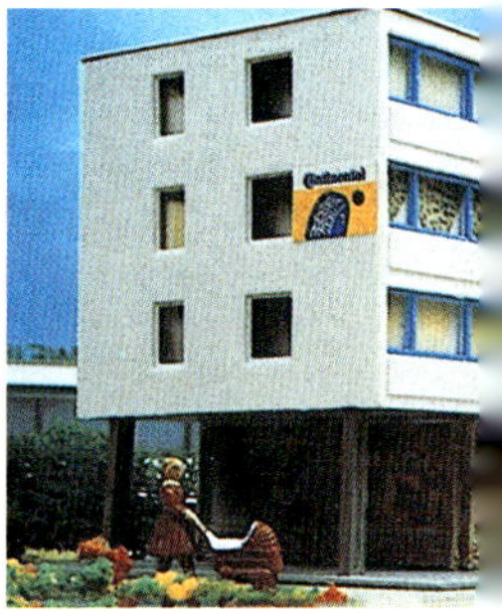

54

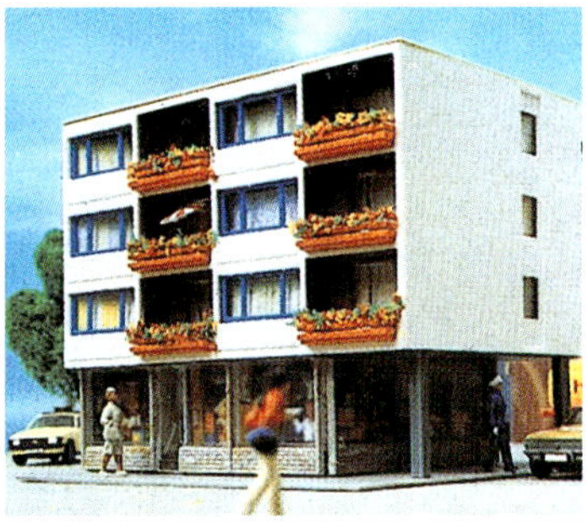

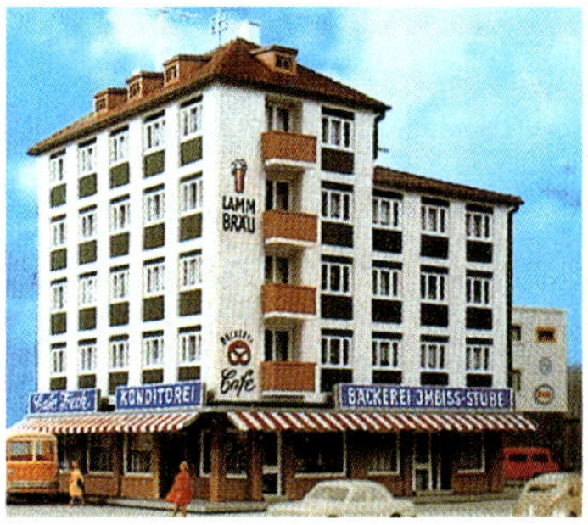
LAMM BRÄU
KONDITOREI

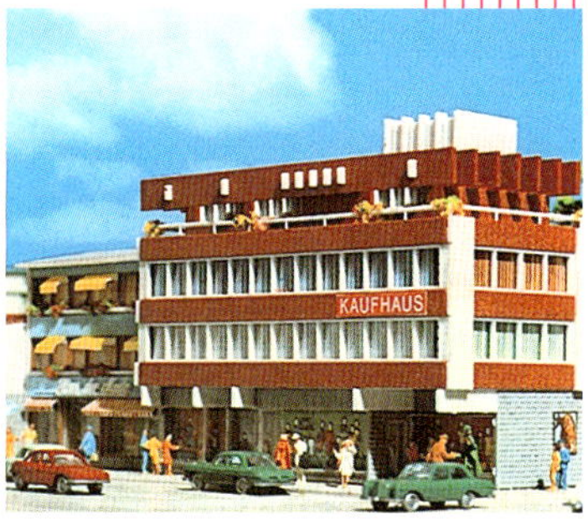
KAUFHAUS

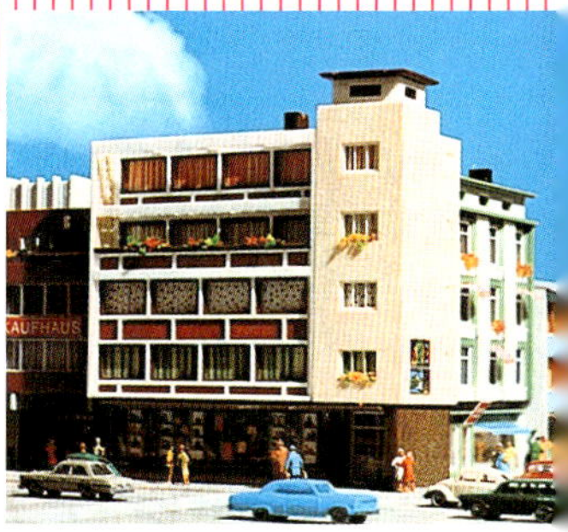
KAUFHAUS

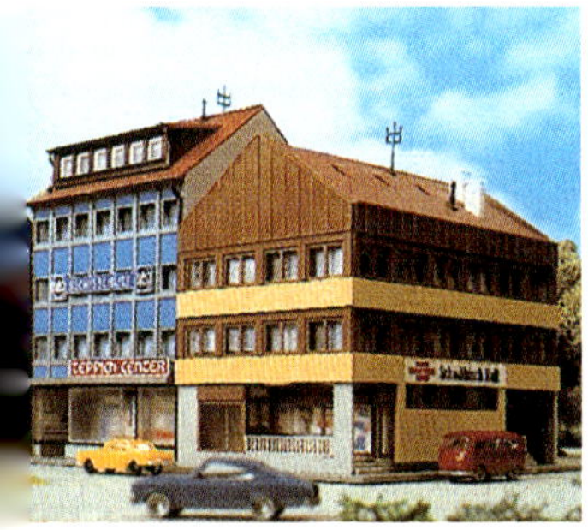

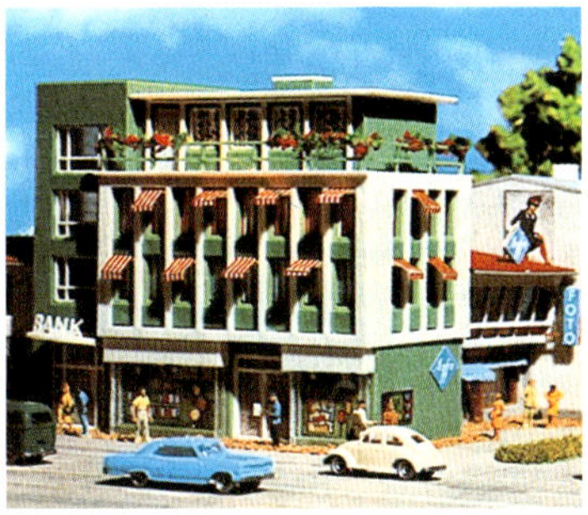
BANK
FOTO

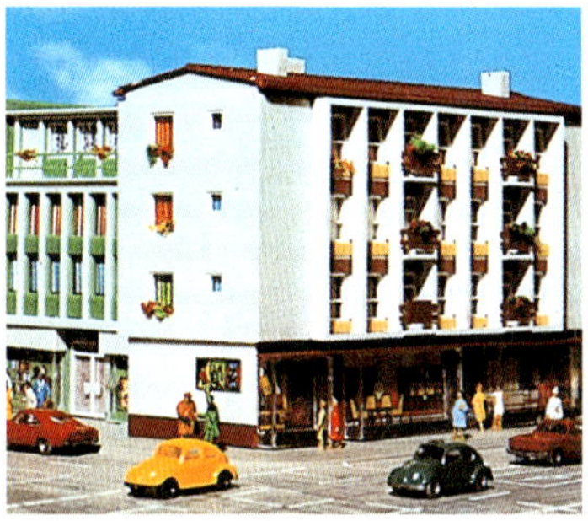

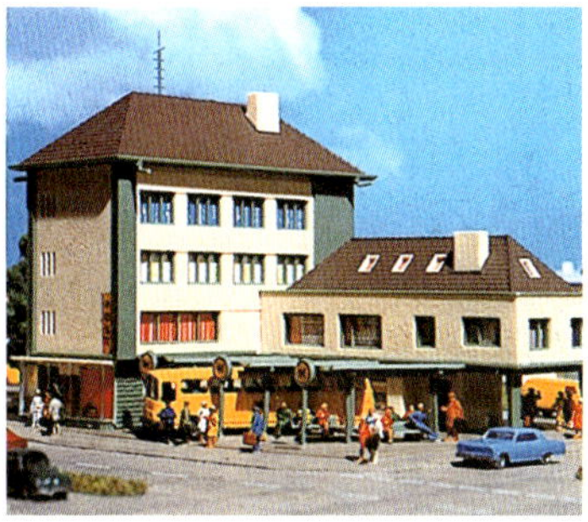

«Ditch, gully, doesn't make a difference, as long as you keep out the wild animals. They don't belong in the Park of the Future.»
I point to the Haarlemmer barge-canal and say that the aha is in place.
«Non,» Lenôtre says. «I understand what you mean, but it isn't exactly invisible.»
Capability Brown meanwhile is staring open-mouthed at the gas holder and asks me what it is. When I explain he doesn't listen. «It has potential,» he says. «I propose moving it twenty metres to the right, for more effect.»
Letting it correspond with a triangular pond,» Lenôtre fills in. »Letting circle pair with triangle, or better yet, sliding two triangles into each other, for a sacred figure.»
«A park with a church window, heaven forbid!»
«Absolutely. Just like the Bon Dieu wants it.»
I lead my guests, whose plans are becoming increasingly reckless, through waterworks of plywood, where everybody gets soaked.
«I'm getting cold,» skinny Pécuchet shivers in the rising wind. «I could certainly use a small glass.»
«Or two,» Bouvard says. «A big glass is all right, too.»

A lot of folk in the gas holder, a long queue along the counter of the catering company The Wave, people eating at wooden tables, ambience. Suddenly I've lost my guests. Only Brown strolls with me around the circle. We pass a creative group sticking colourful beads onto plastic peg boards, but Brown doesn't see it.
«It sure is a weird thing,» he says, gazing up at the roof. «What was it again?»
«A gas holder…»
«I'll bet. I see it as a follicle. It might have to become smaller when moved, to let it melt better into the landscape.»
When we have come around full circle I see Dick Hauser at the counter chatting with organizer Harry Heyink.

«Have you seen anything yet, Dick?»
«Nothing yet. I keep bumping into fun people.»
A man who I don't know says to Hauser that he must go look at the pebbles.
«Brilliant idea! Stones that change colour when moist and fade differently with heat. In the purification hall.»
The poet Arno Breekveld joins the queue and points to what he considers a crazy design: a dug-in garden bench.
«All you have to do is bend over and smell the boundary between earth and grass!»
I see the actor Jérôme Reehuis, the father of my old football friend Marcel Valk, Prinsengracht grocer Jan van Beek, the singer Agna Eijgenraam, Balie director Andrée van Es grabbing a tray just before art historian Paul Hefting and architect Rudy Uytenhaak do the same.
«You see?» says Dick Hauser when I greet them each in turn. «They're all here. It's like a party.»
«That's fine,» says Harry Heyink. «As long as people also give some thought to parks. Where are your guests, by the way?»
«I had them just a minute ago,» I say.
«Now I only see one.»

Als ik later richting gashouder loop is een babylonisch meisje bezig een gat te graven met een fietskettingbeschermer, voor de plaatsing van een praatpaal vol vogelgekwetter.
«Een erg technisch instrument,» zegt Pécuchet als het object eenmaal staat. «Hadden we niet in onze tijd. Het brengt me op gedachten, dat wel, dezelfde die ook wij hebben gehad.»
Hij en Bouvard hadden besloten hun landschap te bevederen aan de hand van een vogelboek. Uit Zuid-Amerika hadden ze een papegaai besteld, die na een half jaar inderdaad was aangekomen, doodziek, trillend, met verschoten veren. Het dier had na een week zieltogen de geest gegeven. Ze hadden kraanvogels geïmporteerd en geconstateerd dat het trekvogels waren met een hang naar warmer streken, de bestelde pinguïns hadden de oversteek van de evenaar niet overleefd, en voor een levend aangekomen secretarisvogel hadden ze onvoldoende slangen gevonden. Wel was een zwerm spreeuwen gebleven, die weer niet in hun handboeken voor landschapsarchitectuur werden genoemd.

«Niet weg te krijgen,» zegt Bouvard. «Zelfs de haringen die we in de boom hingen hielpen niet. Ze scheten alles vol. Het waren er teveel om ze uit de lucht te knallen. Wat trouwens met de ooievaars wel goed lukte. Tien toch, Pécuchet?»
«Elf,» zegt Pécuchet. «Precies een kruiwagen vol. Maar vogels in een park, het is niet te plannen.»
Hundertwasser zegt dat je dat ook niet moet willen.
«De natuur moet zijn loop hebben.»
Lenôtre schudt het hoofd en begint over de aha, de onzichtbare scheiding tussen park en omringende, wilde natuur.
«Sloot, greppel, maakt niet uit, als je de dieren des velds maar buiten houdt. Ze horen niet in het Park van de Toekomst.»
Ik wijs op de Haarlemmer trekvaart en zeg dat de aha toch ter plaatse is.
«Non,» zegt Lenôtre. «Ik snap wat U bedoelt, maar onzichtbaar is hij dus niet.»
Capability Brown staat intussen met open mond naar de gashouder te kijken en vraagt wat dat is. Als ik het hem uitleg luistert hij niet. «Het schept mogelijkheden,» zegt hij. «Ik stel voor hem twintig meter naar rechts te verplaatsen, voor meer effect.»
«Met een triangelvijver laten corresponderen,» vult Lenôtre aan. «Driehoek met cirkel laten paren, of nog beter twee driehoeken in elkaar schuiven, voor een gewijd figuur.»
«Een park met een kerkraam, bewaar me!»
«Tout à fait. Zoals de Bon Dieu het wil.»
Ik voer mijn steeds driester plannen ontwikkelende gasten door een waterwerk van multiplex, waar iedereen een nat pak haalt.
«Ik krijg het koud,» bibbert de schrale Pécuchet bij de opgestoken wind. «Een klein glaasje zou er wel ingaan.»
«Of twee,» zegt Bouvard. «Een groot glaasje mag ook.»

Veel publiek in de gashouder, een lange rij langs de counter van Catering The Wave, etende mensen aan de houten tafels, gezelligheid. Ineens ben ik mijn gasten kwijt. Slechts Brown wandelt met mij samen de cirkel rond. We passeren een creatieve groep die bonte kraaltjes op plastic pennebordjes steekt, maar Brown ziet het niet.
«Blijft een raar ding,» zegt hij met zijn blik naar het dak omhoog. «Wat was het ook alweer?»
«Een gashouder…»
«Zal wel ja. Ik zie er een aangename follie in. Hij zou mischien kleiner moeten worden bij de herplaatsing, om hem beter in het landschap te laten smelten…»
Als we de cirkel rond zijn zie ik Dick Hauser aan de counter staan praten met organisator Harry Heyink.
«Heb je al wat gezien, Dick?»
«Nog niets. Ik kom maar steeds gezellige mensen tegen.»
Een man die ik niet ken zegt tegen Hauser dat hij beslist naar het grint moet gaan kijken.
«Briljant idee! Steentjes die verkleuren bij vocht en weer anders verschieten bij warm. In de zuiveringshal.»

...undertwasser. I had brought him along as ...isionary, but his visions are disappointing. ...ctually it is only one: all buildings, motorways, ...etrol stations, all human development under ...he ground and let nature grow rampant. He ...as got into conversation with Arno Breekveld, ...hich I try in vain to interrupt.

...I was in Central Park recently,» I hear Breekveld ...ay. «The volume of the ponds amounted to a ...undred thousand fifty-five litres of water, to ...ee lots roughly estimated in solid metres…»
...Right,» nods Hundertwasser. «Intersected by ...ow many paths?»
...Three hundred and thirty-eight, if you let them ...top at the junctions.»
...ith difficulty I manage to pry Hundertwasser ...oose. In the transformer house I find Lenôtre, ...ouvard and Pécuchet standing with their ears ...ressed against either side of a bird chirping ...ost. With sweeping gestures Brown approa...es. Once again Dick Hauser rides by on his ...cycle.
...m finally going to see something. On the ...ay I did see two gnomes. Just standing in the ...rubs.»

A last round through the buildings. In the muddle of exhibited park ideas, they come up with their own ideas, my guests, with opportunities, with laws. Brown sees potential in everything, Lenôtre complains that his world has been turned upside-down – «a chaos in my head» – Hundertwasser stops to gaze in fascination at two blood-stained young men, with miniature Greek temples swathed onto their heads, building a city wall of clay onto a map of Amsterdam.
«I miss humour in this future park,» Bouvard complains. He is served by the Hamburger Christian Roosen, with a pamphlet on how laughter can die out in a park if you let go of the button. Lenôtre can't get enough of the picnicking family cut out of shrubbery. («That is how you trim God's likeness in green!») by Oliver Kornblum, also from Hamburg. Pécuchet stops to marvel at the Tilburgers Maarschalk and Rosema's suggestion of a weeping tree carried out in wooden slats, Hundertwasser anew finds Jörg Sticker's bed with grass mattress «lunatic, but fun».
«And after all,» he adds, «you can also lie beneath it.»
Brown is intrigued by a scale model of the entrance doors which at the same time form waterworks, and is surprised by this combination of possibilities.
«Jove on High,» he says, dumbstruck. «As civil engineering, this is certainly a Eureka-case.»

When we arrive at the café I see Dick Hauser's bicycle parked against the wall. I want to have a quiet drink with him and split my guests up in discussion groups.
«And I would like you to summarize in brief the result of your deliberations, five minutes, in the bus, on your way back to Schiphol airport.»
With a sigh I fall into a chair at Hauser's table.
«What are you up to, man?» he asks laughingly.
«Who are those characters?»
«It isn't easy Dick… I'm giving it one last shot, getting those landscape people to formulate a unanimous vision. But the one wants this, the other wants that. Try holding a group like that together.»
«A beer?»
«Please!»
Around me, heated discussions. Bouvard and Pécuchet have settled with two Japanese, Brown and Lenôtre sit together at the bar, Hundertwasser is once again talking to Breekveld, who I didn't see coming in. Then I'm slapped on the shoulder.

De dichter Arno Breekveld sluit aan de rij en wijst op wat hij een krankzinnig ontwerp vindt: een ingegraven tuinbank.
«Je hoeft je maar voorover te buigen en ruikt de grens tussen aarde en gras!»
Ik zie de acteur Jérôme Reehuis, de vader van mijn oude voetbalvriend Marcel Valk, Prinsengracht-kruidenier Jan van Beek, de zangeres Agna Eijgenraam, Balie-directeur Andrée van Es pakt een dienblad, net vóór kunsthistoricus Paul Hefting en architect Rudy Uytenhaak hetzelfde doen.
«Zie je wel?» zegt Dick Hauser als ik ze stuk voor stuk groet. «Ze zijn er allemaal. Het lijkt wel een feest.»
«Dat mag best,» zegt Harry Heyink.
«Als er óók maar wordt nagedacht over parken. Waar zijn trouwens je gasten?»
«Net had ik ze nog,» zeg ik. «Nu zie ik er nog maar één.»
Hundertwasser. Ik had hem meegenomen als visionair, maar zijn visies vallen tegen. Eigenlijk is het maar één: alle gebouwen, snelwegen, benzinestations, alle menselijke bebouwing onder de grond en de natuur laten woekeren. Hij is met Arno Breekveld in gesprek geraakt, wat ik vergeefs probeer te onderbreken.
«Ik was laatst in Central Park,» hoor ik Breekveld zeggen. «De inhoud van de vijvers bedroeg honderduizendenvijfenvijftig liter water, op boompercelen van ruw in kubieken begroot…»

«Juist,» knikt Hundertwasser.
«Doorsneden door hoeveel paden?»
«Driehonderdachtendertig als je ze op de kruispunten laat ophouden.»
Met moeite weet ik Hundertwasser los te weken. In het transformatorhuis vind ik Lenôtre, Bouvard en Pécuchet staan aan weerszijden met het oor tegen de vogelpraatpaal gedrukt, Brown komt breed gebarend aangewandeld. Voorbij fietst opnieuw Dick Hauser.
«Ik ga nu eindelijk iets bekijken. Ik heb onderweg wel al twee kabouters gezien. Stonden zomaar in de struiken.»

Een laatste gang door de gebouwen. Ze komen bij de baaierd aan tentoongestelde parkideeën op eigen gedachten, mijn gasten, op kansen, op wetten. Brown ziet overal mogelijkheden in, Lenôtre klaagt dat zijn wereld op de kop staat – «een chaos in mijn hoofd» – Hundertwasser blijft gefascineerd staan bij twee bebloede jongemannen die, een miniatuurgrieks tempeltje aan het hoofd gezwachteld, een stadsmuur op de plattegrond van Amsterdam aan het kleien zijn.
«Ik mis humor in dit toekomstpark,» klaagt Bouvard. Hij wordt door de Hamburger Christian Roosen bediend, met een vlugschrift over hoe de lach in een park kan versterven als je het drukknopje loslaat. Lenôtre kan niet genoeg krijgen van een picknick-gezin uit struikengroen geknipt («Zo snoei je Gods evenbeeld in 't groen!») door Oliver Kornblum, ook uit Hamburg. Pécuchet blijft verwonderd stilstaan bij Maarschalk en Rosema's Tilburgse suggestie van een treurboom in houten latten uitgevoerd, opnieuw Hundertwasser vindt Jörg Stickers bed met grasmatras «knettergek, maar leuk».
«En,» voegt hij er aan toe, «je kunt er immers ook onder liggen.»
Brown staat geboeid bij een maquette van toegangsdeuren die tegelijk een waterpartij vormen en verbaast zich over die combinatie van mogelijkheden. «Jove in den Hoge,» zegt hij verbijsterd. «Civiel-technisch is dit beslist een eureka-geval.»

59

60

«My dear, esteemed friend!»
The actor Reehuis.
«What does your Park of the Future look like, Jérôme,» I ask tiredly.
He starts about the design of a glass tower by the Hamburger Stephan Heymann.
«Brilliant! Magnificent! Only they should put a lift in.» He points to his beautifully worked walking stick.
«For you understand, dear boy: with the physical state I'm in. But what the heck! Let us drink a fine glass of lager!»

I look at my watch, to discover time is running out. I quickly rake together my guests, lead them to the minibus where the driver is already on the lookout.
«It's going to be a rush, sir, with traffic nowadays, sir...»
Halfway along the Haarlemmerweg I take the microphone in the front and ask the discussion groups for their conclusions.
«The road to the park of the future is long, gentlemen,» I say. «What in your opinion is the shortest route?»
Hundertwasser is first. He keeps it short, sure enough, and calls out from the back seat: «Breaking!»
Lenôtre puts his money on «Building, provided it is done geometrically.»
«We see the future in planting and chopping,» Bouvard and Pécuchet say in unison.
«On the basis of the books, for everything is described in them.»
Is this all that the working visit to the Wester Gasworks has taught them?
«No,» Capability Brown says finally. «The park of the future is a question of choosing from possibilities. And everyone chooses different ones.»

Bij het café aangekomen zie ik de fiets van Dick Hauser tegen de gevel staan. Ik wil rustig een glas met hem kunnen drinken en deel mijn gasten op in gespreksgroepen. «En ik zou graag zien dat U het resultaat van uw besprekingen kort samenvat, vijf minuten, in de bus, terug op weg naar Schiphol.»
Zuchtend val ik op een stoel aan het tafeltje van Hauser.
«Wat ben je toch aan het doen, man?» vraagt hij lachend. «Wie zijn die types?»
«Het valt niet mee Dick... Ik doe nog één poging al die landschapsmensen een eensluidende visie te laten formuleren. Maar de één wil dit, de ander dat. Hou zo'n groepje maar eens bij elkaar.»
«Biertje?»
«Graag!»
Om me heen verhitte gesprekken. Bouvard en Pécuchet zijn bij twee Japanners neergestreken, Brown en Lenôtre zitten samen aan de bar, Hundertwasser praat opnieuw met Breekveld die ik niet heb zien binnenkomen. Dan wordt ik op de schouder geslagen.
«Mijn beste, waarde vrind!»
De acteur Reehuis.
«Hoe ziet jouw Park van de Toekomst eruit, Jérôme?» vraag ik vermoeid.
Hij begint over het ontwerp van de glazen toren door de Hamburger Stephan Heymann.
«Briljant! Schitterend! Er moet alleen een lift in.»
Hij wijst op zijn fraai bewerkte wandelstok.
«Want je begrijpt, mijn waarde: met mijn fysieke staat. Maar ach wat! We drinken een fraai blond glas!»
Als ik op het horloge kijk blijkt de tijd te dringen. Snel hark ik mijn gasten bij elkaar, voer ze naar de minibus waar de chauffeur al staat uit te kijken.

«Dat wordt haasten meneer, in dat verkeer van tegenwoordig meneer...»
Halverwege de Haarlemmerweg neem ik de microfoon voorin en vraag de gespreksgroepen om hun conclusies.
«De weg naar het Park van de Toekomst is lang, mijne heren,» zeg ik. «Wat is volgens U de kortste route?»
Hundertwasser is de eerste. Hij houdt het kort, inderdaad en roept, op de achterbank gezeten «Breken!».
Lenôtre zet in op «Bouwen, mits het geometrisch gebeurt.»
«Wij zien een toekomst in planten en hakken,» zeggen Bouvard en Pécuchet in koor. «Op basis van de boeken, daar staat alles immers in beschreven.»
Is dat alles wat het werkbezoek aan het Westergasfabriekterrein hen heeft geleerd?
«Nee,» zegt Capability Brown tenslotte.
«Het Park van de Toekomst is een kwestie van kiezen uit mogelijkheden. En iedereen kiest weer andere.»

Atte Jongstra
is a writer, essayist, poet and artist. His novel 'Hudigers Hooglied' appeared recently.
is schrijver, essayist, dichter en beeldend kunstenaar. Onlangs verscheen van zijn hand de roman 'Hudigers Hooglied'.

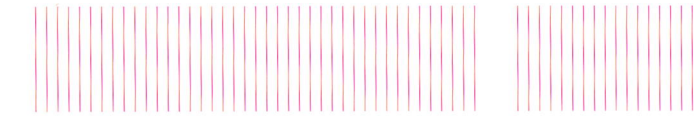

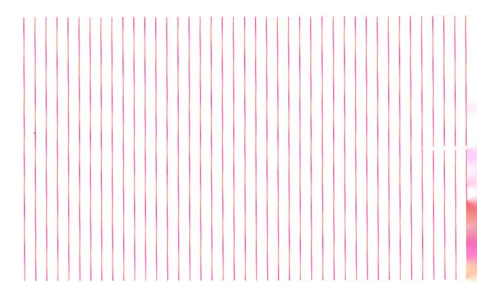

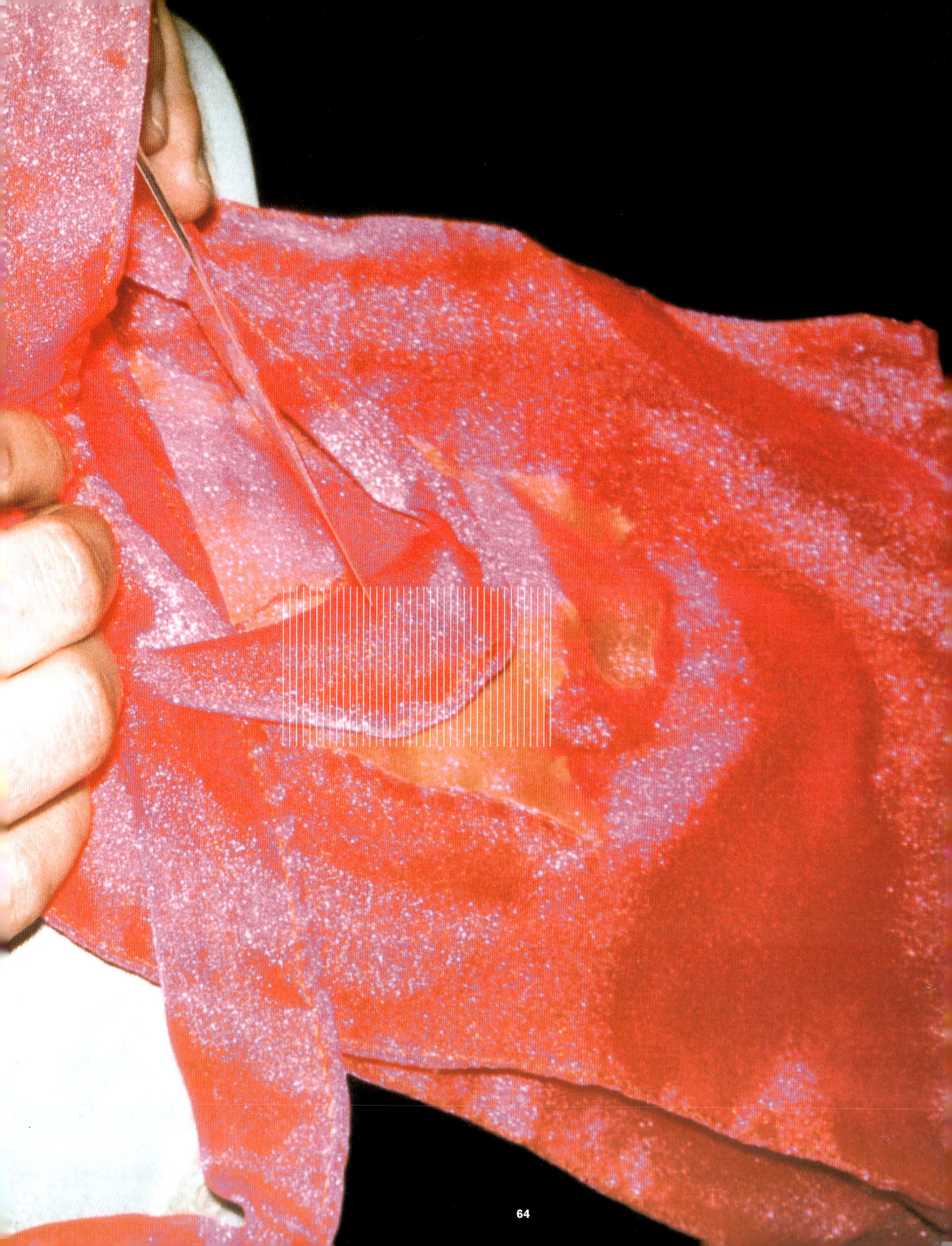

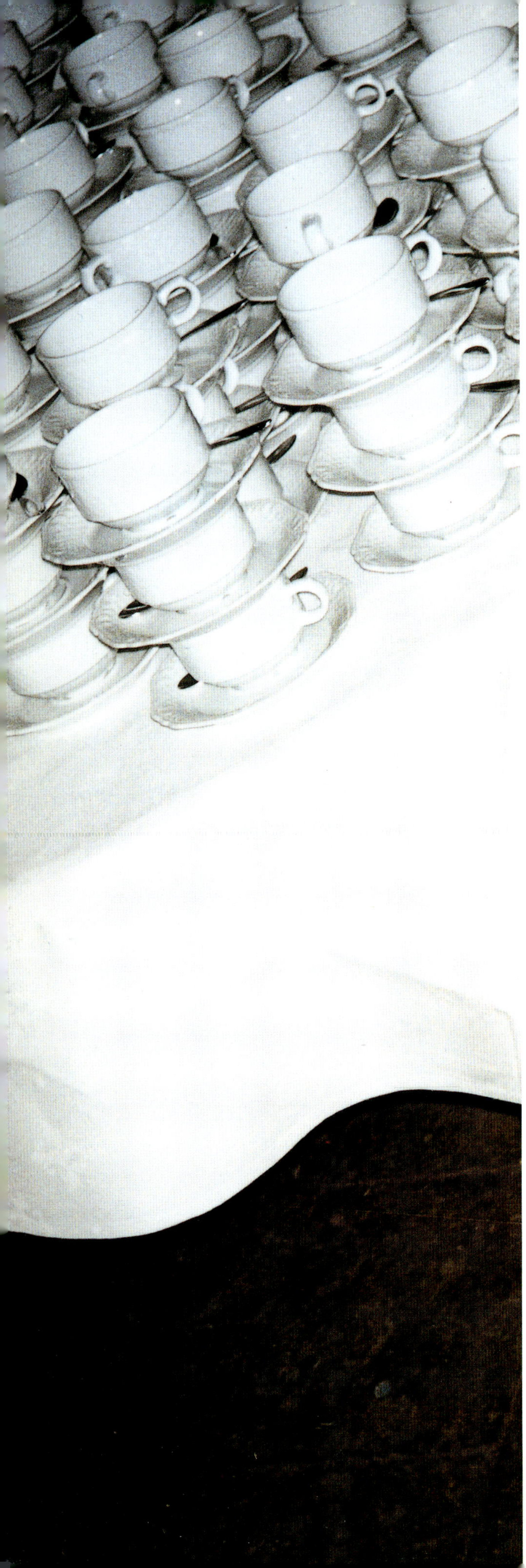

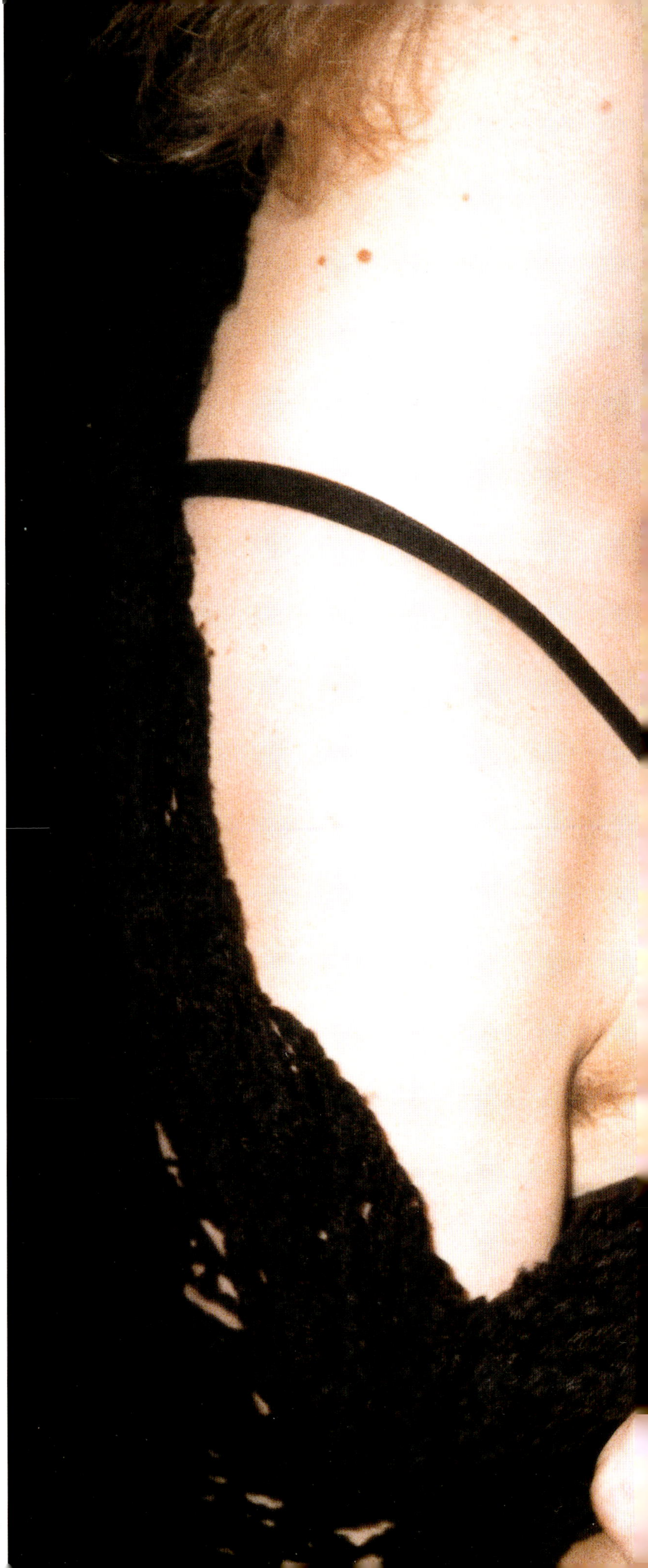

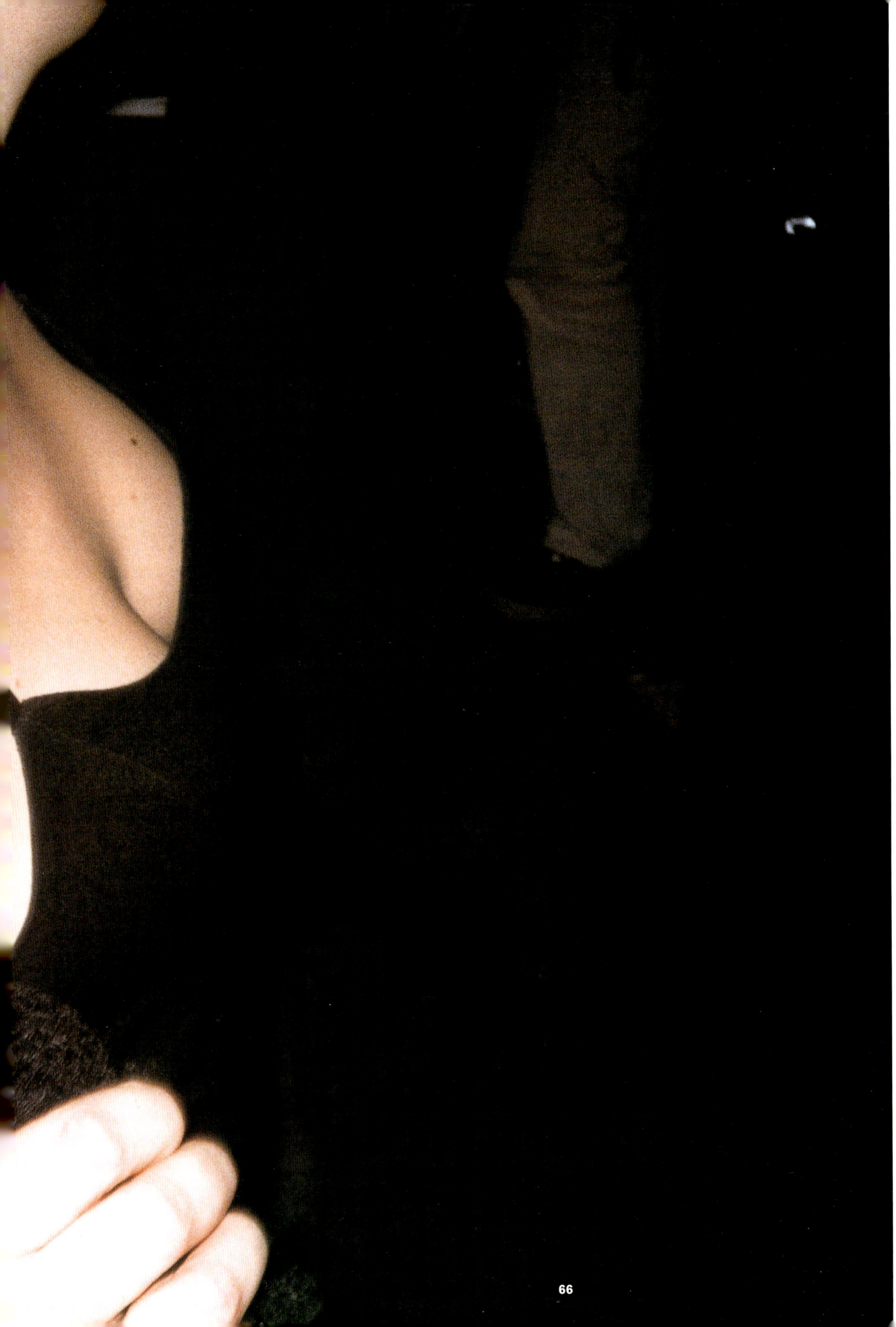

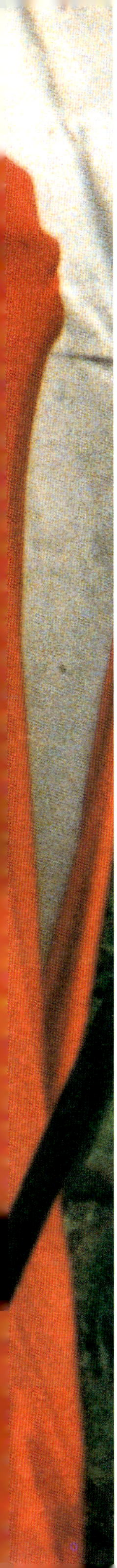

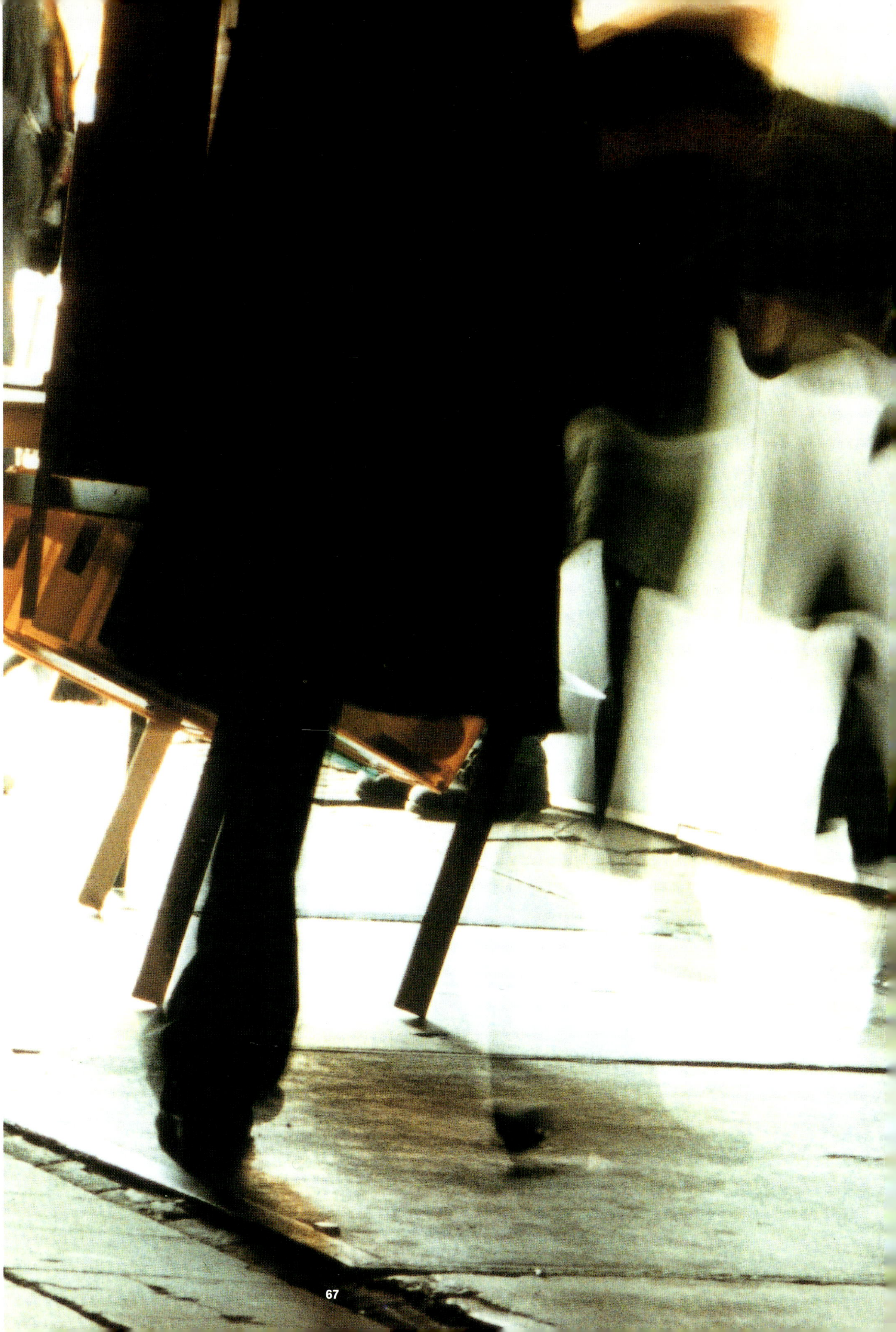

68

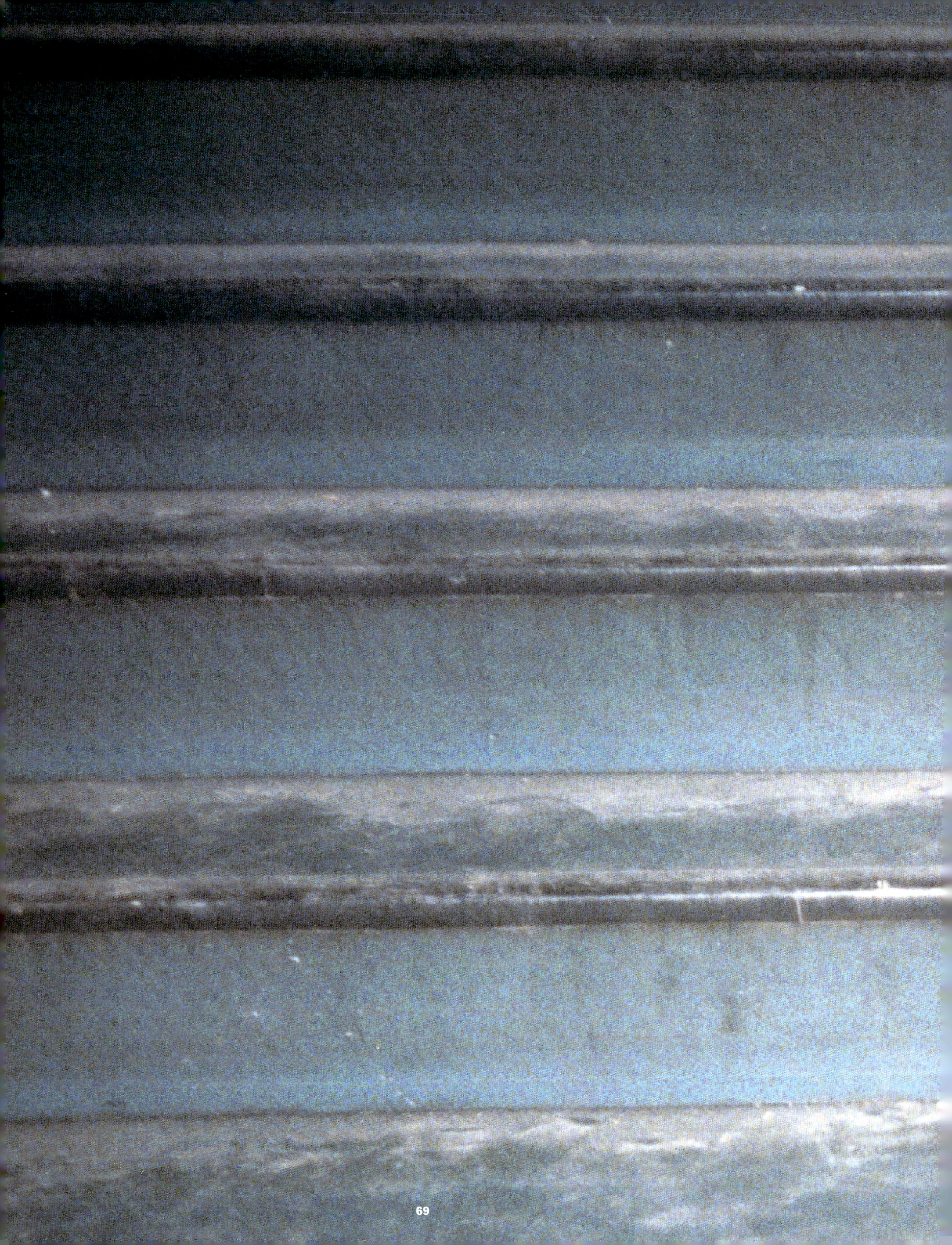

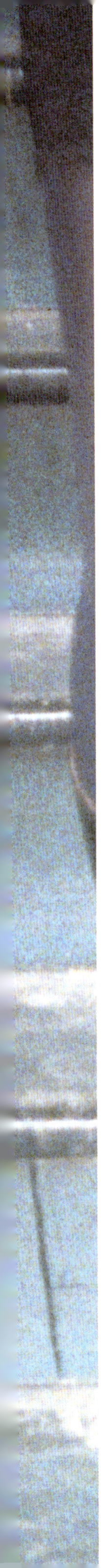
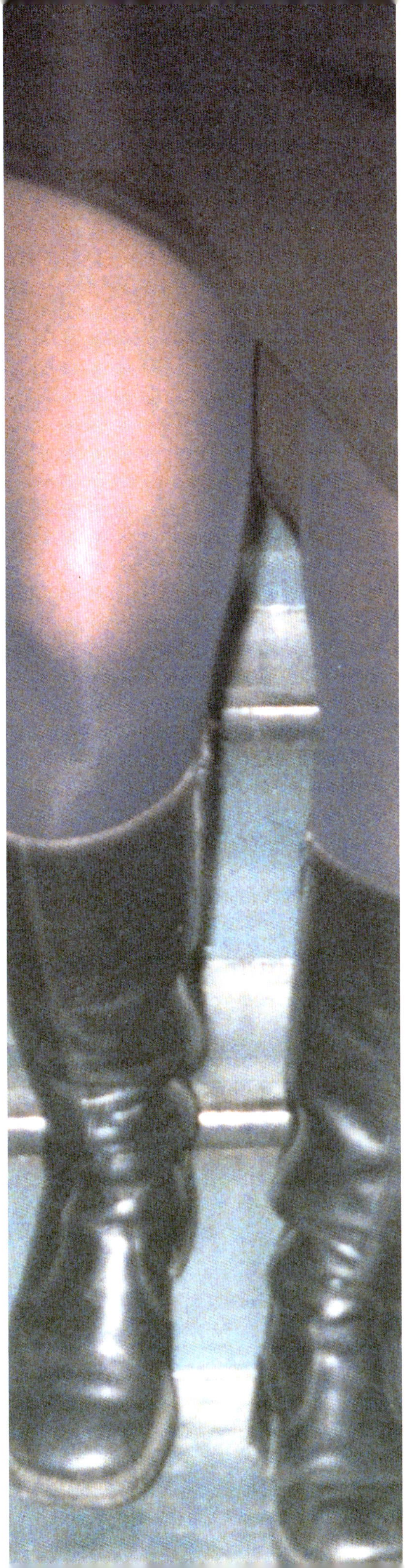
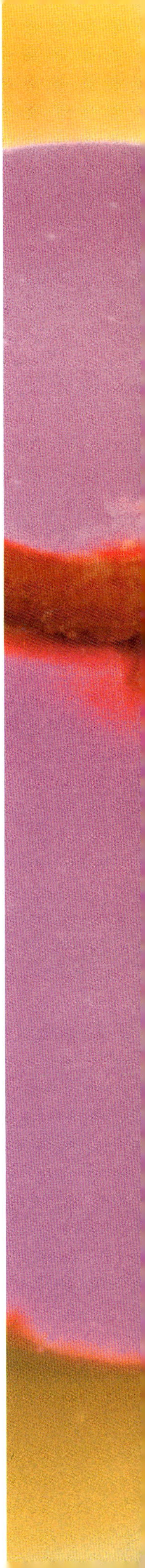

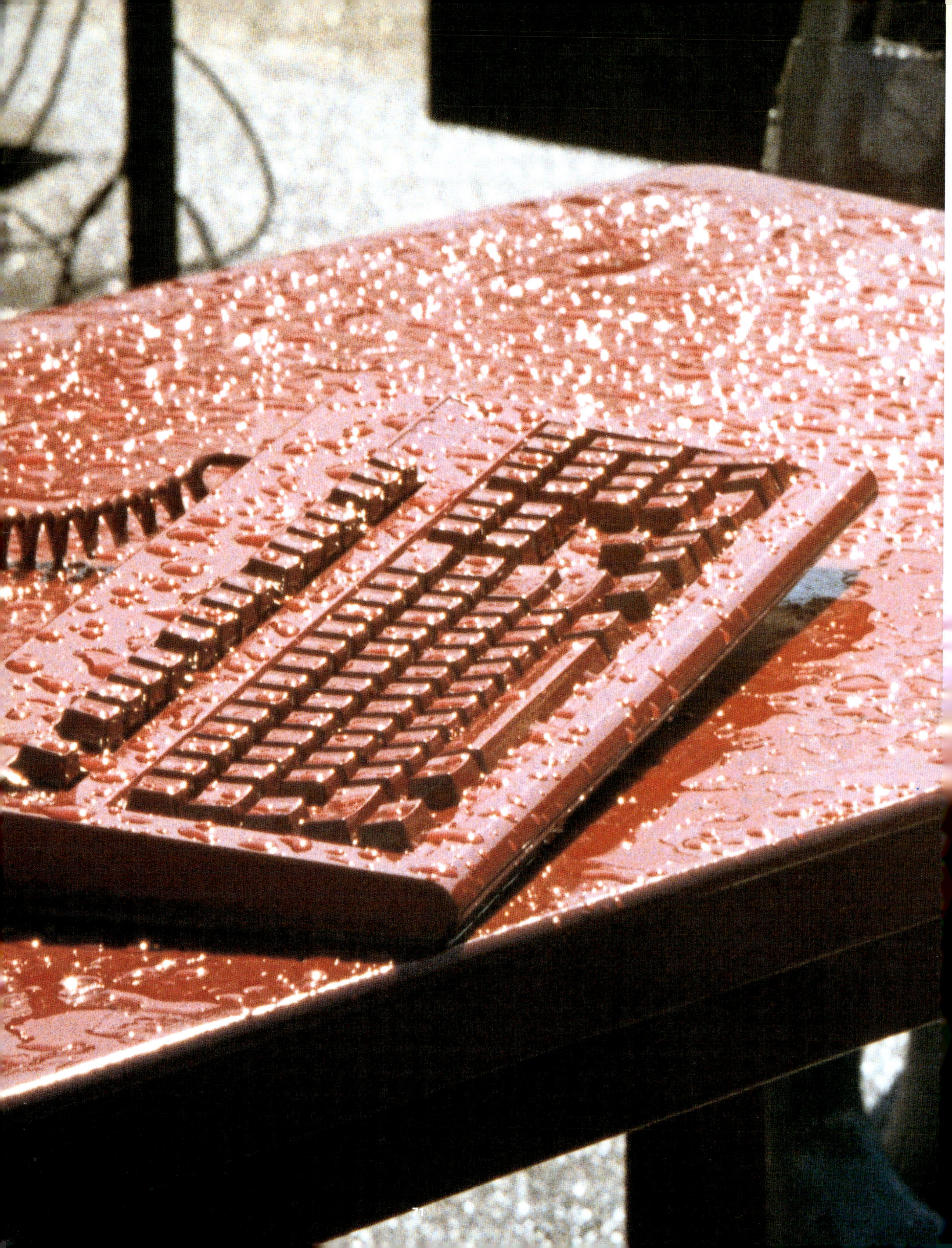

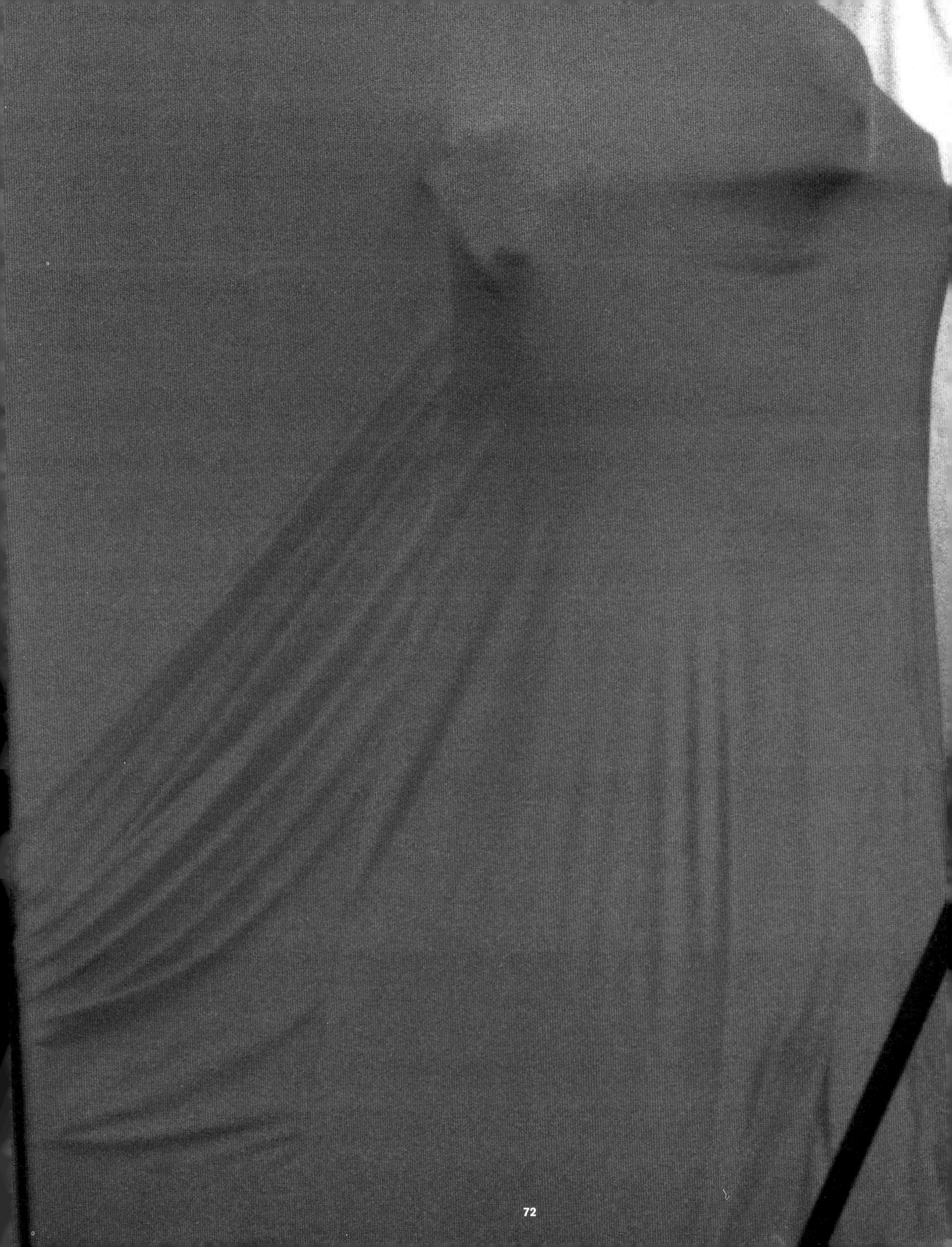

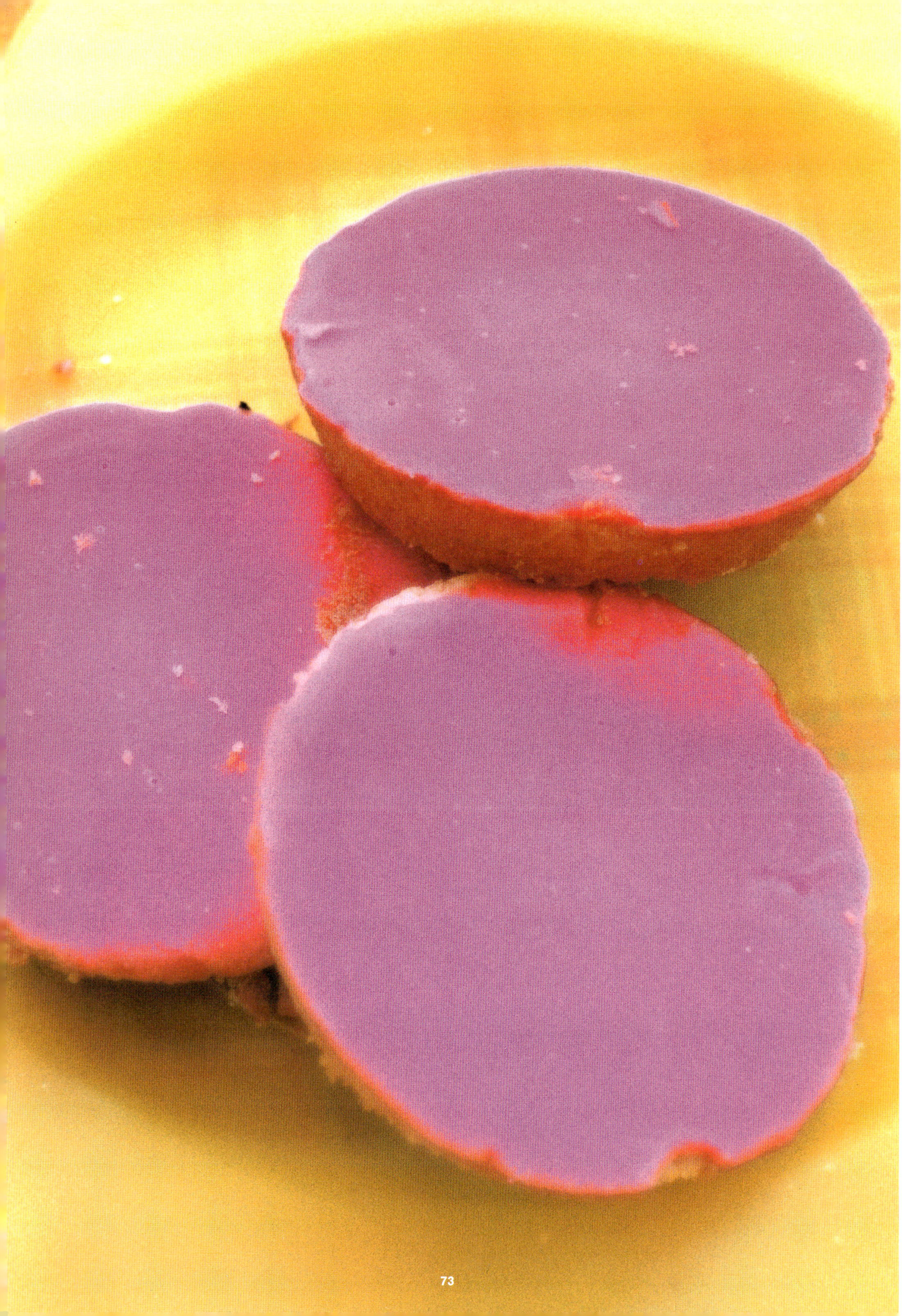

74

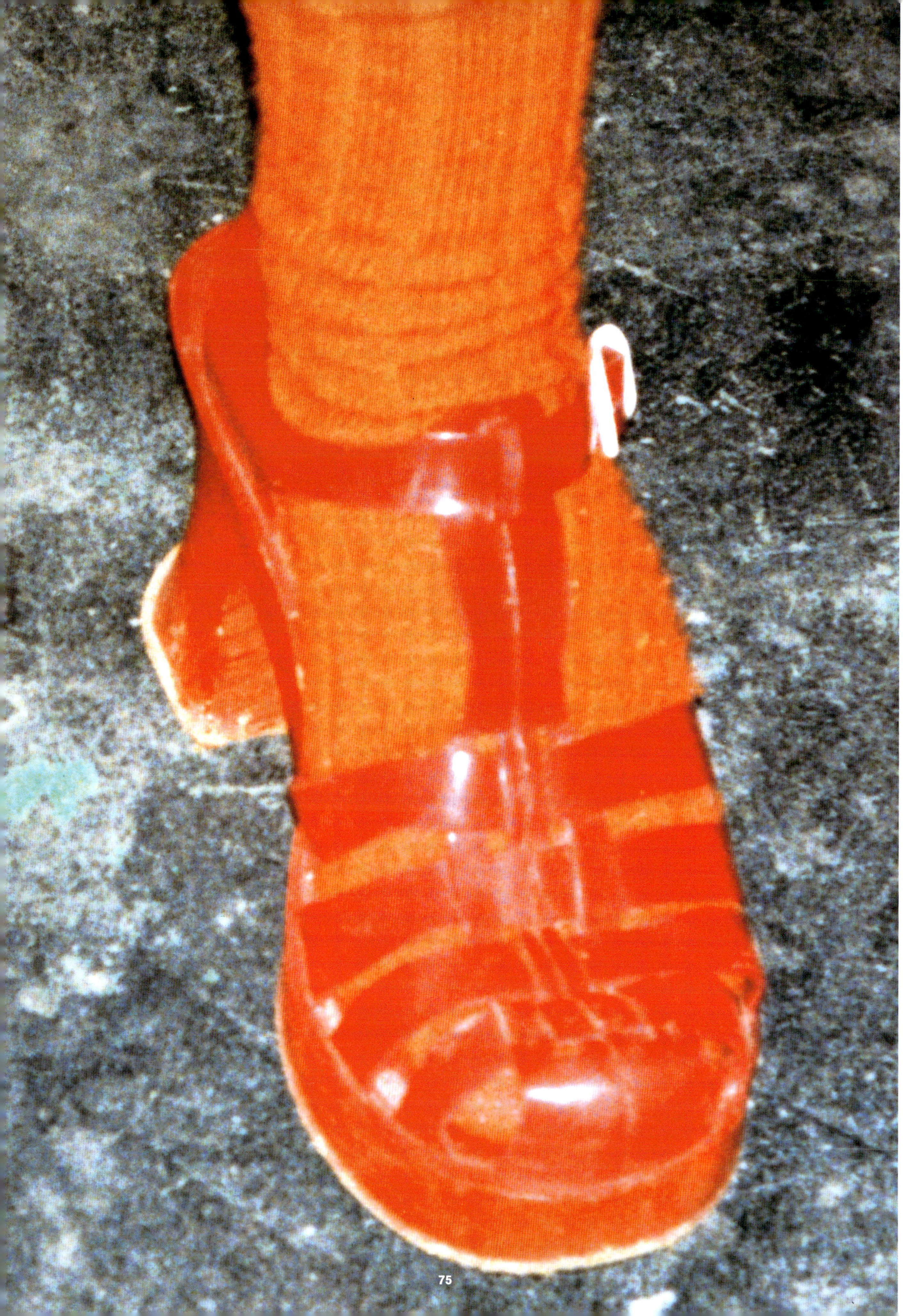

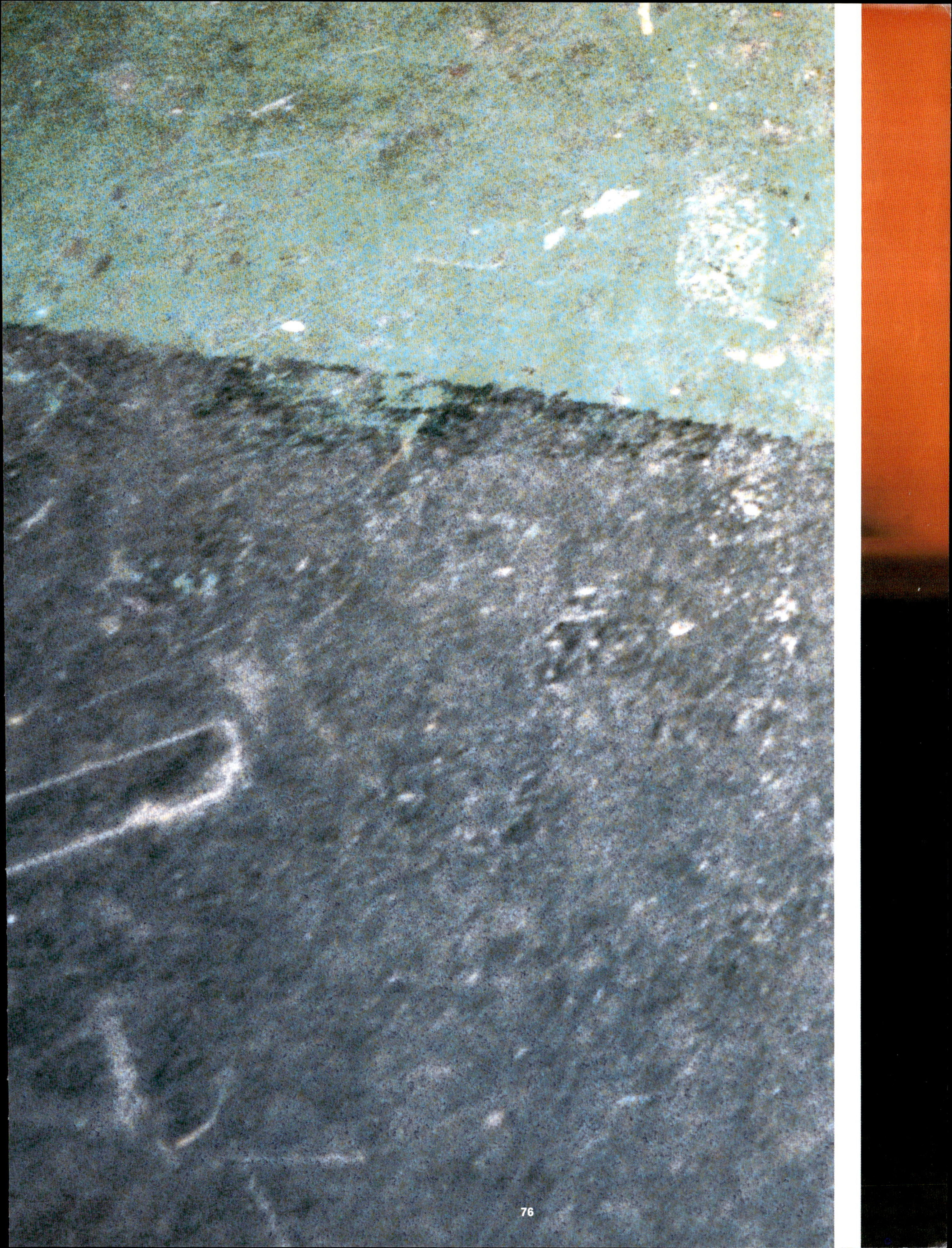

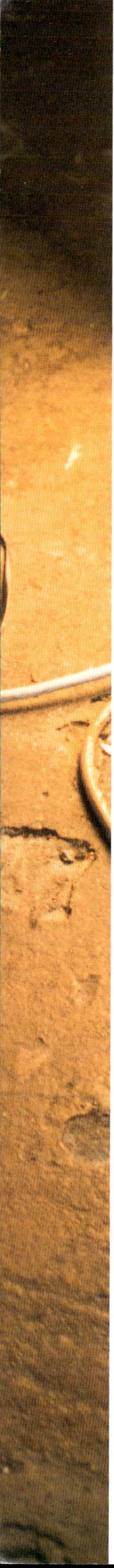

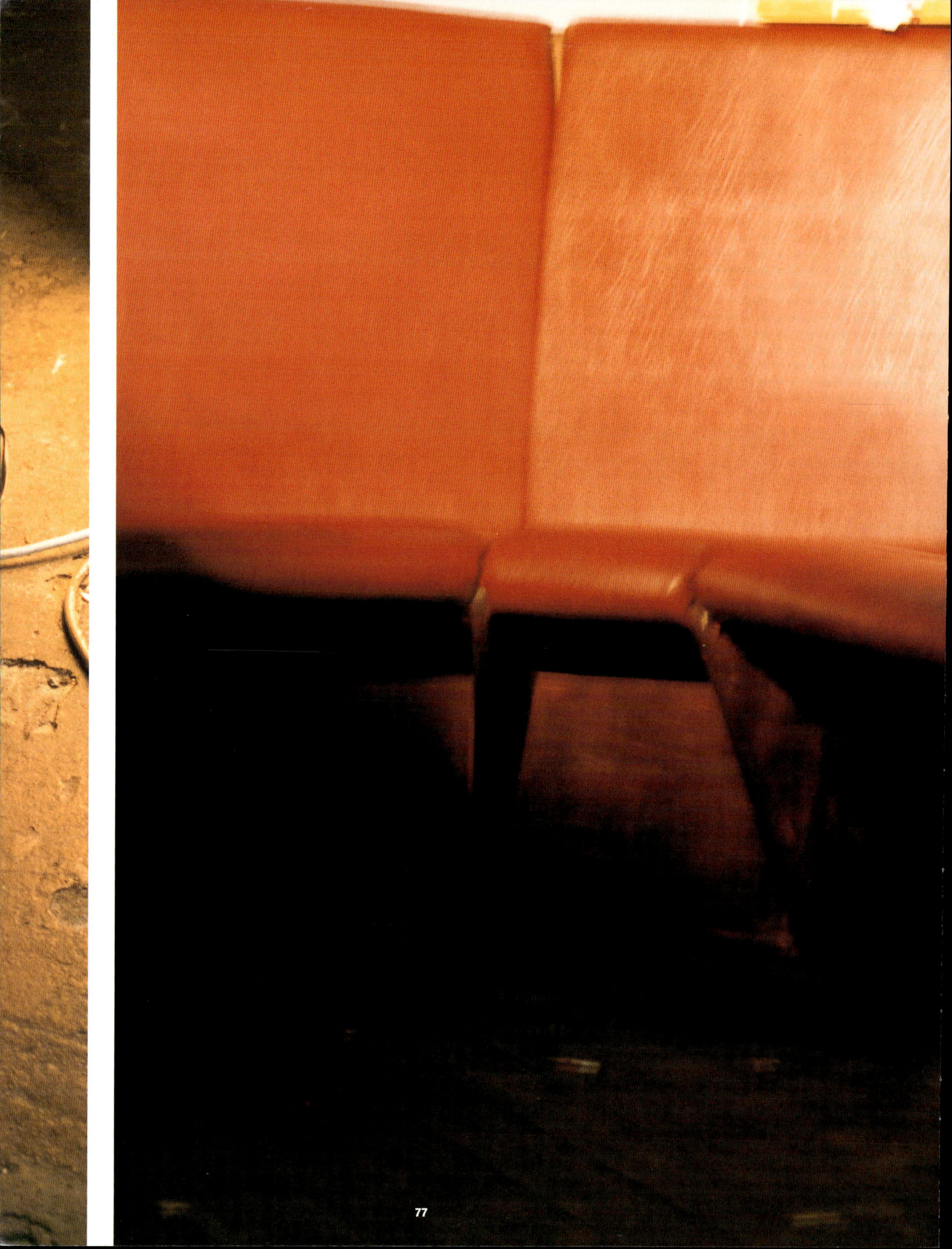

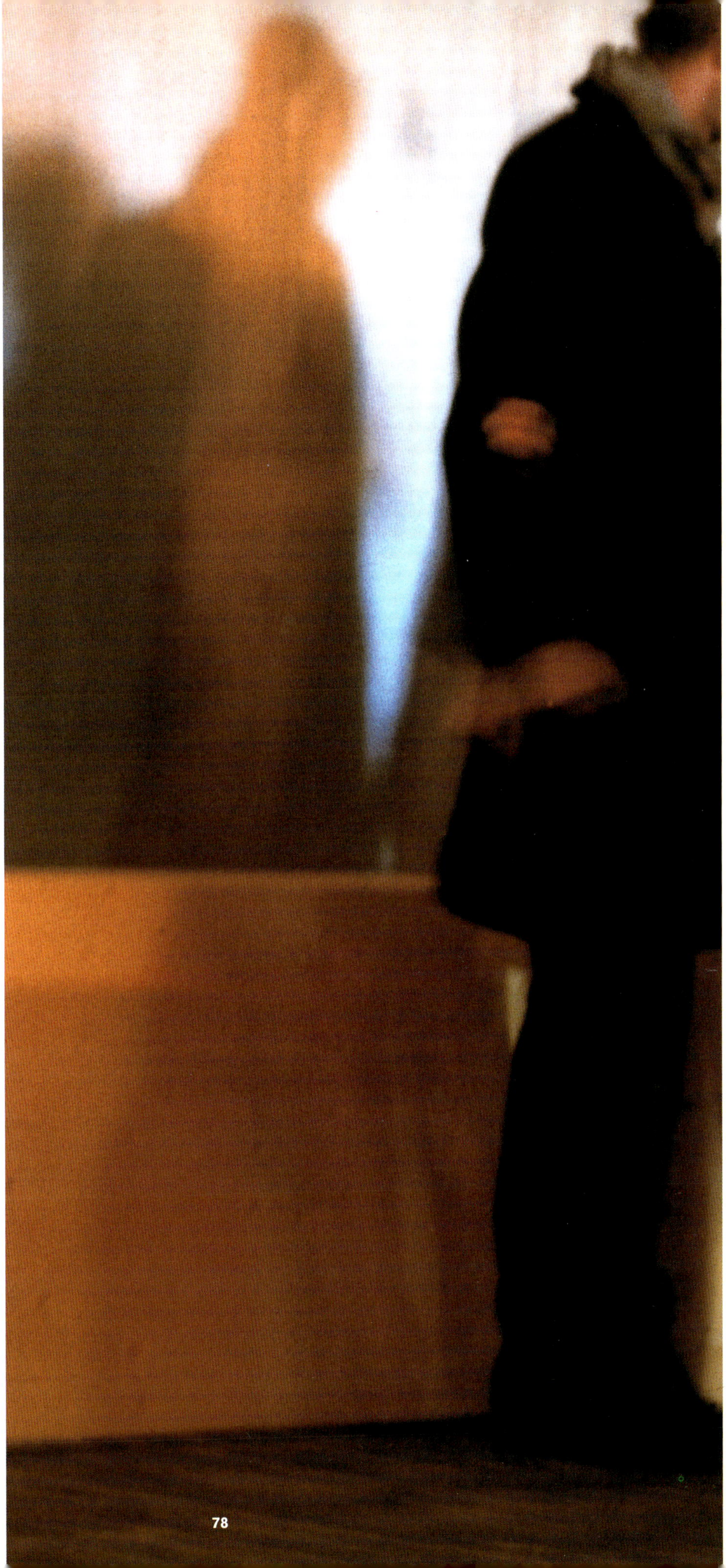

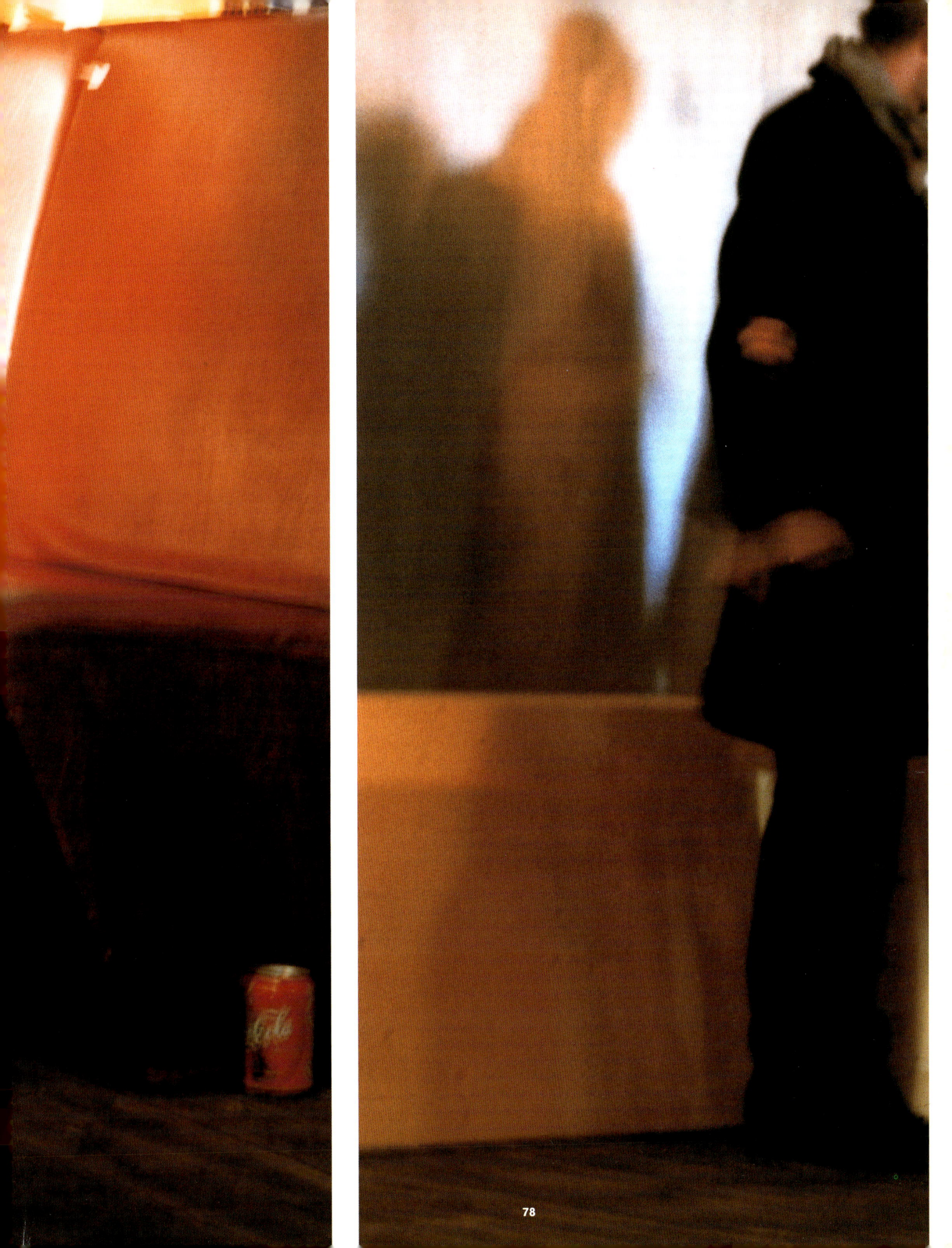

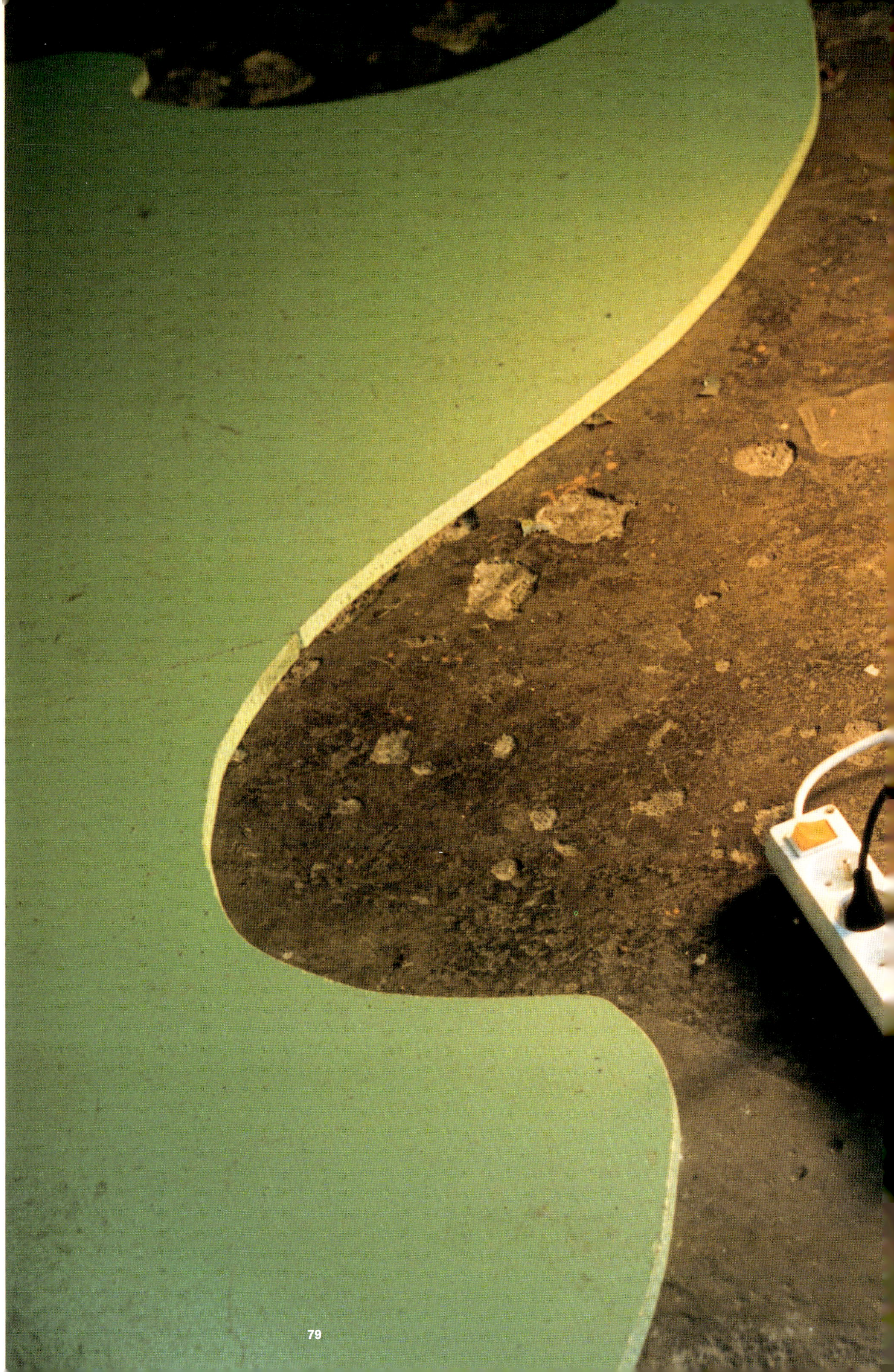

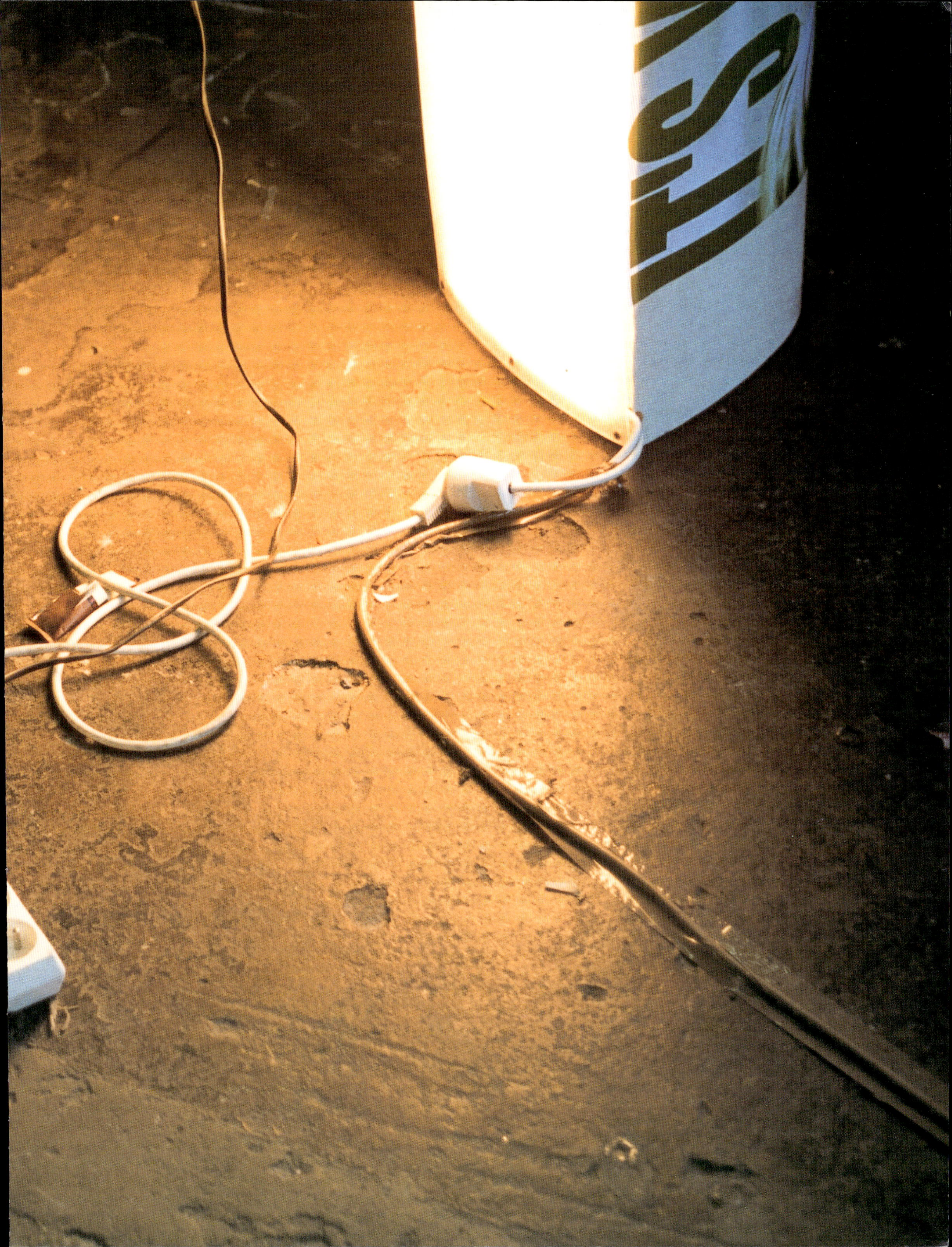

81

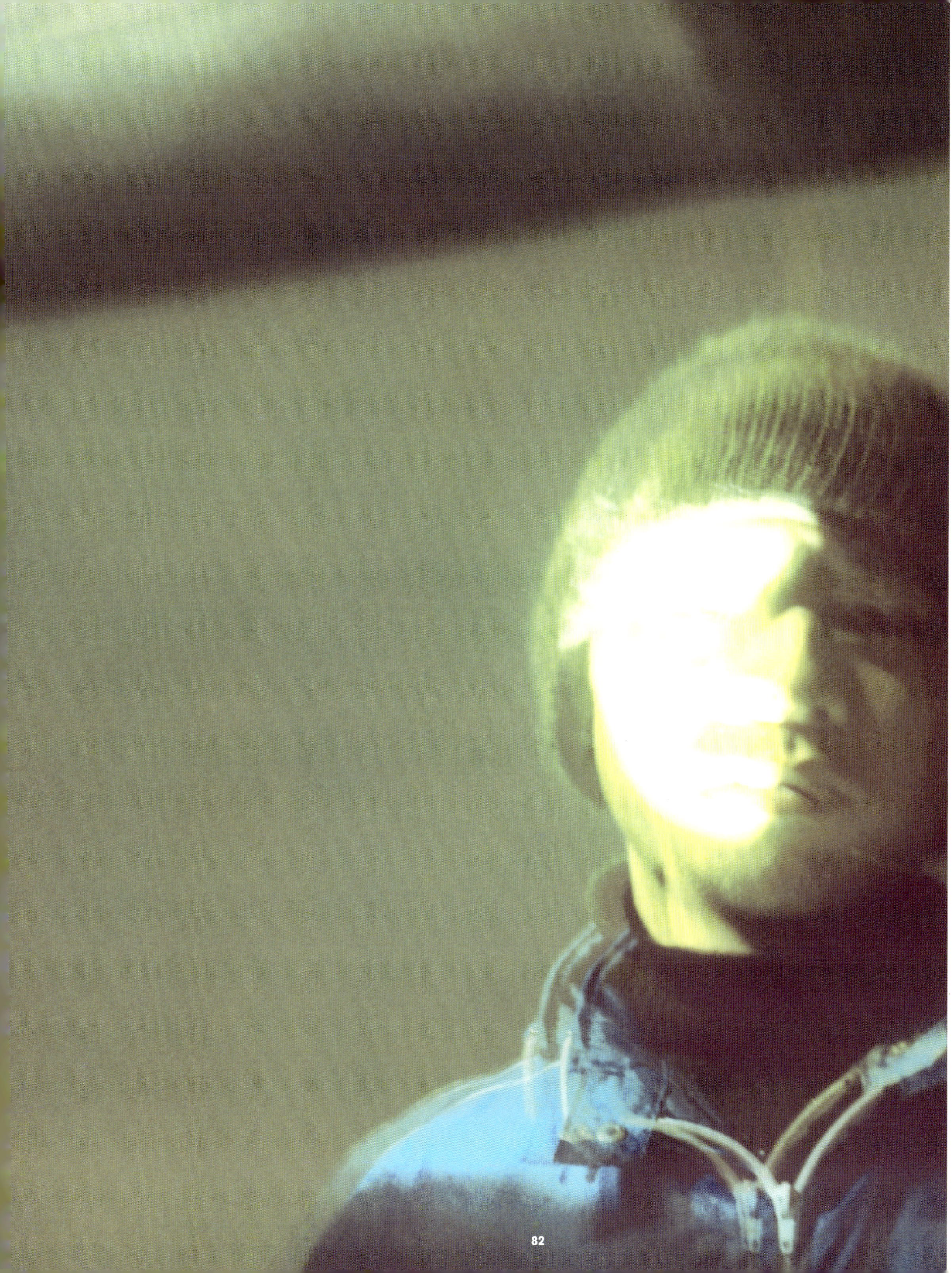

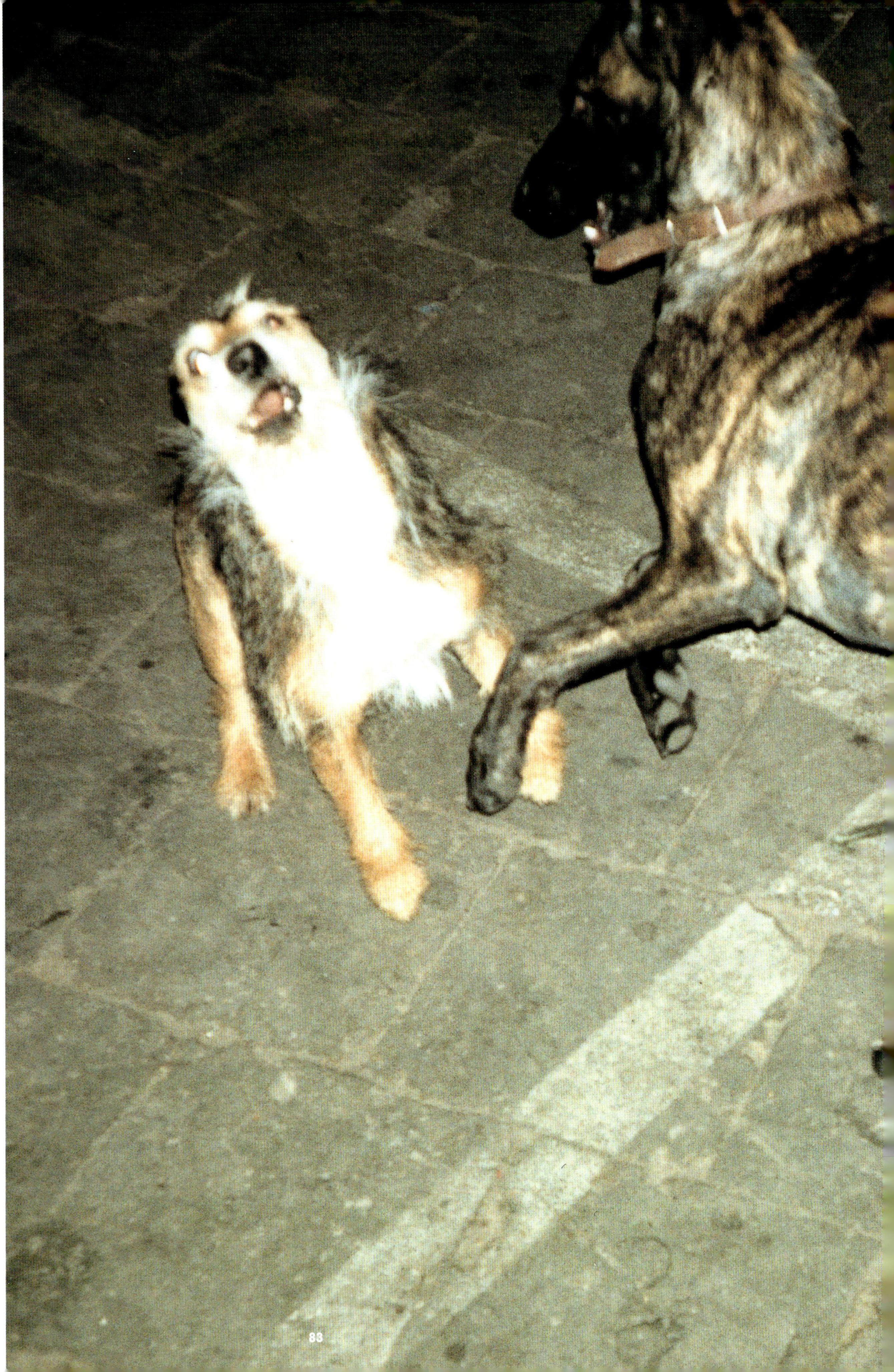

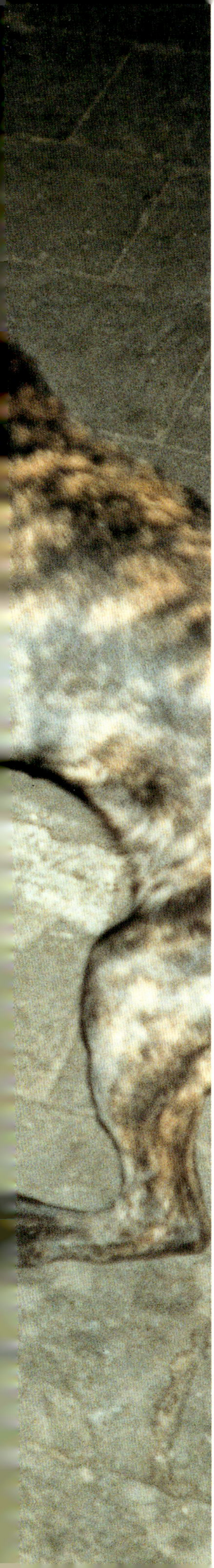
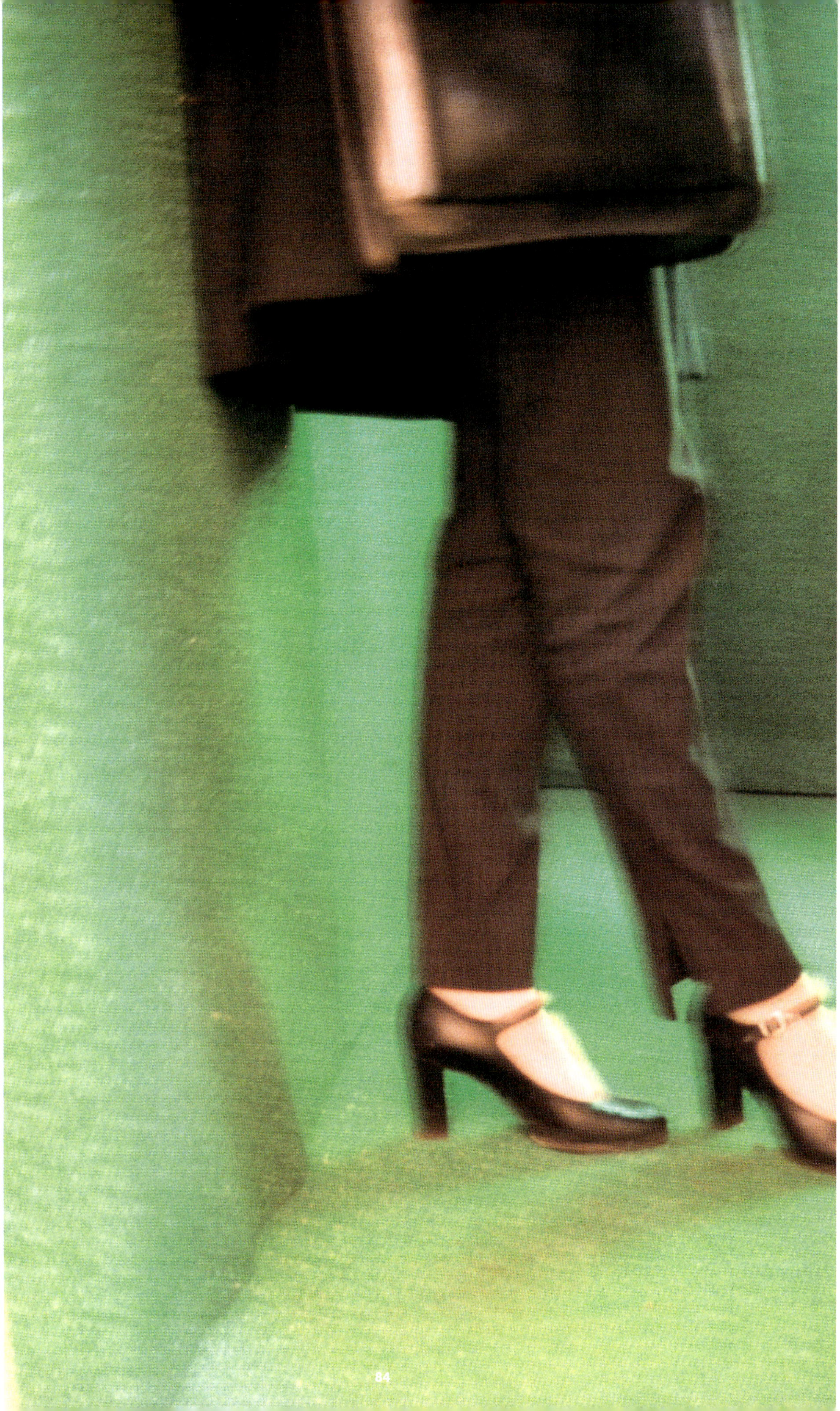

85

86

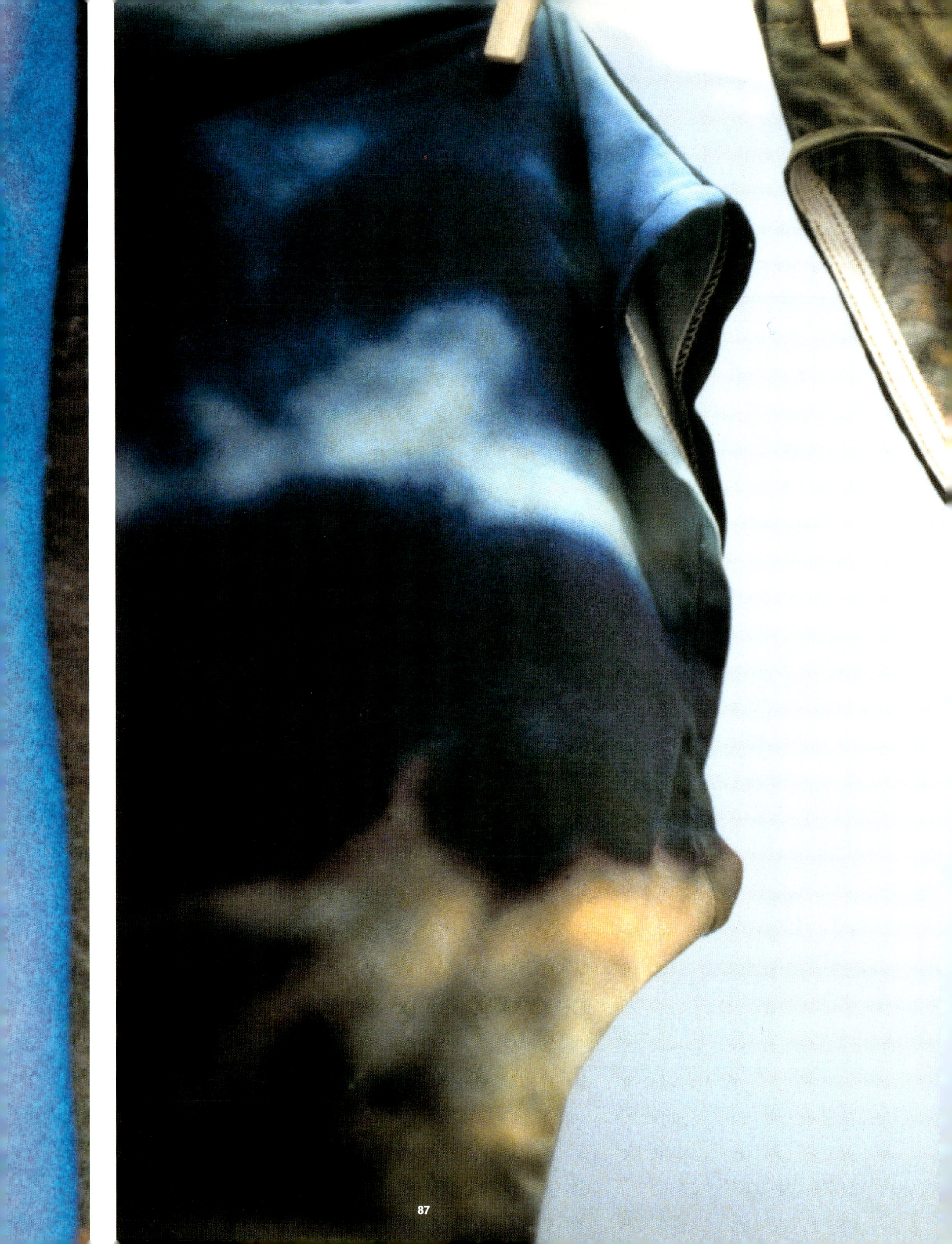

88

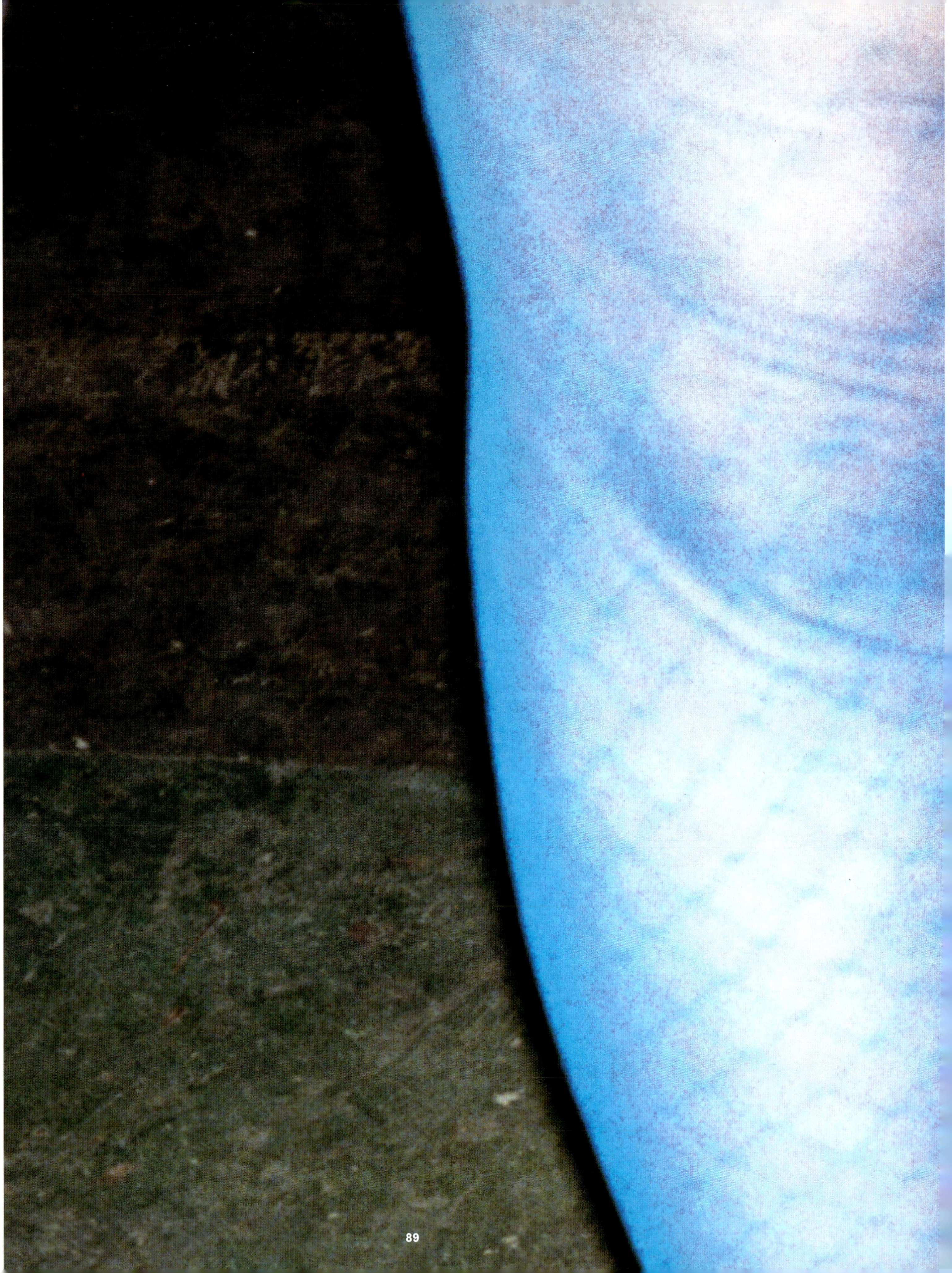

90

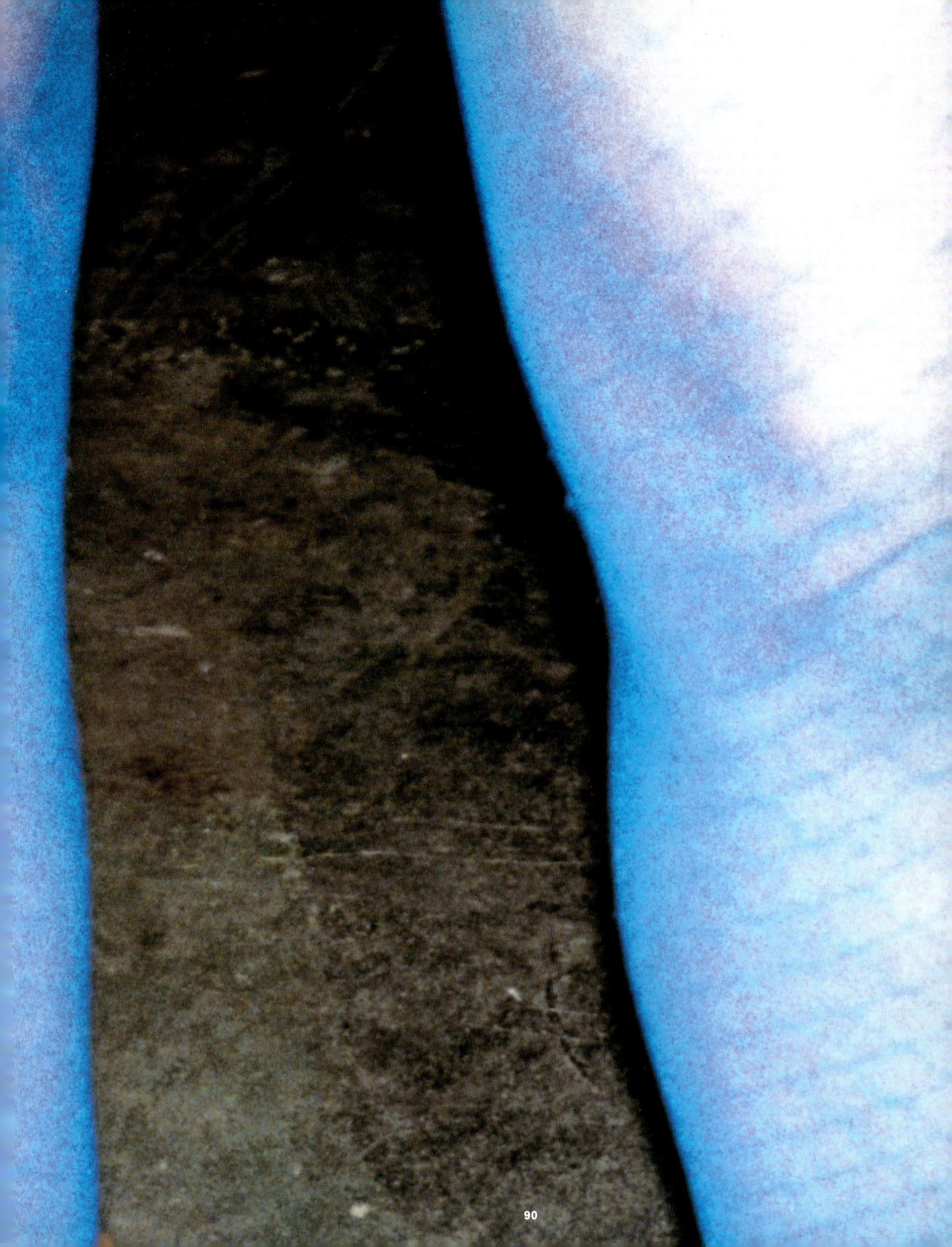

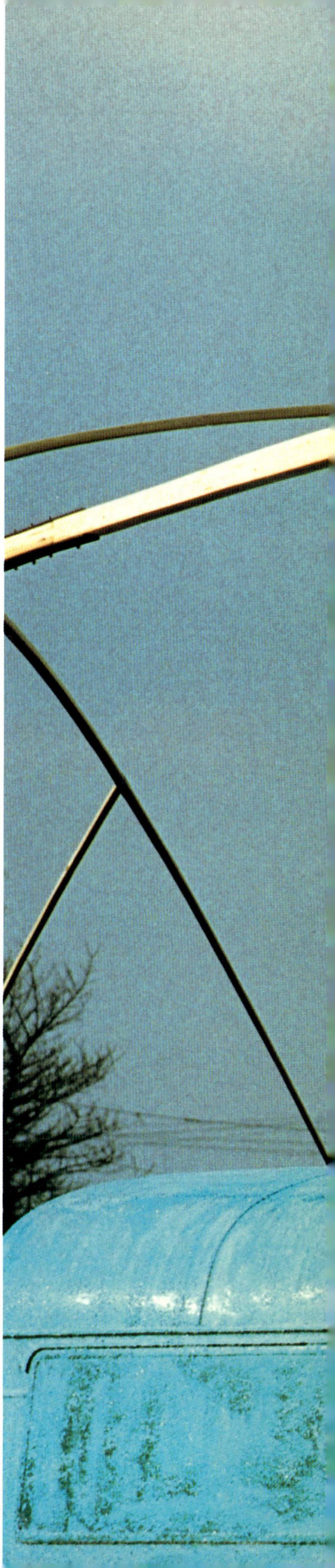

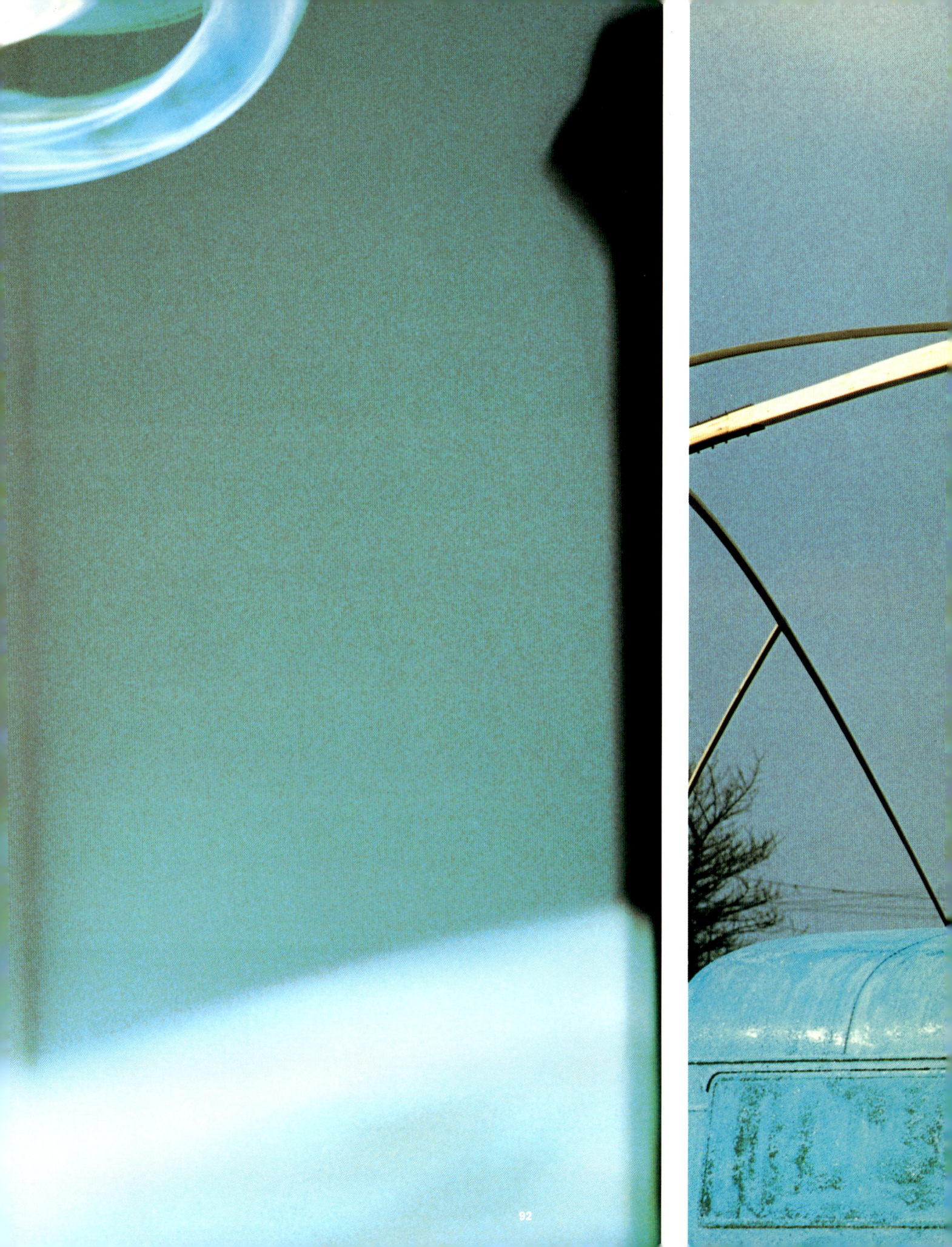

93

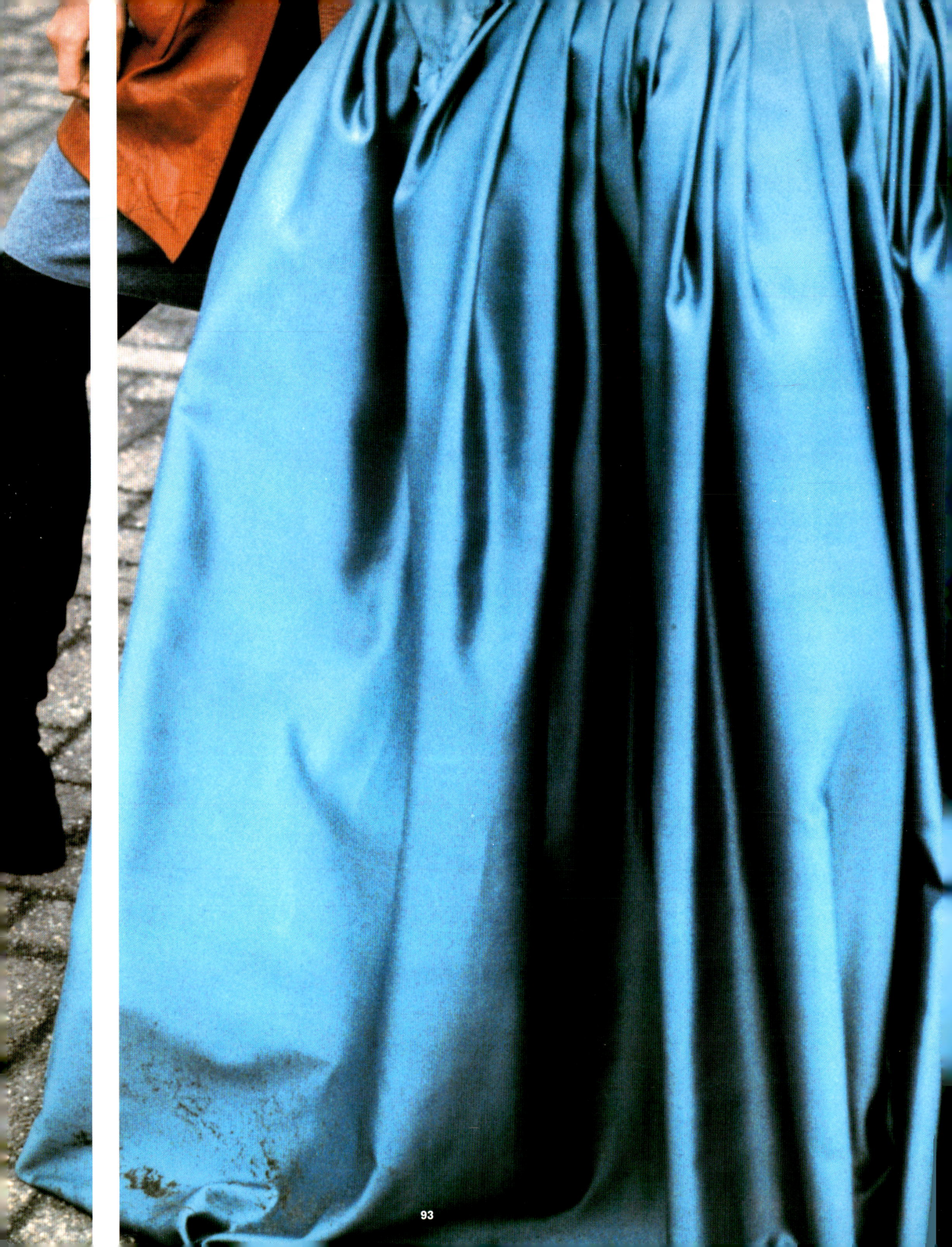

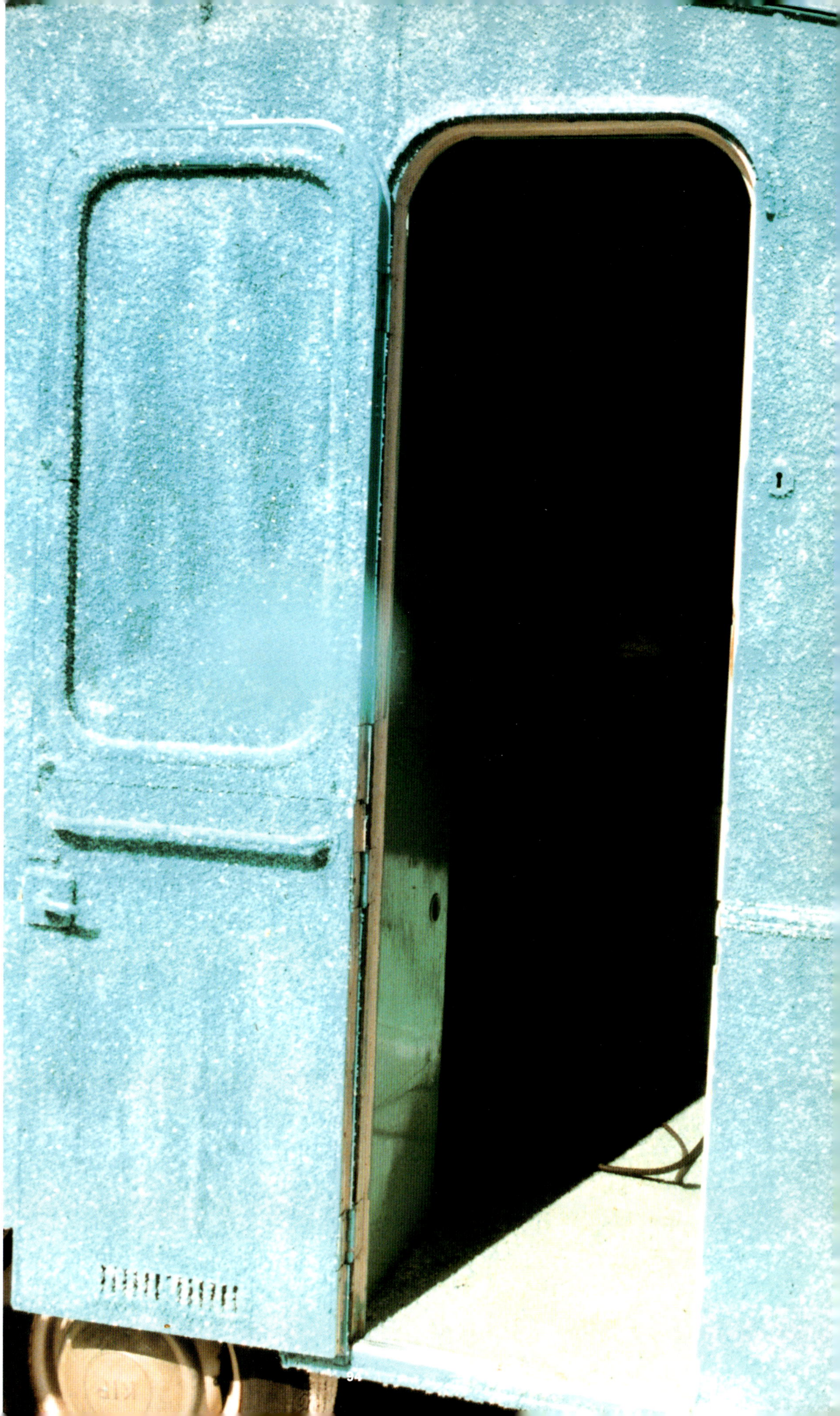

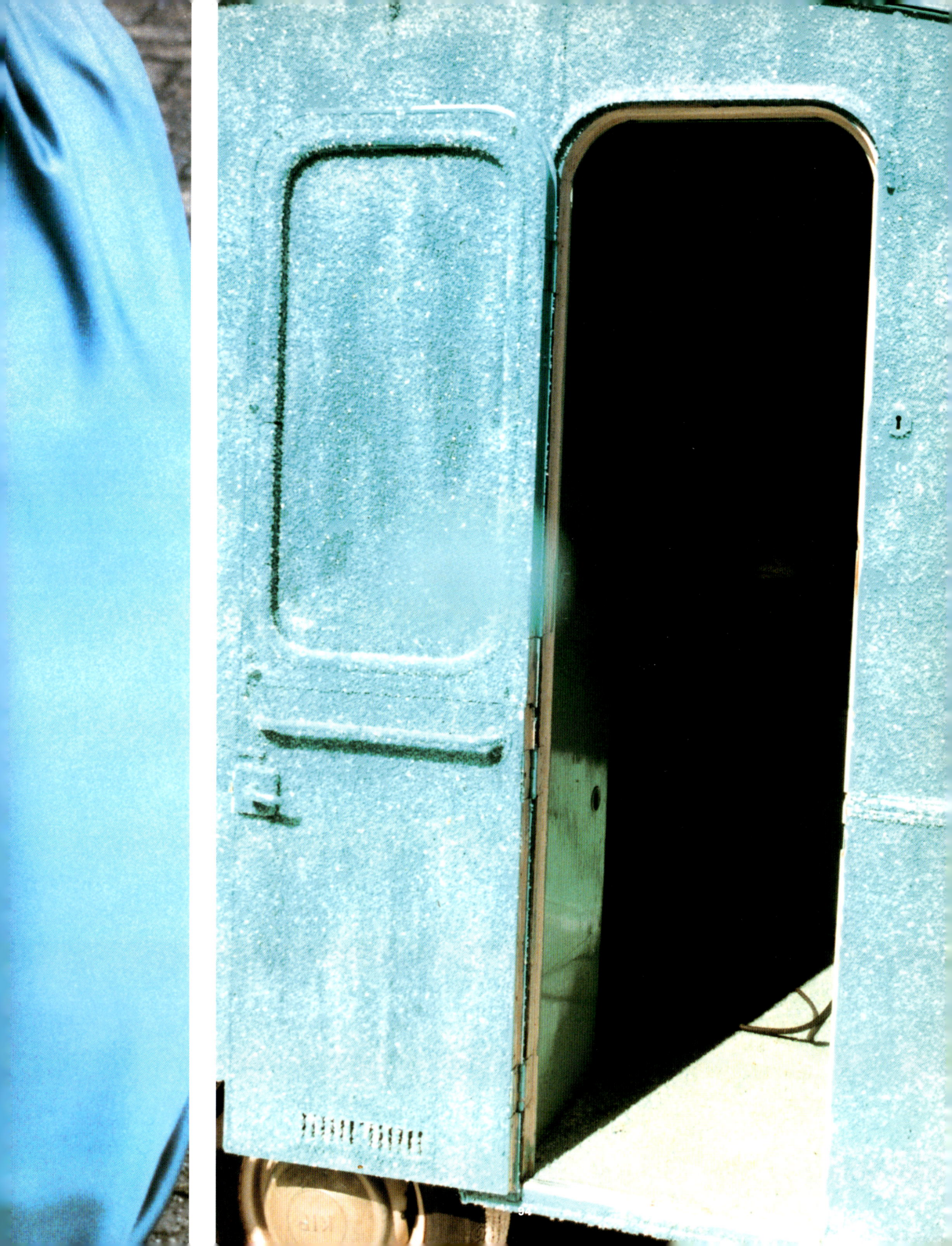

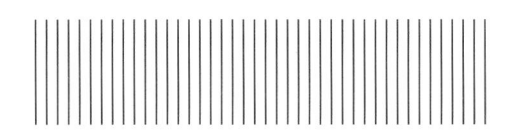

Clark Accord

Genesis
The Park of the Future

Genesis

Het Park van de Toekomst

Just like the trees, the bench has become part of the park, its rusty legs clawing into the moist earth. With a monotonous sound, the leaves rid themselves of the burden of water that a nightly shower has left behind. The water droplets spattering onto the orange plastic can be heard from afar. Quick as lightning, Little Brother scurries down the tree trunk. While he feasts on the acorns strewn on the ground, he keeps an eye on the old man lying under the orange plastic with his knees pulled up.

As always, he saw him coming home this morning, with an alcoholic tread and leaning against tree trunks on his way to his regular spot. He belongs with the park, just like the trees, the bench, and the earth turned up by moles.

Suddenly the plastic crackles. Little Brother bolts up the tree. From a safe place behind the leaves he looks down curiously.

The old man has turned over. His knees now float above the ground. Because of his moving, his plastic blanket has shifted and his head and shoulders have become visible. His thin white hair lies about his head in greasy strands, the long beard with nicotine stains about his mouth, hangs down from the bench.

> Net als de bomen is de bank niet meer weg te denken uit het park – zijn roestige poten klauwen zich vast in de vochtige aarde. De bladeren ontdoen zich monotoon van de watervracht die de nachtelijke regenbui heeft achtergelaten – het gedrup van de op het oranje plastic uiteenspattende waterdruppels klinkt door tot ver in de omtrek. Vliegensvlug snelt Broertje langs de boomstam naar beneden. Terwijl hij zich te goed doet aan de eikels waarmee de grond is bezaaid, houdt hij de oude man, die met opgetrokken benen onder het stuk plastic ligt, in de gaten.
> Net als iedere dag heeft hij hem die ochtend thuis zien komen, met alcoholtred en steunend aan de boomstammen op weg naar zijn vaste plek. Hij hoort bij het park, net als de bomen, de bank, en de door mollen omgeploegde aarde.
> Plotseling kraakt het plastic.
> Broertje vlucht razendsnel de boom in. Vanaf een veilige plek achter de bladeren kijkt hij nieuwsgierig naar beneden.
> De oude man heeft zich omgedraaid. Zijn knieën zweven nu boven de grond. Door zijn beweging is zijn plastic deken verschoven en worden zijn hoofd en schouders zichtbaar. Het dunne witte haar ligt in vette slierten op zijn hoofd. De lange baard, met nicotinevlekken rond zijn mond, hangt van de bank naar beneden.

A group of men in white suits are standing in the pouring rain. Like inhabitants from a distant solar system they welcome the stream of people crossing the bridge into the world of the future. Slowly he approaches the white men on their cloud. Smiling broadly the group floats towards him.

«A glass of canal water, sir?»

His bladder protests, as if an enormous fist is squashing the muscles in his abdomen.

The strange beings crowd around him. Like an enormous soft cushion they close him in. Languidly he surrenders himself to them. Slowly he feels the unpleasant sensation in his abdomen ebbing away. They take him along into space...

> In de stromende regen staat een groep mannen in witte pakken. Als bewoners van een ver zonnestelsel verwelkomen ze de stroom mensen die de brug oversteekt naar de wereld van de toekomst. Langzaam nadert hij de witte mannen op hun wolk. Breed glimlachend zweeft de groep hem tegemoet. «Glaasje grachtenwater, meneer?»
> Zijn blaas protesteert, alsof een enorme vuist de spieren in zijn onderbuik samenknijpt. De vreemde wezens dringen zich aan hem op. Als een enorm zacht kussen sluiten ze hem in. Behaaglijk geeft hij zich aan hen over. Langzaam voelt hij het onaangename gevoel uit zijn onderbuik wegtrekken. Ze nemen hem mee de ruimte in…

> Het zonlicht wringt zich tussen de haren van zijn gesloten oogleden, krult zich rond zijn oogbol, om op zijn netvlies tot explosie te komen. Beschermend slaat hij een hand voor zijn ogen. Zijn gezicht spant zich, terwijl hij zijn ogen tot spleetjes trekt om het felle zonlicht buiten te sluiten. Terwijl hij recht overeind gaat zitten wrijft hij met de achterkant van zijn hand de slaap uit zijn ogen. Slaapdronken zakt hij tegen de verveloze leuning van de bank. Met een afwezige blik staart hij voor zich uit. Zijn gelooide huid is door de slaap scheefgetrokken. De stoïcijns naar beneden getrokken mondhoeken geven zijn gezicht iets hards. Het stadium om zichzelf tegen beter weten in te beloven het drinken te matigen is hij reeds lang gepasseerd.
> Met moeite komt hij overeind. De kou van de afgelopen nacht heeft zich in zijn botten genesteld. Zonder er acht op te slaan laat hij het kwijl zijn baard in lopen. Hij moet nodig naar zijn waterplaats en gaat op weg, maar blijft plots stokstijf staan. Het warme vocht loopt langs zijn benen.

Sunlight wriggles itself between the lashes of his closed eyelids, curls around his eyeball, to explode on his retina. For protection he holds h[is] hand up before his eyes. His face tenses as he squints to block out the bright sunlight. Sitting up straight, he rubs the sleep out of his eyes wi[th] the back of his hand. Drunk with sleep, he sags against the unpainted armrest of the bench. With an absent gaze he stares out into space. His tanned skin has been distorted by sleep. Th[e] corners of his mouth, stoically pointing downward, give a hardness to his expression. He is well beyond the stage when he promised himself against better judgement to moderate his drinking.

With difficulty he gets up. The cold of the past night has nestled in his bones. Taking no notice he lets drool run into his beard. He has to go to his watering place badly and starts on his way, but suddenly he stands stock-still. With a warm sensation, the fluid runs down his legs. He has almost bumped into a gigantic DNA-molecule. Like a giant of the forest it towers upward. Afte[r] having recovered from the initial shock, he gaze[s] at the new park dwellers from a respectful distance. But the skin of his forehead tightens and shows deep, horizontal furrows.

With growing astonishment he looks around hi[m].

> Bijna is hij tegen een levensgroot DNA-molecuul opgelopen. Als een woudreus torent h[et] gevaarte boven hem uit. Nadat hij van de eerste schrik is bekomen, staart hij op eerbiedige afstand nieuwsgierig naar de nieuw[e] parkbewoners. Maar de huid van zijn voorhoofd trekt samen en vertoont diepe, horizontale sporen.
> Met steeds groter wordende verbazing kijk[t] hij om zich heen.

——— «It would be a little bit spooky depe[n]ding on the light. I decided to make a pictu[re] of women. It was more about this woman child thing. It was a girl with plastic breast[s]. Yeah, when I draw away the curtains. Hey, why are you here? Our own destination. O[ur] own reflections. No limits in your head. I j[ust] stay inside. Peace around you, comfortable. A feeling you have. You depend on the ligh[t]. It's important for me. How can you make t[his] work out? You won't find it you can't see i[t]. Being alone. When you wake up in the mo[r]ning. I was not afraid because the light wa[s] so beautiful.»

―― «It would be a little spooky depending on he light. I decided to make a picture of women. was more about this woman child thing. It was girl with plastic breasts. Yeah, when I draw way the curtains. Hey, why are you here? Our wn destination. No limits in your head. I just tay inside. Peace around you, comfortable. feeling you have. You depend on the light. It's mportant for me. How can you make this work ut? You won't find it you can't see it. Being lone. When you wake up in the morning. I was ot afraid because the light was so beautiful.»

y his regular watering place, a blonde girl holds polaroid camera in front of her chest. With road gestures she tries to persuade passers-by let themselves be photographed.
number of black and white photographs are ing in the grass. One picture of a girl swimming nderwater holds a strong attraction for him. The ubbles floating up from her nostrils like silver earls, the white ribbons in her hair gracefully llowing the current.
he wouldn't ask him to have his picture taken, ould she? When was the last time he stood efore a lens? When he was little, in his Sunday othes. With his mother, in the studio of a otographer in the Jordaan. Mother said that he uld be in the picture, because he was a very ecial boy. She turned out to be right. He never ixed. But his presence on earth is not without rpose. He is predestined.

Bij zijn vaste waterplaats staat een blond meisje met een polaroidcamera voor haar borst, met wijde gebaren probeert ze de voorbijgangers over te halen zich te laten fotograferen.
Er liggen een paar zwart-witfoto's in het gras. Een foto van een onderwaterzwemmend meisje oefent een sterke aantrekkingskracht op hem uit – de bellen die als zilveren parels vanuit haar neusgaten omhoogzweven, de witte linten in haar haar die gracieus de stroming volgen.
Ze zal hém toch niet vragen op de foto te gaan? Wanneer heeft hij voor het laatst voor de lens gestaan? Toen hij klein was, in zijn zondagse kleren, met zijn moeder, in de studio van de fotograaf in de Jordaan. Moeder zei dat hij op de foto mocht omdat hij een heel bijzondere jongen was. Ze heeft gelijk gekregen. Hij heeft zich nooit gemengd. Maar zijn aanwezigheid op aarde is niet zonder doel. Hij is voorbestemd.

We have been asked. In the existing world. Getting an other world. My world. It is the logical place to which you go. Schlossgarden is a back garden let us say. Is the source of life. The drinking fountains cleanse. There is a forest close by, I played there with friends. It is a fake forest. I think it's scary. I was raised a Christian. If your mother prepares a good meal. I'd find that pretty scary. If you want to have friends, you know where you have to go. The last little drop is out. Very nice and perfect, very clean. Because behind the waterfall there is a secret cave. It'll be smart.

We zijn gevraagd. Op de bestaande wereld. Een andere wereld krijgen. Mijn wereld. Het is een logische plaats waar je naar toe trekt. Schlossgarden is een achtertuin zeg maar zo. Is de bron van het leven. De drinkfonteinen maken schoon. Er is een bos vlakbij, ik speelde er met vriendjes. Het is een nepbos. Dat vind ik eng. Ik ben christelijk opgevoed. Als je moeder een lekkere maaltijd maakt. Dat zou ik best wel eng vinden. Als je vrienden wilt hebben weet je waar je naar toe moet. Het laatste druppeltje is eruit.
Heel mooi perfect, heel schoon. Omdat achter de waterval een geheime grot zit. Het gaat knap worden.

«U kunt uw afval bij ons laten recyclen. We hebben een manier bedacht waarop wij afval geen afval laten worden.»
In paniek schiet zijn blik naar de plek waar hij zijn winkelwagen heeft verstopt. Het groen van zijn geheime schuilplaats staat er maagdelijk bij. Geringschattend staart hij de twee blonde jongens aan. Ze zijn van het type meer-ledemaat-dan-lijf. Met toegeknepen ogen pijnigt hij zijn hersenen af, op zoek naar de ergste scheldwoorden die hij er heeft opgeslagen.
De jongens slaan geen acht op zijn chagrijnige kop. «Ja, afval recyclen, dat doen wij door het afval in te zamelen. We geven het een nieuwe inhoud. We vervangen de materiële inhoud voor een filosofische. Neem bij voorbeeld dit lege cola-blikje. Het blijft een cola-blikje. We verkopen het blikje voor dezelfde prijs.»
Hij slikt de vloek die zich achter zijn lippen heeft gevormd weer in. Zijn mondhoeken krullen omhoog: het begint hem te dagen. Verderop in het bosschage wacht zijn kar, vol filosofische wijsheid.

«You can have your refuse recycled with us. We have thought of a way to let refuse not become refuse.»
In panic, his gaze shoots to the spot where he has hidden his shopping cart. The green of his secret hiding place looks virginal. Contemptuously he eyes the two blond young men. They are the more-limb-than-body type. With his eyes screwed up he racks his brains, looking for the worst curses he has stored there.
The young men pay no heed to his foul expression. «Yes. Recycling refuse, we do that by collecting refuse. We give it a new content. We replace the material contents with a philosophical one. Take the empty Coke can for example. It's still a Coke can. We sell the can for the same price.» He swallows the curse that had shaped itself behind his lips. The corners of his mouth curl upward. It begins to dawn on him. Farther on in the shrubs his cart awaits, full of philosophical wisdom.

―― «I like to be in control. I'm always checking to make it exactly as I want. At night it becomes really scary. Unnatural and natural. Central park is natural. It goes through a lot of changes throughout the day. It's really crowded. People become part of the landscape. You don't see the sky so much. You and surviving in the forest. You and the earth. So I really feel… You don't go by, you don't go into it, you go out to it. It's good to have a tree now and then. It's better than nothing. See some green. It's so grey. They try to put some nature in it. There is no earth underneath. There is some dirt you never get to see. So close. There are so many things out of control. You have to compromise with Him.»

Met veel kabaal dendert de trein over het spoor. Hij heeft zijn handen stevig om het handvat van zijn winkelwagen geslagen. Met de gestegen waarde van de inhoud, wil hij de kar geen moment uit het oog verliezen.
In het gras langs de sloot die de dijk van het spoor scheidt, knielt een Aziatisch meisje. In opperste concentratie is ze met een videoprojector in de weer.
Een harde lichtstraal doorklieft de invallende duisternis. Tot zijn grote ontsteltenis verschijnen er filmbeelden op het gras. Op haar gezicht verschijnt een tevreden trek. Ze kijkt op, glimlacht naar hem. De lichtval geeft haar iets duivels.
Hij trek zijn schouderbladen naar elkaar toe als reactie op de koude rilling die hem over het midden van zijn rug loopt. Snel duwt hij zijn kar voor zich uit, de dijk af.

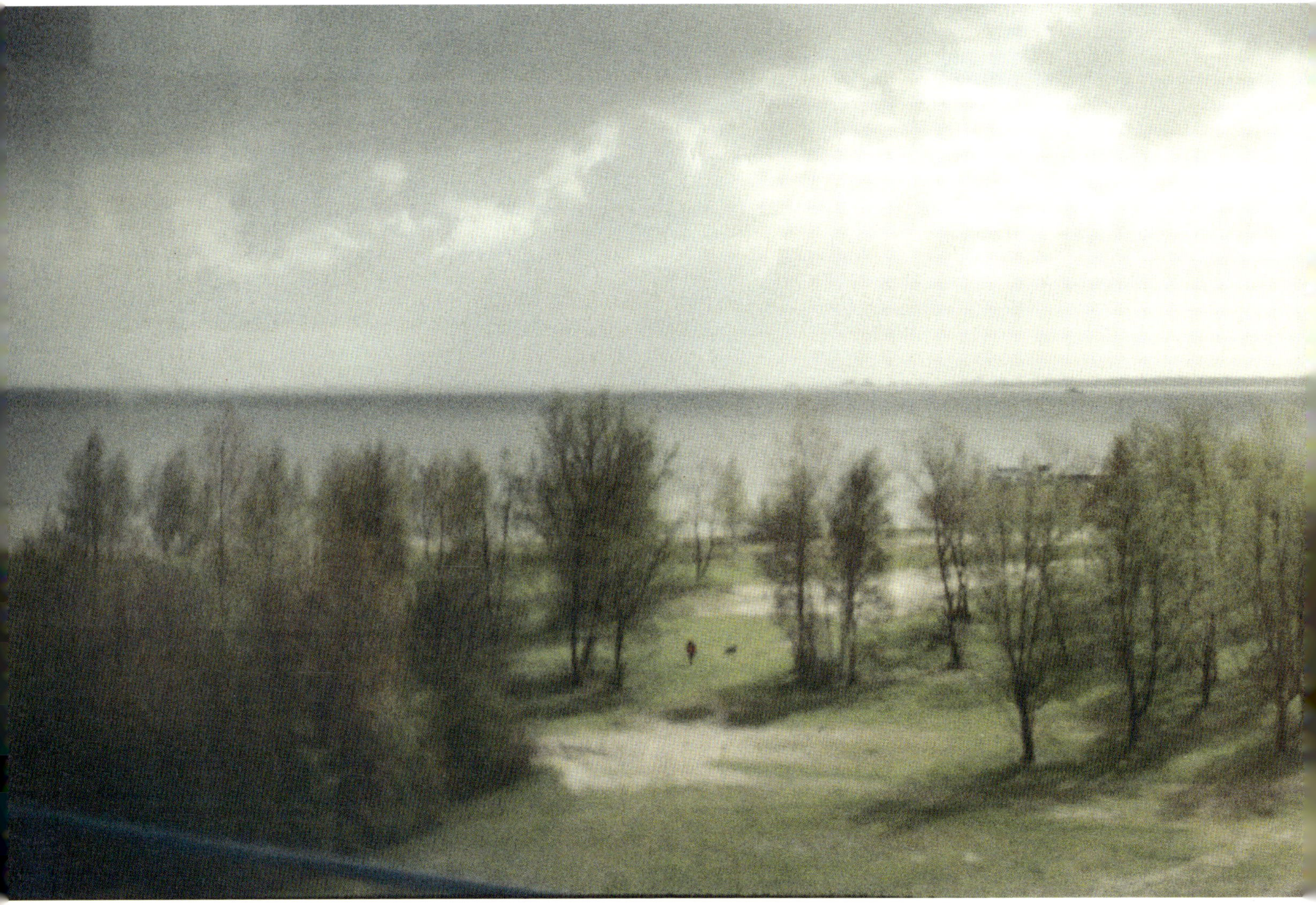

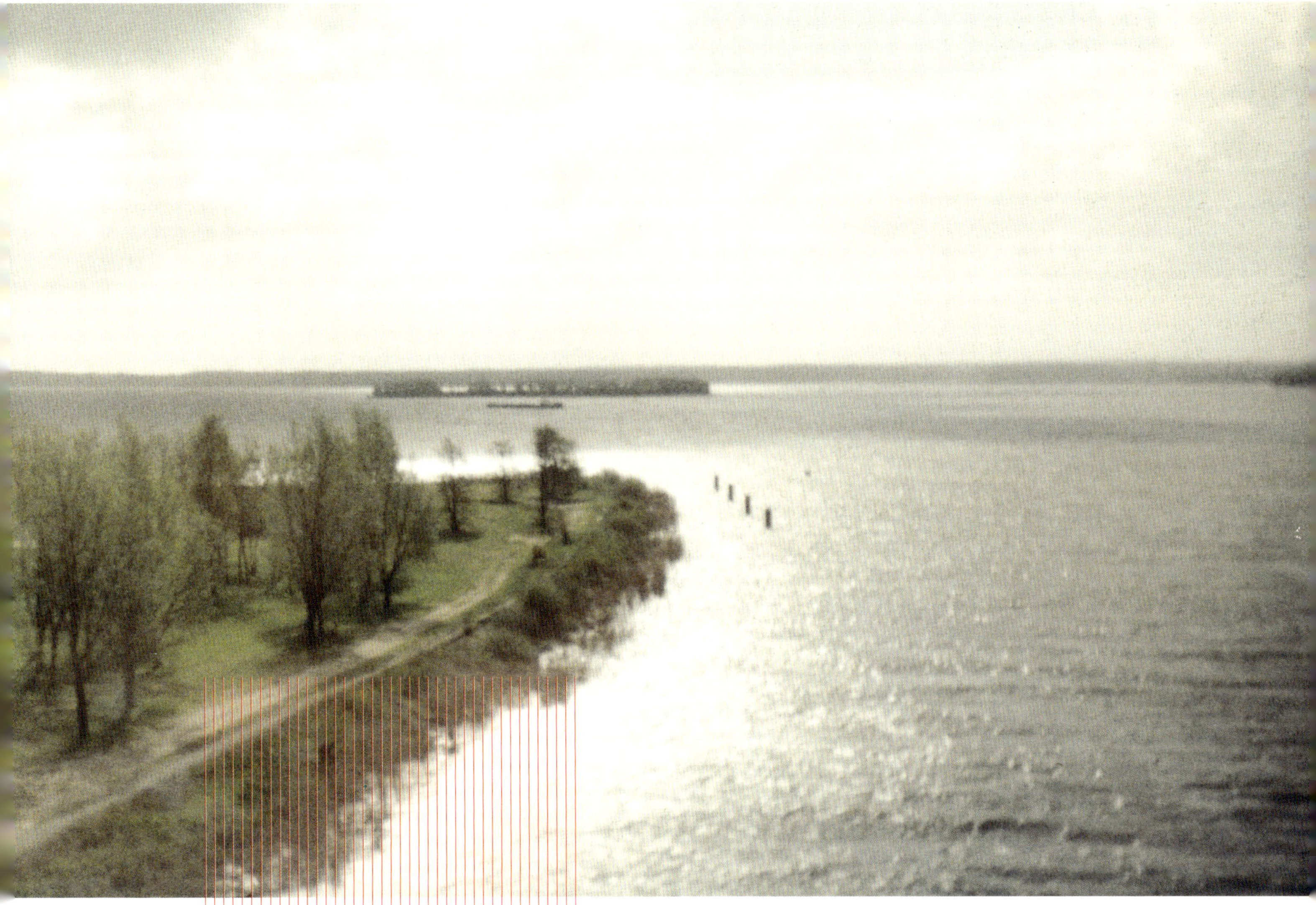

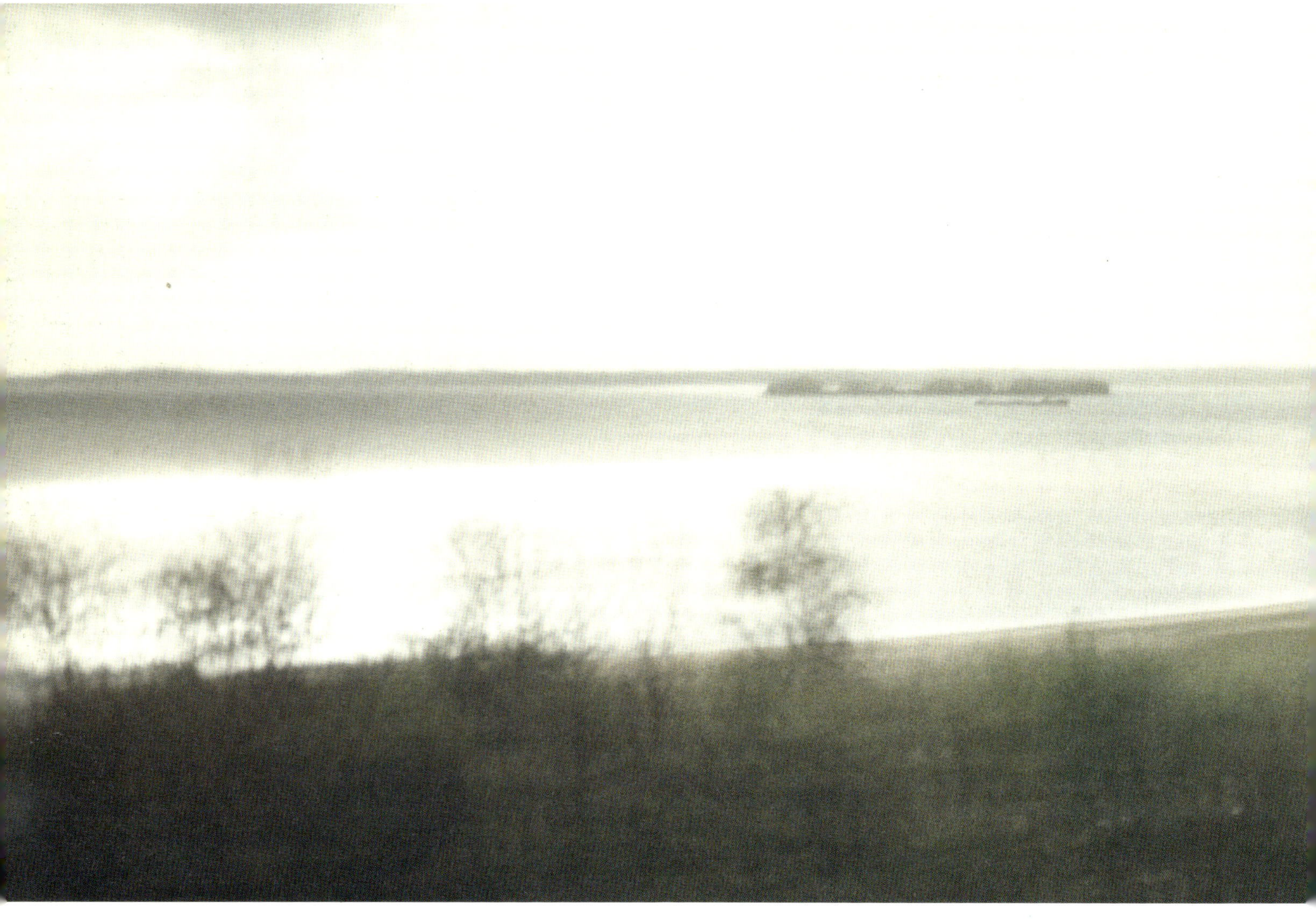

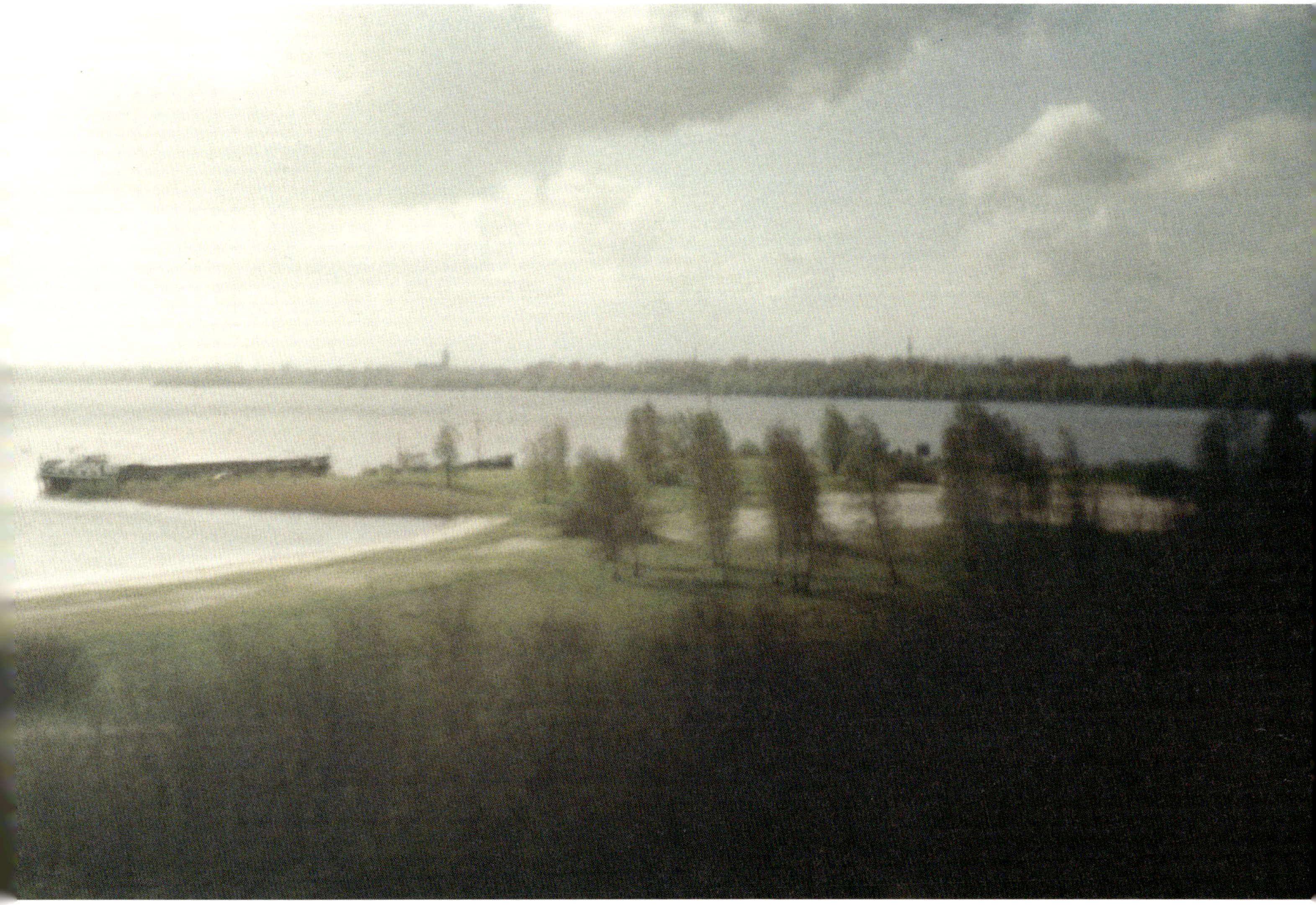

—— «I like to be in control. I'm always checking to make it exactly as I want. At night it becomes really scary. Unnatural and natural. Central Park is natural. It goes through a lot of changes throughout the day. It's really crowded. People become part of the landscape. You don't see the sky so much. You and surviving in the forest. You and the earth. So I really feel... You don't go by, you don't go into it, you go out to it. It's good to have a tree now and then. It's better than nothing. See some green. It's so grey. They try to put some nature in it. There is no earth underneath. There is some dirt you never get to see. So close. There are so many things out of control. You have to compromise with Him.»

The train thunders over the rails. He has clasped his hands tightly around the hand grip of his cart. With the increased value of the contents, he does not want to lose sight of his cart for one minute. In the grass along the ditch that separates the dike from the railway, an Asiatic girl is kneeling. In utter concentration she is busy with a videoprojector.
A hard light ray cleaves the dusk. To his great shock, film images appear in the grass. A look of contentment appears on her face. She looks up and smiles at him. The lighting gives her a devilish aspect. He hunches his shoulders in response to the shiver running up his spine.
Hurriedly he pushes the cart out in front of him, down from the dike.

> Voor de productie van gas. Voor de verwarming van de stad. Het is niet duidelijk wat het precies wordt. Soms lijkt het of iemand voor de ander staat. Dat ie groter is. In Plaza de la Cultura lezen ze de krant. Ze zijn heel eh... een beetje vals. Warmte, dicht bij de evenaar. Gekkigheid, lunatic. Orion, drie prachtige schitteringen op een rij. Grote beer. Het is net de kleine Verenigde Staten. Afstandelijker. Hangt ervan af hoe ver je het doordrukt. Dan zet ik een spiegel heel ver zodat het licht van de zon altijd blijft schijnen. Zodat het nooit nacht wordt. Eeuwig zonlicht. Meer gepassioneerd. Iedereen is een beetje bang. Als ik Hem ben.
> Met onvaste hand is met dikke zwarte letters labyrinth boven de ingang geschreven. Hij weet niet meer hoelang hij op de gietijzeren bank tegenover het regulateurshuis heeft gezeten, zo volledig is hij in beslag genomen door de alom heersende drukte. Net als wanneer de kermis op de Lindengracht stond...

For the production of gas. For the heating of the city. It is not clear what exactly will become of it. Sometimes it seems like somebody is standing in front of the other. That he is bigger. In Plaza de la Cultura they are reading the paper. They are very um... a bit nasty. Warmth, close to the equator. Craziness, lunatic. Orion, three beautiful glitters in a row. Big Dipper. It's just like a small United States. More distant. Depends on how far you press it. Then I'll put up a mirror very far so that the light of the sun will always shine. So that night will never fall. Eternal sunlight. More passionate. Everyone is a bit scared. If I am Him.

> Weer die knoop in zijn maag als hij de kermisgeluiden in de verte hoort, die knoop die almaar groter wordt naarmate de muziek dichterbij komt... In de draaimolen, zwaaien naar vader elke keer als hij langsstuift... Dronken van het tellen van de sterren, die steeds sneller aan zijn oog voorbijgaan... Op weg naar huis, bij vader achter op de fiets... Zijn hoofd in zijn nek. Zó lang naar één ster staren tot zij begint te schitteren... De hand van vader op zijn schouder als hij voor de zoveelste keer roept: «Ze knipoogt!» Kwieker dan gewoonlijk staat hij op. Met de spanning nog altijd in zijn lijf volgt hij zonder aarzelen de menigte, het labyrint in.

—— «The movement of the place has a lot of rhythm. Organic. It's so gentle. I think it's a great place up in the north. Parc Güell is like a trip. You feel like being out of yourself. I'm supposed to be working a lot. The first basic things. Like projects swimming, inside floating. They have a lot of bones. But they are in a cage. They have to be free. Their mouths go blub blub blub blub. They are like bubbles which go up in the air. It looks nice, they are floating slowly. Make people move like them. They start flying home. They asked me to join them. Two months ago. I could sleep for one hour. One year and a half maybe.»

Hij heeft het park weer voor zich alleen. De horde mensen die sinds de dag dat hij werd meegenomen door de mannen in witte pakken elke ochtend zijn territorium bestormen is vertrokken. De vogels sluiten de dag met een laatste lied. Aan de voet van Broertje's boom steekt een bloem voorzichtig zijn kop omhoog.
Op zijn knieën in het gras, streelt de oude man zachtjes de tere bloemblaadjes. Zijn grove vingers met zwartomrande nagels steken sterk af bij de felgele kroon. «Zolang wij hier zijn zal je niets gebeuren,» fluistert hij. «Broertje en ik letten wel op.»

With an unsteady hand, in thick black letters, LABYRINTH has been written above the entrance. He no longer knows how long he has been sitting on the cast-iron bench across from the regulator house, that is how captivated he is by the bustle all around him. Just like the time there was a fair on the Lindengracht.
Once again the knot in his stomach when he hears the sounds of the fair in the distance, that knot that becomes bigger and bigger as the music approaches... In the merry-go-round, waving to father every time he comes by... Drunk from counting the stars, that pass his eye faster and faster... On his way home, sitting on the back of the bicycle behind father... His head in his neck. Staring at one single star for so long that it begins to sparkle... His father's hand on his shoulder, when he shouts out yet again: «he's winking!»
More sprightly than normal he stands up. With the tension still in his body, he unhesitatingly follows the multitude, into the labyrinth.

> Zouden ze morgen terugkomen? Ze zijn iedere dag teruggekomen. In de vuilnisbakken liggen de bewijzen van hun aanwezigheid hoog opgestapeld. Tot zijn schrik moet hij bekennen dat hij hóópt dat ze terugkomen. Het DNA-molecuul met zijn elementen van consumptief overschot trotseert fier de wind die het park in zijn greep heeft.
> Gedreven door nieuwsgierigheid pakt hij het stuk papier dat tegen zijn afgetrapte New Balance-schoenen is aangewaaid. De blote eeltige hielen zouden opvallen bij de oorspronkelijke kleur van de schoenen. Nu niet meer. Opgelucht leest hij het programma voor de volgende dag.

> Als je apen neerzet moet je wel weten wat voor soort apen. Er zijn daar geen parken. Stranden en stukjes natuur. Het Christoffel park. Met hekken eromheen om de dieren beschermen. De hoogste heuvel da'k nie weet. Ik heb het nooit echt duidelijk ervaren. Dat komt niet of zelden ter sprake. Het geeft een veilig gevoel maar 's avonds juist niet. moet bewaking komen. Kampvuren en barbecues. De films moeten worden gedraaid. Op een echt doek in het donker. Waardoor mensen over dingen na gaan denken. Dat z niet in de appel mogen bijten. Ik heb nooit het gevoel dat ik anders ben of zo. Dat ik donker ben. Ik maak een soort happenings Dat speelt niet echt een rol.

«The movement of the place has a lot of rythm. It's so gentle. I think it's a great place up the north. Parc Güell is like a trip. You feel like being out of yourself. I'm supposed to be working a lot. The first basic things. Like projects swimming, inside floating. They have a lot of ones. But they are in a cage. They have to be see. Their mouths go blub blub blub blub. They are like bubbles which go up in the air. It looks nice, they are floating slowly. Make people move like them. They start flying home. They asked me join them. Two months ago. I could sleep for one hour. One year and a half maybe.»

He has the park all to himself again. The hordes of people that have been invading his territory every morning since the day he was taken along by the men in white suits have left. The birds close the day with a final song. At the foot of Little Brother's tree, a flower cautiously sticks its head up.

On his knees in the grass, the old man softly strokes the delicate petals. His coarse fingers with black-rimmed nails contrast sharply with the light yellow crown. «As long as we are here, nothing will happen to you,» he whispers. Little Brother and I will look out.»

Will they return tomorrow? They have returned every day. In the rubbish bins, the testimony of their presence is piled high. To his alarm, he has to confess that he even hopes they will return.

The DNA-molecule with its elements of consumptive remains proudly defies the wind that has the park in its grip.

Driven by curiosity he picks up a piece of paper that has been blown against his trodden-down New Balance shoes. The bare callused heels would stand out against the original colour of the shoes. Not any more now. Relieved, he reads the programme for the next day.

If you put monkeys out, you have to know what kind of monkeys. There are no parks there. Beaches and pieces of nature. The Christoffel Park. Surrounded by fences to protect the animals. I don't know no higher hill. I never experienced it clearly. That is never or rarely mentioned. It's a safe feeling but not in the evenings. There has to be security. Camp fires and barbecues. Films have to be shown. On a real screen in the dark. So that people start thinking about things. That they must not bite into the apple. I never have the feeling that I'm different or anything. That I'm dark. I make a sort of happenings. That doesn't really play a role.

With three fingertips he picks at the white hairs of his beard. In spite of the unexpectedly too cold spring morning, his shirt is wide open. The chest hairs contrast sharply to his surprisingly brown skin. The fresh spring air has coloured his cheeks red.

Inside a space enclosed by sheets sit a boy and a girl, Creole, different, just like him. Without saying a word they stare at the crate of apples in front of them. The girl looks up and impulsively picks one of the top fruits and hands it to him. «For you that must have been an eternity ago. For me it's like yesterday and therefore I graciously turn down your offer.»

With an uncertain smile the girl puts the apple back. He sticks out his hand to stroke her hair but changes his mind and his palm remains hovering in mid-air.

Slowly he shuffles outside. Today too, his spot has not been discovered. He sinks to his knees and touches the wet ground with his fingertips. Slowly he lets himself fall back into the grass. The sky is beautiful. «Craftsmanship, even though I say so myself.»

Suddenly he sits up straight and looks at his watch that is strapped much too tightly around his wrist. «They're late,» he mutters.

The very moment that he feels annoyance surfacing, a hand lands on his shoulder, an old acquaintance - a white glove. He looks up. Their eyes meet.

«I told you everything would work out in this park. Come on, let's go, there's still a lot to be done.»

Hij pulkt met drie vingertoppen aan zijn witte baardharen. Ondanks de onverwacht koude lentedag staat zijn overhemd ver open. De borstharen tekenen sterk af tegen zijn verrassend bruine huid. De frisse lentelucht heeft zijn wangen roodgekleurd.
Binnen in een met doeken afgezette ruimte zitten een jongen en een meisje, Creools, anders – net als hij. Zonder een woord te zeggen staren ze naar de bak met appels voor hen. Het meisje kijkt op en pakt impulsief een van de bovenste vruchten en reikt hem een appel aan.
«Dat zal voor jullie wel een eeuwigheid geleden zijn. Voor mij is het als de dag van gisteren en daarom dank ik je vriendelijk.»
Het meisje glimlacht onzeker en legt de appel terug. Hij steekt zijn hand uit om haar haren te strelen maar bedenkt zich op tijd en zijn palm blijft halverwege in de lucht steken.

Langzaam schuifelt hij naar buiten. Ook vandaag is zijn plekje niet ontdekt. Hij zakt op zijn knieën en betast met zijn vingertoppen de natte grond. Langzaam laat hij zich achterovervallen in het gras. De lucht is mooi. «Vakmanschap, al zeg ik het zelf.»
Plotseling gaat hij rechtopzitten en kijkt hij op zijn horloge, dat veel te strak om zijn pols zit. «Ze zijn laat,» mompelt hij.
Net op het moment dat hij irritatie voelt opkomen, daalt er een hand op zijn schouder, een oude bekende – een witte handschoen. Hij kijkt omhoog. Hun blikken kruisen elkaar.
«Ik zei toch dat het allemaal wel goed zou komen in dit park. Kom, we gaan, er is nog veel te doen.»

Thanks to /Met dank aan: Naomi Bomberg (Curaçao), Astrid Kruse Jensen (Aarhus), Chema Longobardo (Barcelona), Jarik van Sluis (Virginia), Niels Wolf & Roger Muskee (Groningen) en Lauren Wang (New York)

Clark Accord
    is a writer. His debut novel |De Koningin van Paramaribo|
    appeared recently and is now a bestseller.
is schrijver. Onlangs verscheen zijn debuutroman |De Koningin
van Paramaribo|, inmiddels een bestseller.

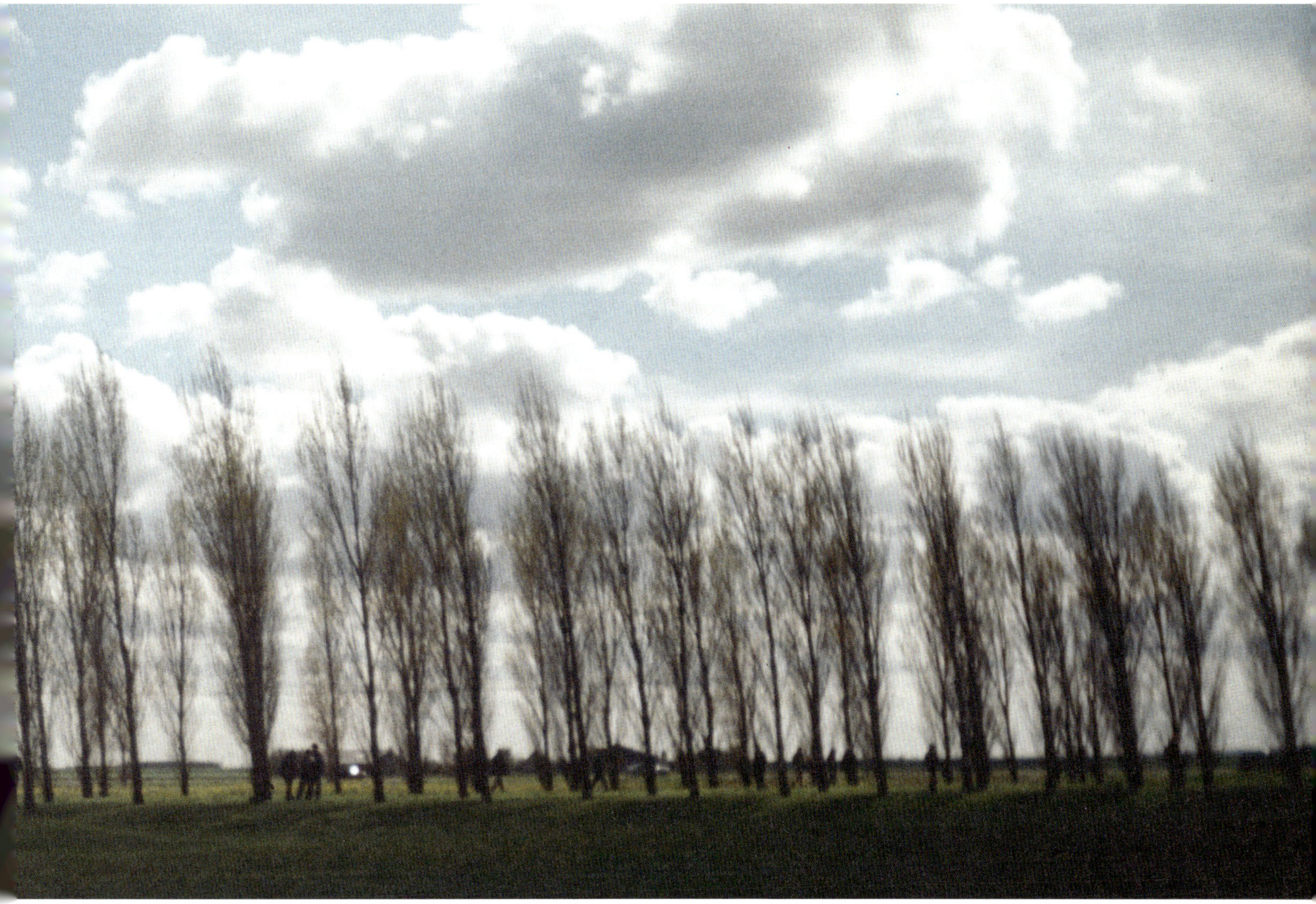

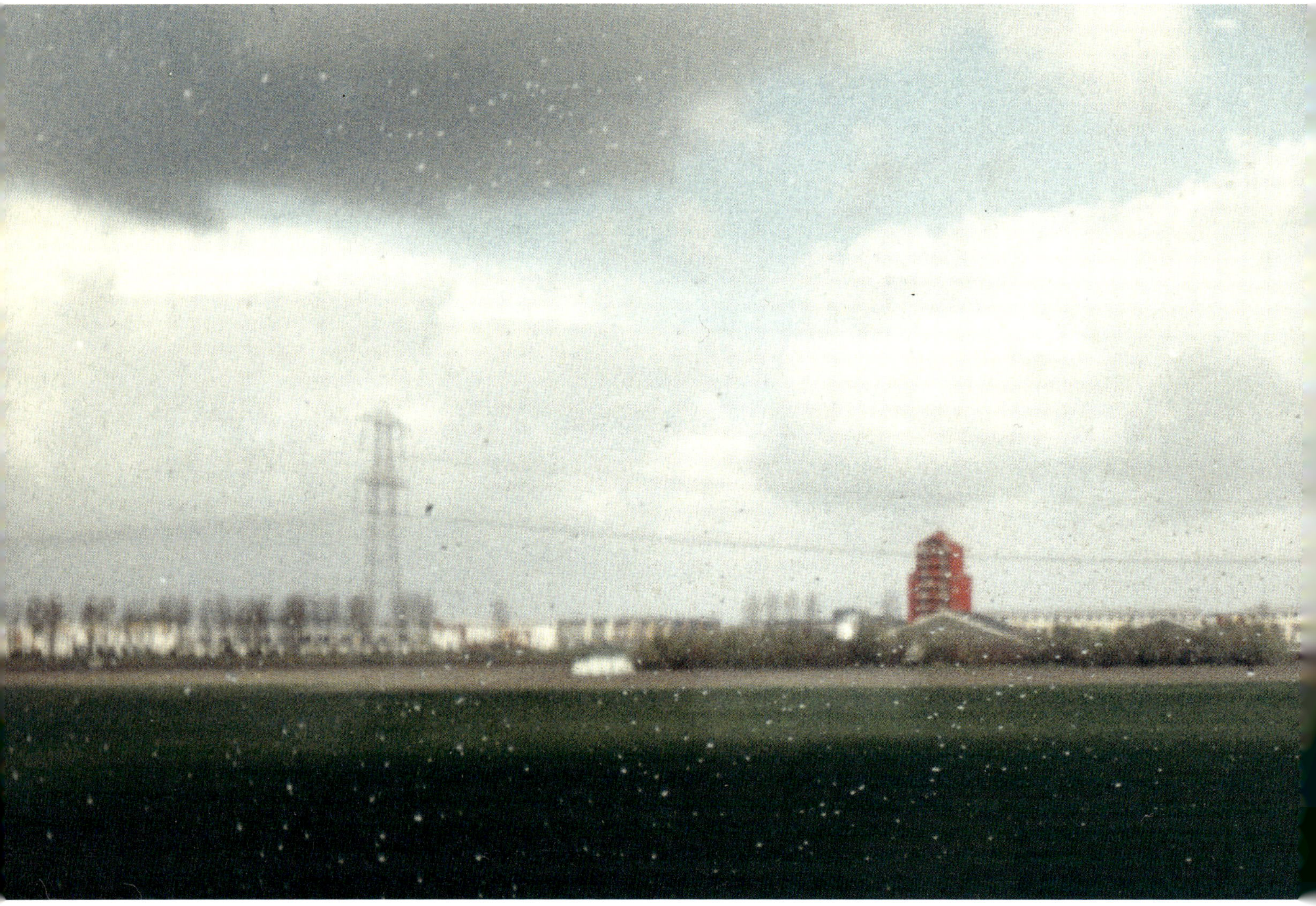

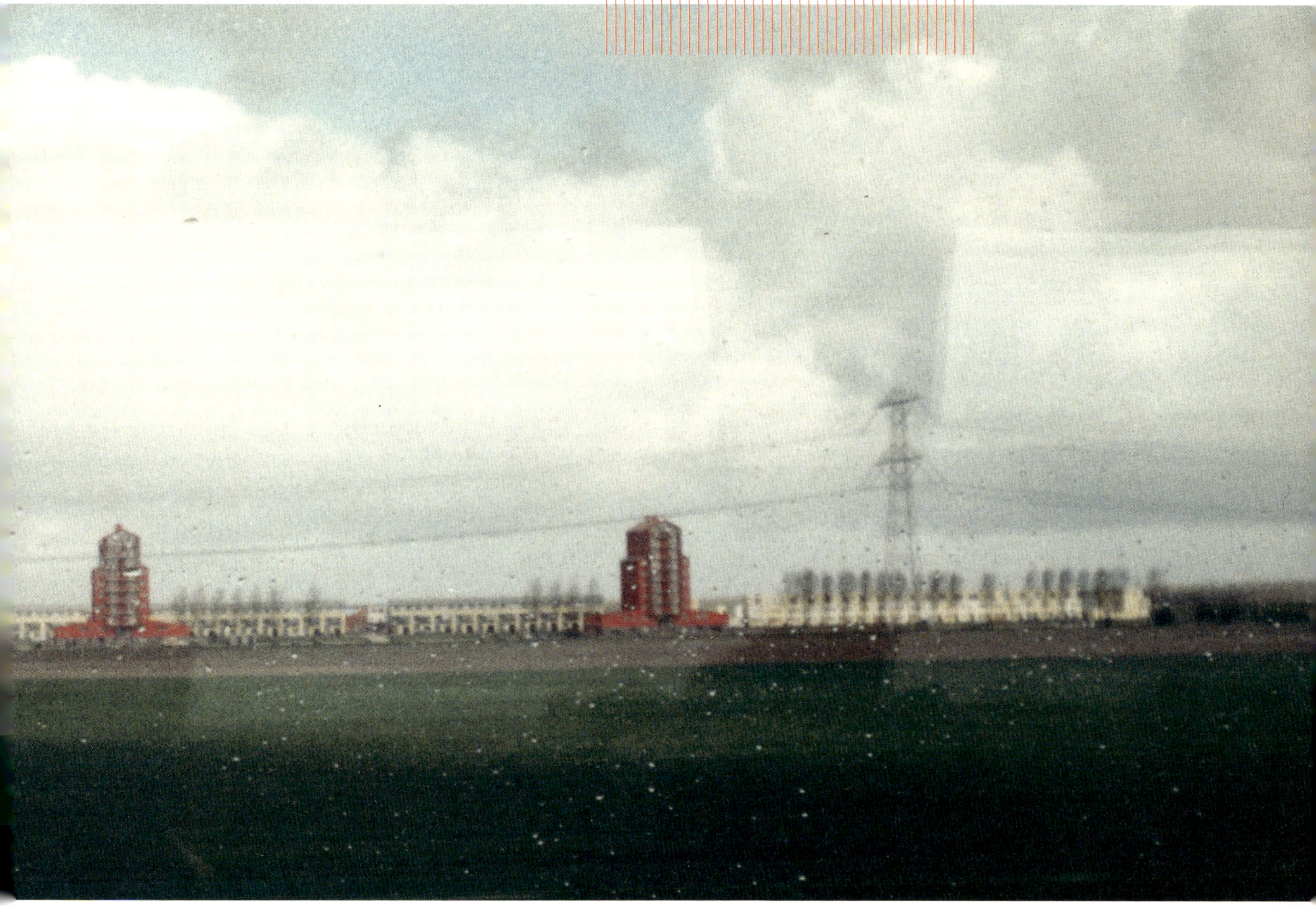

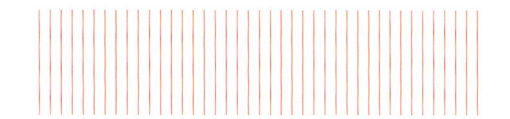

Tineke Reijnders

Disguised Earnestness

Work Evaluations of Autonomous Art

Verkapte ernst
Werkbesprekingen autonome kunst

A clattering applause rises up. The garishly decorated little train has just returned to its terminus. The passengers of the 'Butterfly Express' thank the hostess with the broad smile. The hostess has just given a tour providing all sorts of interesting information about the butterflies. She did this in three languages and kept pointing outside to the described specimens. Only on the wings of the imagination could you see them fly. In reality, there were plains of concrete, railway tracks and factory buildings, in other words, the layout of former factory grounds where because of pollution no butterfly was to be found. It isn't often that a conceptual work prompted applause. The pastiche of an amusement-park 'experience tour', the charming presentation by the hostess and the appeal to the imagination provided an experience that could be shared by young and old. The tour of the grounds stood out as the only work in the Park of the Future that actively articulated the space of the park. This contribution was conceived and organized by Natasja Boezem, a student of the Sandberg Instituut. Her colleague Mascha de Vries, an artist who has already built her own reputation with her video work, acted as hostess, the chauffeur came from a casting agency.

Een klaterend applaus stijgt op. Het bont gedecoreerde treintje is juist bij het eindpunt teruggekeerd. De passagiers van de 'Butterfy Experience' bedanken de hostess met brede lach. De hostess heeft zojuist een rondleiding verzorgd en allerlei wetenswaardigs verteld over de vlinders. Ze deed dat in drie talen en wees dan steeds naar buiten, naar de beschreven exemplaren. Alleen op de vleugels van de verbeeldingskracht kon je ze zien vliegen. In werkelijkheid keek men naar betonvlaktes, spoorrails en bedrijfsgebouwen, kortom naar de inrichting van een voormalig fabrieksterrein waar wegens vervuiling geen vlinder te bekennen is. Het gebeurt niet vaak dat een conceptueel werk tot applaus aanleiding geeft. De pastiche van een pretparkachtige 'experience tour', de charmante voordracht van de hostess en het beroep op de fantasie leverden een ervaring op die door jong en oud kon worden gedeeld. De rondrit over het terrein viel op als het enige werk in het Park van de Toekomst dat de parkruimte actief articuleerde. Deze bijdrage was bedacht en georganiseerd door Natasja Boezem, een studente van het Sandberg Instituut. Haar collega Mascha de Vries, een kunstenares die zelf al een reputatie bezit op grond van haar videowerk, functioneerde als hostess, de chauffeur kwam van een castingbureau.

Viel aan de smetteloze uitvoering van dit heldere concept nog commentaar te verbinden door een team van werkbesprekers? Nee, het team conformeerde zich aan het geamuseerde publiek. Maar dat was een uitzondering. In alle andere gevallen betekende een kritische gedachtenwisseling een verdieping van de waarneming. Discussie brengt altijd ieder werk dichterbij en dat geldt al helemaal voor onbekend werk van een piepjonge generatie. Soms nam de scepsis na een negatieve perceptie al pratend toe, maar in verreweg de meeste gevallen groeide de waardering naarmate de motivatie van de maker in volle omvang voor het voetlicht kwam.

Could this perfect execution of a lucid concept be commented on by a team of work evaluators? No, the team conformed to the amused audience. But this was an exception. In all other cases, a critical exchange of thoughts meant a deepening of perception. Discussion always brings every work closer, and this certainly holds for unknown work by a very young generation. Sometimes, scepticism increased during the discussions following a negative perception, but in by far the most cases the appreciation grew when the full scope of the maker's motivation was brought into the limelight. What to make, for example, of the two-stage structure with the open base containing a bench and the diamond-shaped upper part made of canvas? From a distance, the work seemed like a not very successful outdoor sculpture. But once confronted with the intentions of the artist, the academy directors – the discussion partners of the students – burst out in associations reinforcing the meaning. The one-person abode of light canvas, 'Tower of the future', was an invitation for a pleasant contemplative rest, while the regularly played ringing of bells touched on the relation to a village church tower. The depopulation of the countryside became a theme of conversation, as did the opposition between the former sense of community and the contemporary need for seclusion. Yoke Hagen of the Academie Minerva in Groningen was certainly not the only one to create a little, inwardly-turned world. The grounds were occupied by many a caravan or container. As if in the future the park can only survive in solitary experience.

Wat te denken bijvoorbeeld van een tweetrapsbouwwerk waarvan de open basis een bankje bevatte en het bovendeel in diamantvorm van tentdoek was gemaakt? Uit de verte leek het werk een minder geslaagde openluchtsculptuur. Maar eenmaal geconfronteerd met de bedoelingen van de kunstenares ontstaken de academiedirecteuren – de gesprekspartners van de studenten – in betekenisversterkende associaties. De eenpersoonsverblijfsruimte van licht canvas, 'Tower of the Future' noodde tot een prettige contemplatieve rust, terwijl het regelmatig afgespeelde klokgeluid de verwantschap met een dorpse kerktoren aanstipte. De ontvolking van het platteland werd een gespreksthema, alsook de tegenstelling tussen vroegere gemeenschapsbeleving en de hedendaagse behoefte aan afzondering.

Yoke Hagen van de Academie Minerva in Groningen was beslist niet de enige die een naar binnen gekeerd wereldje had geschapen. Het terrein was met menige caravan of container bezet. Alsof het park in de toekomst slechts overleeft in de solitaire beleving. Nu biedt een park natuurlijk sinds oudsher de coulissen voor tegenstrijdige verlangens. Het is het domein voor ontsnapping zowel als voor gezamenlijk genoegen. Men treft er de mensen die de eenzaamheid opzoeken alsook het groepje dat het samenzijn onderstreept met een bezoek aan het park. En juist dat aspect van gezamenlijke beleving is de laatste tijd opvallend toegenomen.

Now of course from time immemorial the park has offered the coulisses for contradictory desires. It is the domain for escape as well as for communal pleasure. People seeking solitude can be seen alongside the group that emphasizes togetherness by a visit to the park. And it is precisely this aspect of shared experience that has markedly increased of late. Many Western European parks undergo a metamorphosis during the weekend. The park lawns nowadays, where Mediterranean immigrants repose with their picnics, are more crowded than the shores of the island la Grande Jatte on Seurat's painting. Strangely enough, this new form of congeniality did not find a place in the future-oriented thinking of the younger generation. Many works on the other hand reflected a phlegmatic awareness of a post-industrial environment that perhaps has been irrevocably spoiled. The rings with pot-cacti sold from inside her car by Ho Wai Fong of the Sandberg Instituut characterise contemporary plant growth as something that has become a wearable and exclusive jewel. The Rotterdam student Erix Gerne, who always carries around his transparent briefcase with tree, preferably in a train or bus, likes to see his artwork take on the dimension of discussions with fellow passengers, who without encouragement pour out their hearts about the sorry state of nature. Nathalie Bruys' emergency telephone was also emphatically artificial. Such a futuristically designed instrument can be found along motorways in the Netherlands. When in trouble you can use them to call for help. In this case, the answer on the other end was a sound collage in which birdsong was accorded an important role.

A group of students from the Hogeschool voor de Kunsten in Amsterdam made an enthusiastic appearance with a communal space of outspoken nostalgic inspiration. They allotted every day of the week its own image-, sound- and scent-colour. Because Dutch primary school children have Wednesday afternoon off, Wednesday's theme was a bicycle trip to the countryside. The imitated country air in the van was drenched with the smell of lemonade. The conversation with the students made it clear that without the context of this manifestation, they would never have worked on a joint project. To them, it formed the highlight of their student days.

Sometimes it is not so much the formal quality of the work as the accompanying explanation that charms. This was the case with the Belgian student Wim Waelput from Gent. His contribution existed only on paper. With the fool's number eleven as leitmotif, he envisioned an upside-down world. His proposal to turn over a considerable slab of the earth's crust so that during a historical excavation we would come across a layer of now - |now| as historical future - was convincingly substantiated with profound motives. In his case, it was of great importance to capture the attention of the evaluating team. Those who didn't make a conscious effort, missed out on an evaluation.

The number of artworks (hundreds) in any event exceeded the capacity of a committee, even though it had split up into small groups for autonomous art.

Menig Westeuropees park heeft in het weekend een metamorfose ondergaan. Voller dan de oevers op Seurats schilderij van het eiland La Grande Jatte zijn tegenwoordig de parkweiden waar immigranten uit het Middellandse zeegebied zich al picknickend verpozen. Merkwaardigerwijs heeft deze nieuwe vorm van groepsgezelligheid geen plaats gevonden in het toekomstgerichte denken van de jonge generatie. Veel werken weerspiegelden daarentegen een flegmatiek besef van een postindustrieel milieu dat misschien wel onomkeerbaar bedorven is. De ringen met potcacteeën die de studente van het Sandberg Instituut Ho Wai Fong vanuit haar auto verkocht, karakteriseren de hedendaagse plantengroei als iets dat tot een draagbaar en exclusief sieraad is verworden. De Rotterdamse student Erix Gerner die zijn transparante koffer met boom altijd bij zich draagt, bij voorkeur in trein en bus, ziet zijn kunstwerk graag de dimensie aannemen van gesprekken met medepassagiers die zonder aanmoediging hun hart luchten over onze vleugellamme natuur.

Nadrukkelijk artificieel was ook de praatpaal van Nathalie Bruys. Zo'n futuristisch vormgegeven instrument treft men in Nederland langs de snelwegen aan. Wie pech heeft kan er hulp mee inroepen. In dit geval was het antwoord van gene zijde een geluidscollage waarin een belangrijke rol was weggelegd voor het gezang van vogels.

Een groep studenten van de Hogeschool voor de Kunsten in Amsterdam trad enthousiast voor het voetlicht met een gezamenlijke ruimte van onomwonden nostalgische inspiratie. Iedere dag van de week kreeg van hen een eigen beeld-, klank- en geurkleur. Omdat de Nederlandse basisschoolleerlingen op woensdagmiddag vrij zijn, stond de woensdag in het teken van een fietstochtje naar buiten. De nagebootste buitenlucht in de wagen was gedrenkt in de geur van limonade. Het gesprek met de studenten maakte duidelijk dat ze zonder de context van deze manifestatie nooit tot dit samenwerkingsproject waren gekomen, het betekende voor hen een hoogtepunt in hun studietijd.

Soms is het minder de formele kwaliteit van een werk, dan wel het bijbehorende betoog dat charmeert. Dat was het geval met het relaas van de Belgische student Wim Waelput uit Gent. Zijn bijdrage bestond slechts op papier. Met het zottegetal elf als leitmotief beoogde hij een omgekeerde wereld. Zijn voorstel om een flinke plak van de aardkorst ondersteboven te keren zodat we bij een historische opgraving op de laag van nu zouden stuiten – het |nu| als historische toekomst – wist hij met voldoende diepgravende motieven te omgeven om overtuigend te zijn. In zijn geval was het van groot belang om de aandacht van het besprekende team te vangen. Wie daar niet daadwerkelijk op uit was, liep een bespreking mis. Het aanbod aan kunstwerken (honderden) oversteeg sowieso de capaciteit van de commissie, die de autonome kunst kreeg toegewezen, ook al had deze zich in kleine groepjes opgesplitst.

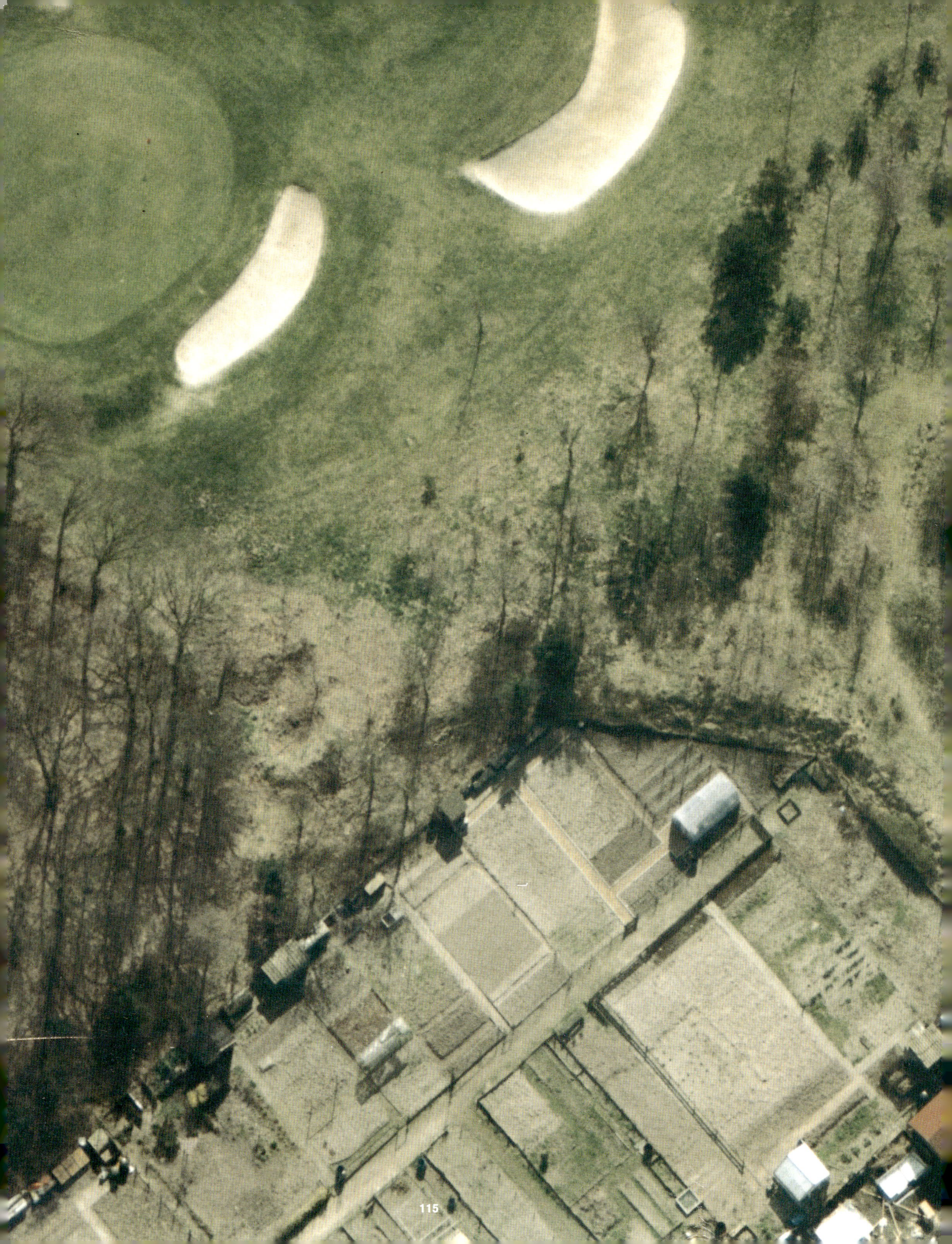

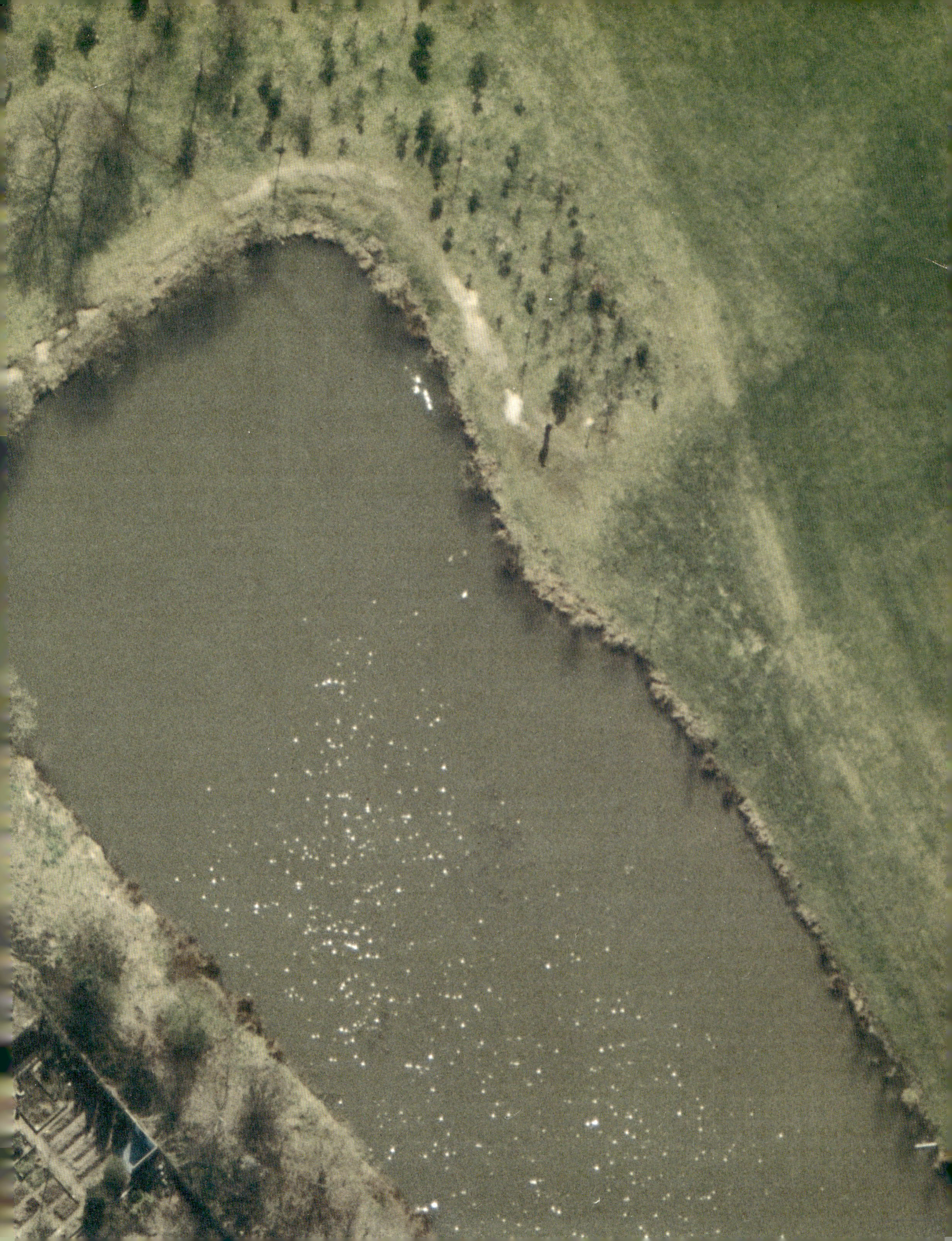

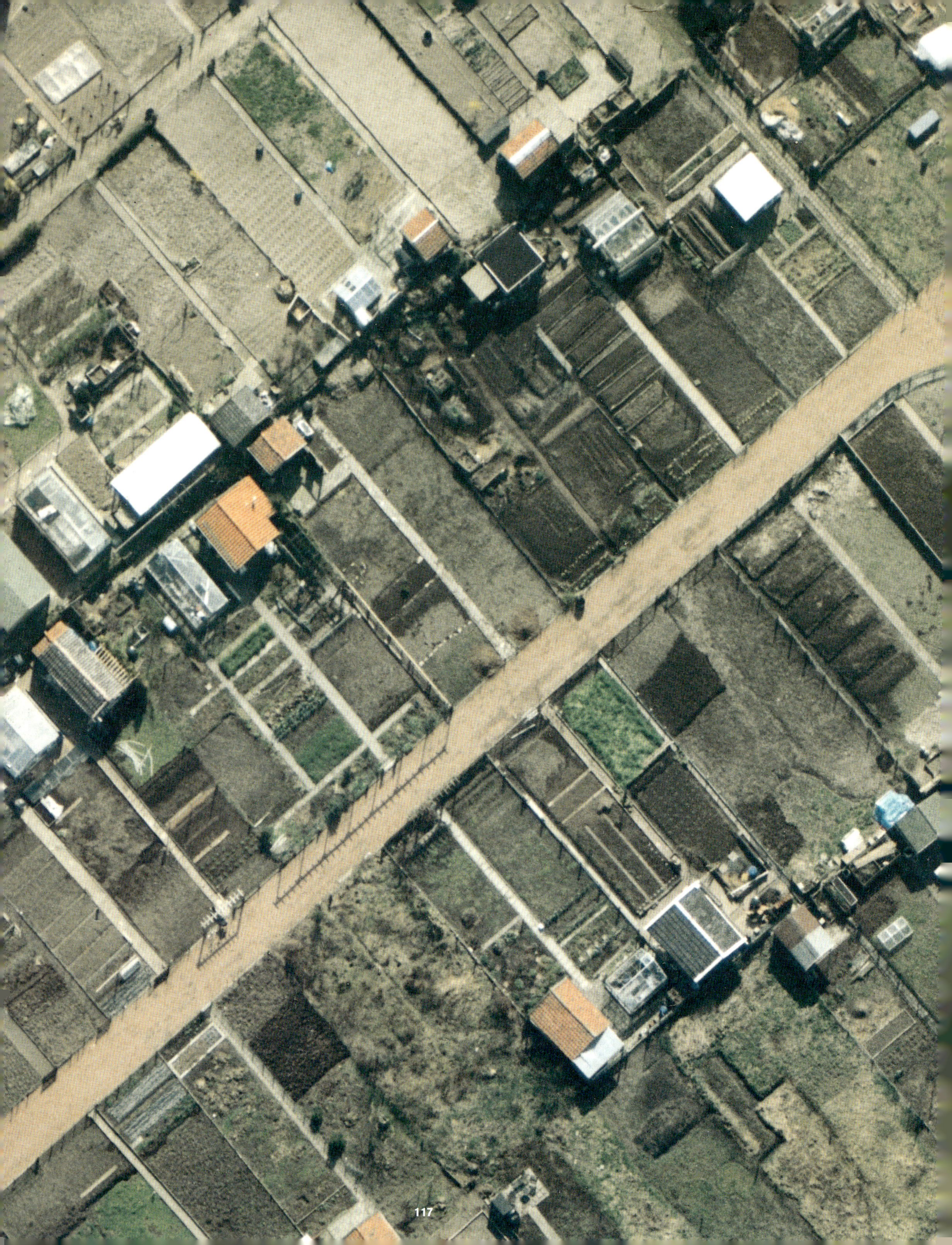

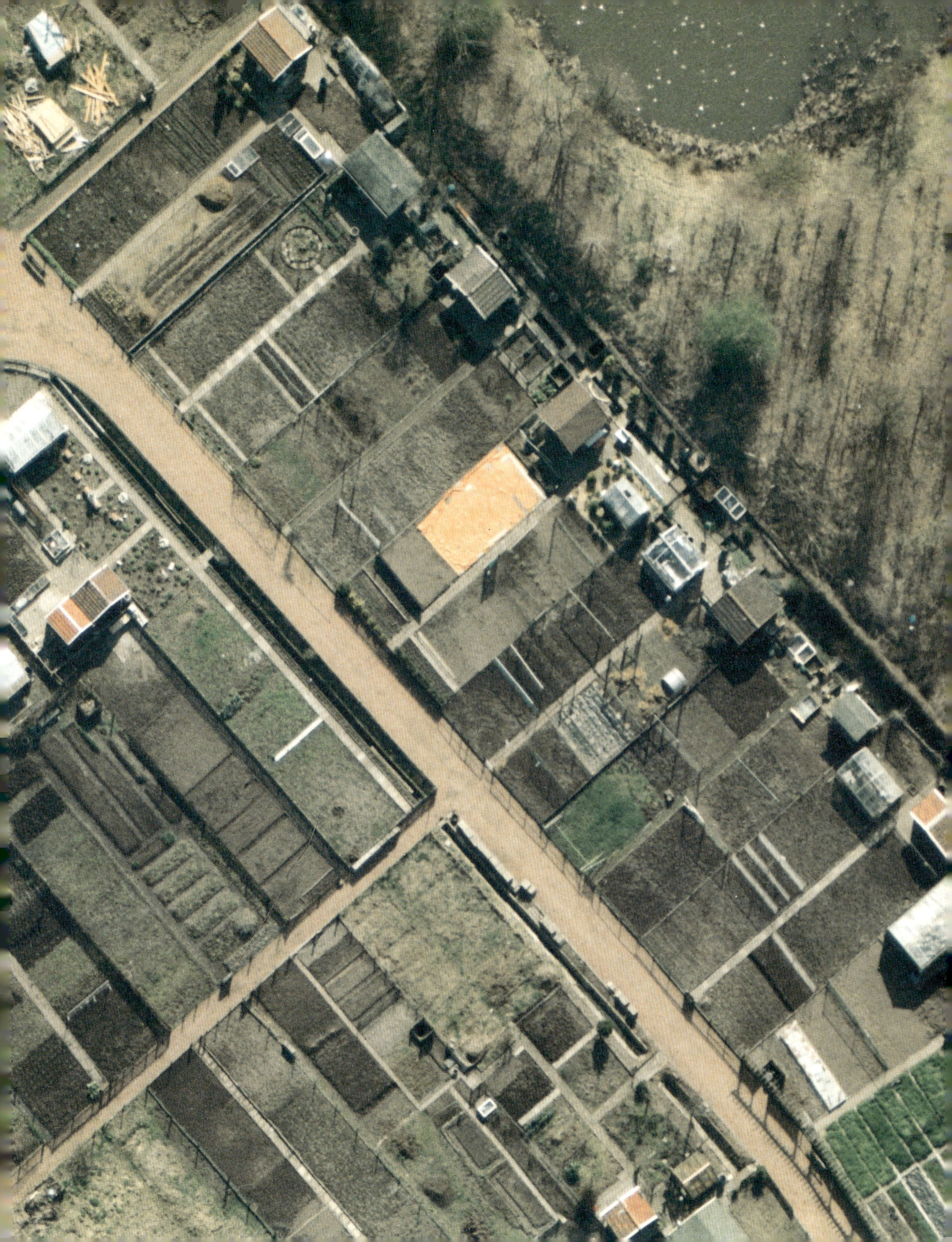

In a few cases, such a discussion did not fit the nature of the project. A director who is busy heading an environmental technology study, who is also supervising a laboratory in full swing and moreover holds office hours at fixed times, speaking with journalists and visitors with the aid of a flapover, is not typically a student in need of an evaluation. And yet in retrospect this was much to the regret of Tilmann Meyer-Faje. There was too little commentary to begin with. Now a statement that is cast in the mould of a neutral and realistic institute such as this bureau of environmental technology has the curious property that all perceptual energy goes out to the perfection of the imitation. Is it real or is it fiction is the recurring question. The same question is posed with a trompe-l'oeil. In an imitated reality, the subject-matter is given all the room to be developed. The issue here was what life is still possible at the bottom of a vanished gasholder. This perfect circle is overgrown irregularly with mosses. Biologists (also still students) carried out measurements to supply data that could then be charted. An encountered worm was studied under the microscope. That the results could possibly be used for a real scientific study proves the high degree of commitment. However, the conceptual frame in which the investigation takes place benefits from the imitative strictness of form and that does not lend itself to discussion. But what was striking was that the public appreciated the ambiguity and was amused by the role-play. The heavy issue of the environment thus became something of a light-footed cabaret.

Artworks dependent on electricity were naturally housed indoors. When you came in, the photocopies by Kaatje Daalderop from Arnhem could not be avoided. They were reproductions of a lamb and were strewn about on the floor. Some thought it was an irreverent, sloppy way to treat art, but Alex de Vries, director of the Koninklijke Academie voor Kunst en Vormgeving in den Bosch, appreciated the parallel between lambs of innocence, or else counting sheep before going to sleep, and a machine spitting out reproductions. There was however a proverbial price to be paid: some time later, the machine broke down.

An other student from Arnhem, Rosanne van Klaveren, exhibited the embodiment of a chapter from an Internet project that she had been working on for a longer period of time. It was an interesting attempt to enrich her digital 'thriller' with a physical form on the occasion of this exhibition. The maker as well as the committee members soon agreed that it didn't work. What went wrong? A missing person is the central theme on Internet. Who has seen Rosanne van Klaveren, the woman whose children miss their mother so? Now, however, colour photographs reveal that this vagrant woman can be found on the Wester gasworks grounds, concerned about the fate of a sick rabbit. The rabbit was lying in a cage on location and naturally gave rise to the misunderstanding that it was not a rabbit but a hare, entailing a reference to Joseph Beuys. Van Klaveren concluded that from now on she would stick to the net.

In een enkel geval strookte zo'n discussie ook niet met de aard van het project. Een directeur die druk bezig is leiding te geven aan een milieutechnisch onderzoek, die tevens de supervisie heeft over een laboratorium in vol bedrijf en bovendien op gezette tijden een spreekuur houdt en aan de hand van een flapover journalisten en bezoekers te woord staat, is niet typisch een student die een evaluatie behoeft. Toch vond Tilmann Meyer-Faje dit achteraf jammer. Het ontbrak toch al aan commentaar. Nu bezit een statement dat in de vorm gegoten is van een neutraal en realistisch instituut zoals dit bureau van Milieutechniek de wonderlijke eigenschap dat alle perceptuele energie uitgaat naar de volmaaktheid van de imitatie. Is het echt of is het fictie is een weerkerende vraag.

Dezelfde vraag stelt men zich bij een trompe-l'oeil. Binnen een nagebootste werkelijkheid krijgt het inhoudelijke verhaal alle ruimte om te worden ontplooid. Het ging hier om de kwestie welk leven nog mogelijk is op de bodem van een verdwenen gashouder. Deze perfecte ronde cirkel is onregelmatig met mossen overgroeid. Biologen (ook nog student) verrichtten metingen waaraan ze gegevens ontleenden die daarop in kaart konden worden gebracht. Een aangetroffen worm werd onder de microscoop bestudeerd. Dat de uitkomsten mogelijkerwijs konden worden benut voor werkelijk wetenschappelijk onderzoek bewijst de hoge graad van engagement. Maar het conceptuele frame waarbinnen de onderzoeksactiviteit plaatsvindt is gebaat bij de imitatieve strictheid van vorm en die laat zich nu juist moeilijk ter discussie stellen. Opmerkelijk was echter wel dat het publiek de dubbelzinnigheid waardeerde en zich om het rollenspel vermaakte. De loodzware milieuproblematiek kreeg daardoor iets van een lichtvoetig cabaret.

Kunstwerken die van electriciteit afhankelijk zijn vonden uiteraard onderdak in de hallen. Bij binnenkomst waren de fotocopieën van Kaatje Daalderop uit Arnhem niet te vermijden. Het waren reproducties van een lammetje en de vloer lag ermee bezaaid. De een vond het een respectloze, slordige wijze van omgaan met kunst, maar de ander (Alex de Vries, directeur van de Koninklijke Academie voor Kunst en Vormgeving in Den Bosch) waardeerde de parallel tussen de lammetjes van onschuld, ofwel het schapen tellen voorafgaand aan de slaap en een machine die reproducties uitspuugt. De spreekwoordelijke wal bleek echter het schip te keren, enige tijd later had de machine het begeven.

A painting by Luit Tabak was better received. With great bravura, this student from the Gerrit Rietveld Academie had painted an interpretation of a keyboard. By omitting a letter on several function keys, she succeeded in making the observer reflect on the future. With an unusual subject, she laid bare the strangely evocative power of painting. This was what fascinated her so much in painting: every square centimetre lays a claim to a certain measure of purpose, of meaning. And what did the evaluating committee member bring forward? «I think it's so beautifully painted that I would want to have it in my home.» This was, however, preceded by more profound reflections, on the use of computer or brush, the role of words, the function of attractive colours, the format, enough to have a lasting effect on the painter, as she later remarked. Adelijn van Huis from the same academy, was also supplied with references which she was not yet familiar with. Her sculpture stood out as subdued, it was robust in appearance and delicate as a concept. She had piled a number of large wood blocks on top of each other, more than man-high, as if it was a minimal sculpture or a reference to Brancusi – pedestal and crown being identical. The 'message' of the work resided in one side of every square block. One side showed a slight curvature. There, the tree bark had remained intact. Thus, with an autonomous work, van Huis made a conceptual statement on the functional material wood and the damaging of the tree, symbol for all nature. Her Portuguese discussion partner informed her about Japanese sculptors to whom working with wood is likewise linked to nature.

> Een andere studente uit Arnhem, Rosanne van Klaveren, exposeerde een vleesgeworden hoofdstuk uit het Internetproject waaraan ze al langere tijd werkte. Interessant was de poging om haar digitale 'thriller' ter gelegenheid van deze tentoonstelling met een fysieke vorm te verrijken. De maakster zowel als de commissarissen waren het er echter spoedig over eens dat het niet werkte. Wat ging er mis? Op Internet draait het om een vermissing. Wie heeft Rosanne van Klaveren gezien, de vrouw wier kindjes hun moeder zo node missen? Nu echter bleek uit kleurenfoto's dat deze zwervende vrouw zich bij het Westergasfabriekterrein ophield en zich het lot aantrok van een ziek konijn. Dit konijn lag ter plekke in een hokje en veroorzaakte vanzelfsprekend het misverstand dat het geen konijn maar een haas was en een verwijzing behelsde naar Joseph Beuys. Van Klaveren concludeerde dat ze zich voortaan bij het net zou houden.

In an other building, on an other day, before a video work in which spatial images reacted to music, one of the architects referred an Israeli student to the name Iannis Xenakis. Xenakis is not only a composer but also an architect, and there was no doubt a lot to be learned from his experiments.

Architects are more accustomed to entering into debate than are autonomous artists. The professional speech by a student from Berlin therefore appealed to the architect group. After a thorough study of the history of the Wester gasworks grounds, the girl had depicted her serious proposal for a phased transformation on transparent layers of plexiglass. Her teacher, who was also present, once again emphasized the dedicated fieldwork and analytic capacity, and everyone was satisfied. The plan was all set to be carried out, so to speak. The American girl who wanted to process the problem of discarded butts and other street litter in transparent tiles of polymer also prompted positive reactions. The potential utility charmed the gentlemen and prevented them from asking questions about the impractical, labour-intensive character or about the property of polymers occasionally to explode in the long run.

> Veel meer waardering was er voor een schilderij van Luit Tabak. Met veel schilderkunstige bravoure had deze studente van de Gerrit Rietveld Academie zich aan een interpretatie van een toetsenbord gezet. Door van enkele functietoetsen een letter weg te laten introduceerde ze nieuwe begrippen en wist ze de beschouwer tot reflectie op de toekomst te bewegen. Aan de hand van het ongebruikelijke onderwerp legde ze de wonderlijke verbeeldingskracht bloot van de schilderkunst. Dat fascineerde haar zo aan schilderen, zei Luit Tabak: «iedere vierkante centimeter maakt aanspraak op een zekere opzet, op betekenis.» En wat bracht het evaluerende commissielid naar voren? «Ik vind het zo mooi geschilderd dat ik het wel thuis zou willen hebben.» Daar waren echter wel diepzinniger bespiegelingen aan voorafgegaan, over het gebruik van computer of kwast, de rol van woorden, de functie van aantrekkelijke kleuren, het formaat, voldoende om een blijvend effect te hebben op de schilderes zoals ze naderhand verklaarde. Ook Adelijn van Huis, van dezelfde academie, kreeg op deze wijze referenties aangereikt waar ze nog onbekend mee was. Haar sculptuur viel op als ingetogen, was uiterlijk robuust en qua concept zeer delicaat. Ze had een aantal forse houtblokken op elkaar gestapeld, ruim manshoog, als betrof het een minimale sculptuur of een verwijzing naar Brancusi – sokkel en bekroning waren immers identiek. De 'boodschap' van het werk lag besloten in één zijde van ieder vierkant blok. Een kant vertoonde een lichte kromming. Daar was de boombast intact gebleven. Zo deed Van Huis met een autonoom werk een conceptuele uitspraak over het functionele materiaal hout en de aantasting van de boom, pars pro toto van de natuur. Haar Portugese gesprekspartner wees haar op Japanse beeldhouwers voor wie de omgang met hout eveneens geliëerd is aan de natuur.

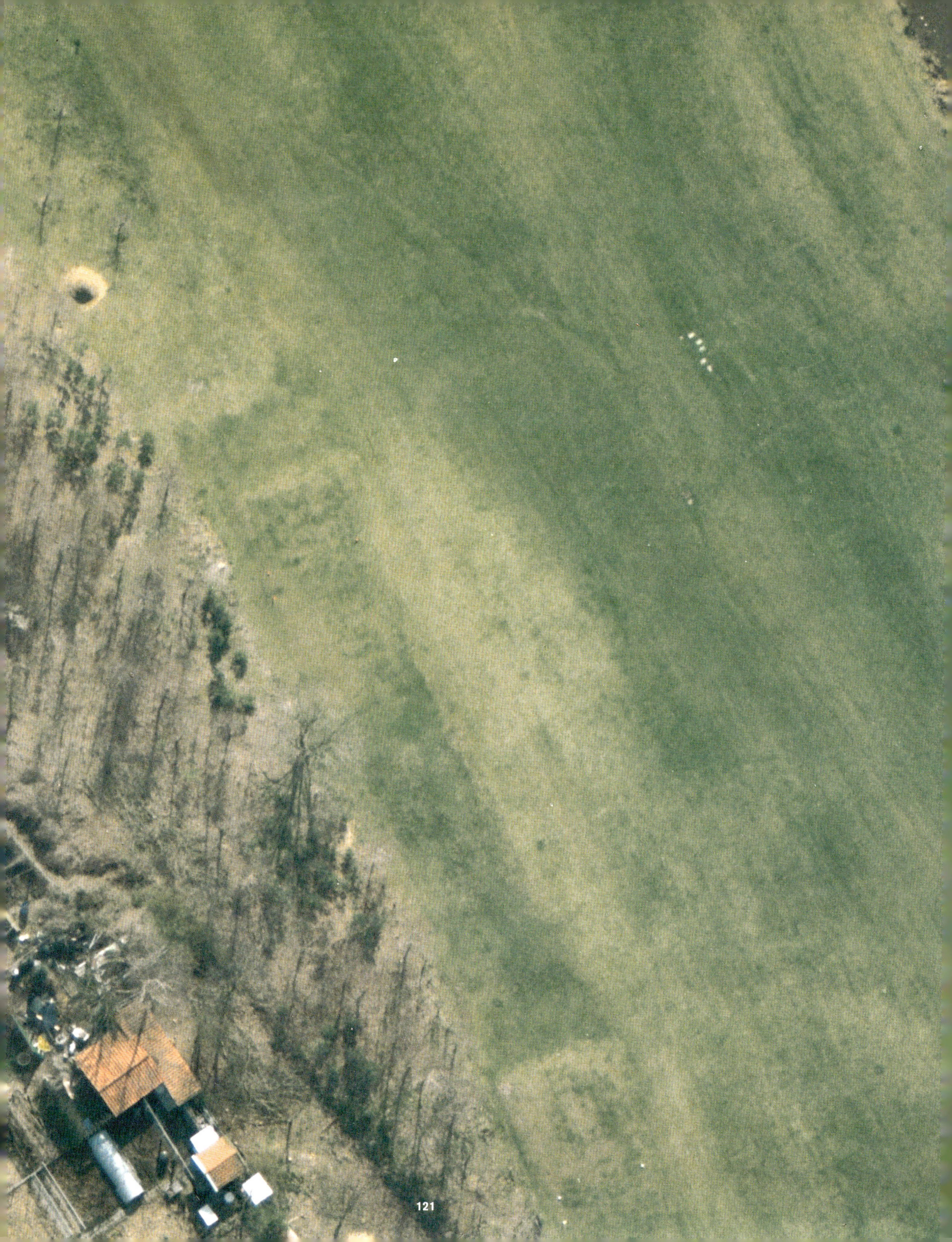

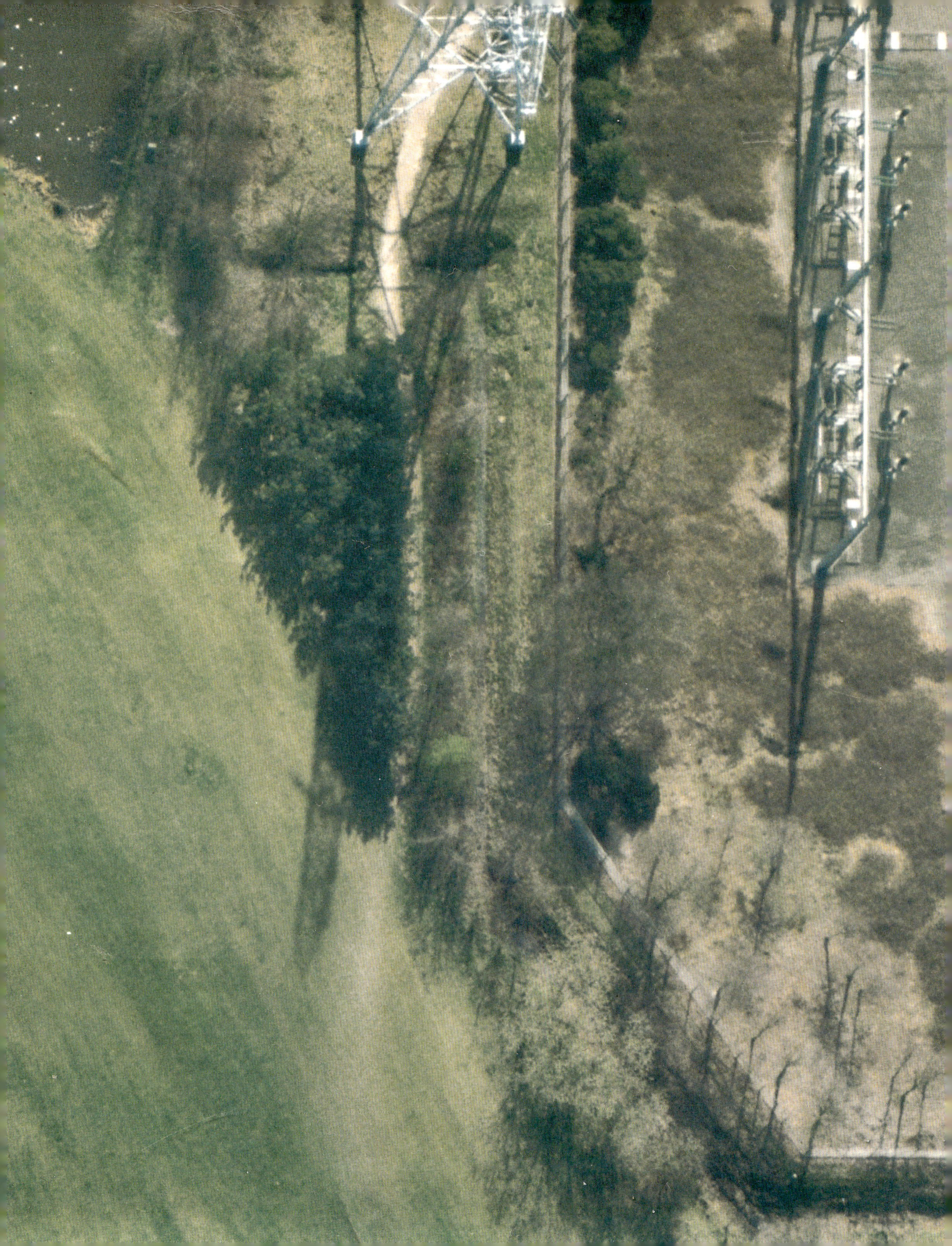

The company on the other hand was puzzled by the travel agency of Caspar van Gemund, Frank Verhelst and Annemiek van Wees (MOBILIA multi holidays). In the entourage of a true-to-life travel agency, including cups of coffee and loud advertising material, the travel agents tried to take the public in tow with a streamlined sales pitch. But the power of persuasion as well as the imagination went almost too far for the evaluating team. Staying at home and yet going on an exotic journey, this crux had to be explained in detail. But it was exactly these serious questions and the architects' refusal to be content with the joke of the double meaning, that brought the two Amsterdam students into their element. And so their critical stand slowly but surely broke out of the protection of the trompe-l'oeil.

Here, once again, was a collective project owing its existence to simulation and language. Within a prototypical social context – deliberately not an art context – a transference of ideas takes place. Because these ideas conform completely to the chosen structure, a bill has to be drawn on the receptivity of the public. The story that is told makes sense in itself, it is amusing and presented with verve. But that does not make it noncommittal. Natasja Boezem, Tilmann Meyer Faje and MOBILIA multi holidays all adopt a critical ecological stand, but they clearly abhor the dreary and mouse-grey image of the environmental issue. Through a light-footed, theatrical approach they bring about a forgotten degree of amazement. They appeal to the child in the adult. During the Biennale in Venice this summer, adults merrily skipped along with giant soap bubbles, up to the moment that they burst and left behind wisps of smoke. Pippillotti Rist had the public where she always wants it, in the position of the amazed child.

In the Park of the Future, on the other hand, bringing about amazement was not the goal in itself. Via amazement we became effortlessly and differently conscious of vanished animals and damaged nature. For was it not the future that was the theme? No matter how humorously presented, that remains a serious matter.

In een ander gebouw, op een andere dag, deed één van de architecten bij een videowerk waarin ruimtelijke beelden reageerden op muziek, de Israëlische studente de naam van Iannis Xenakis aan de hand. Xenakis is niet alleen componist maar ook architect, en van zijn experimenten viel vast te leren.

Architecten zijn meer dan autonome kunstenaars gewend om het debat aan te gaan. Het professionele betoog van een Berlijnse studente sprak de groep architecten dan ook uitermate aan. Het meisje had na een grondige studie van de geschiedenis van het Westergasfabriekterrein haar serieuze voorstel tot gefaseerde transformatie weergegeven op transparante lagen plexiglas. Haar meegekomen docente benadrukte nog eens het toegewijde veldwerk en analyserend vermogen en allen waren tevreden. Het plan kon bij wijze van spreken zo tot uitvoer worden gebracht. Ook de Amerikaanse die het probleem van weggeworpen peuken en ander straatafval wilde verwerken in transparante polymeer-tegels, lokte positieve reacties uit. De potentiële bruikbaarheid charmeerde de heren en weerhield hen van vragen over het onpraktische, arbeidsintensieve karakter of over de eigenschap van polymeren om op den duur wel eens te exploderen.

Vreemd daarentegen keek het gezelschap op bij het reisagentschap van Caspar van Gemund, Frank Verhelst en Annemiek van Wees (MOBILIA multi holidays). Binnen de entourage van een waarachtig reisbureau inclusief de kopjes koffie en het schreeuwerige reclamemateriaal, trachtten de reisverkopers hun publiek met een gestroomlijnd praatje op sleeptouw te nemen. Maar zoveel overredingskracht van de verbeelding ging het beoordelend team welhaast te ver. Thuisblijven en toch een exotische reis maken, die crux moest omstandig worden uitgelegd. Het waren echter juist die ernstige vragen en de weigering van de architecten om met de grap van een dubbele bodem tevreden te zijn, die de twee Amsterdamse studenten in hun element brachten. Zo brak hun kritische stellingname langzaam maar zeker uit de bescherming van het trompe-l'oeil.

Opnieuw ging het hier om een collectief werkstuk dat bestaat bij de gratie van simulatie en taal. Binnen een prototypische maatschappelijke context – opzettelijk geen kunstcontext – vindt een overdracht plaats van denkbeelden. Doordat die denkbeelden zich geheel voegen naar de gekozen structuur moet op de ontvankelijkheid van het publiek een wissel worden getrokken. Het verhaal dat wordt verteld klopt op zichzelf, het is amusant en wordt met verve gebracht. Maar daarmee is het nog niet vrijblijvend. Natasja Boezem, Tilmann Meyer Faje en MOBILIA multi holidays nemen allen een kritisch ecologisch standpunt in, maar hebben duidelijk een hekel aan het treurige en muisgrijze imago van de milieuproblematiek. Door een lichtvoetige, theatrale aanpak bewerkstelligen ze een vergeten graad van verwondering. Ze spreken het kind aan in de volwassene. In Venetië was deze zomer tijdens de Biënnale te zien hoe volwassenen blijmoedig met de reuze zeepbellen meehuppelden, tot het moment dat ze uiteenspatten en rooksierten nalieten. Pippillotti Rist had haar publiek waar ze het altijd hebben wil, in de positie van het verwonderde kind.

In het Park van de Toekomst daarentegen was het teweegbrengen van verwondering niet het doel op zich. Via de verwondering werden we ons spelenderwijs en anders bewust van zaken als verdwenen dieren en beschadigde natuur. Was het onderwerp immers niet de toekomst? Hoe geestig ook gebracht, dat blijft een ernstig gegeven.

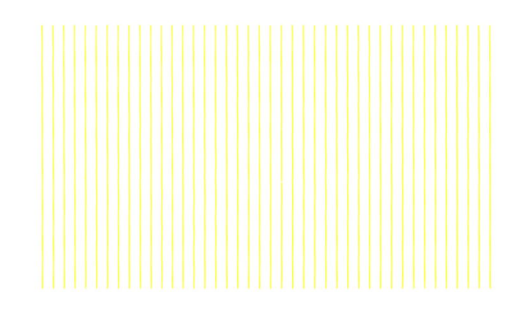

Tineke Reijnders
  is an art historian, critic, exhibition maker and teacher at the
  Gerrit Rietveld Academie.
is kunsthistorica, critica, tentoonstellingsmaker en docent aan
de Gerrit Rietveld Academie.

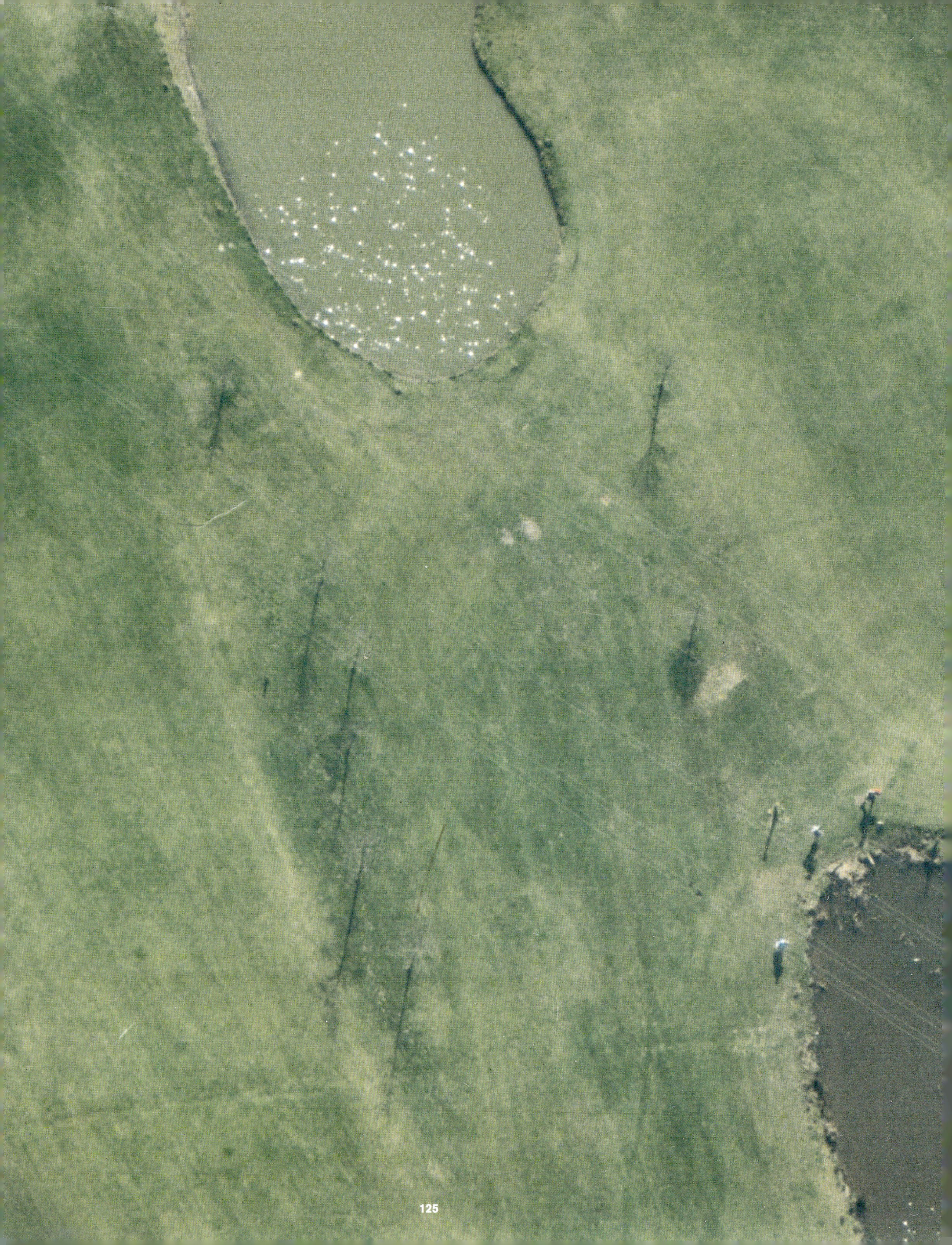

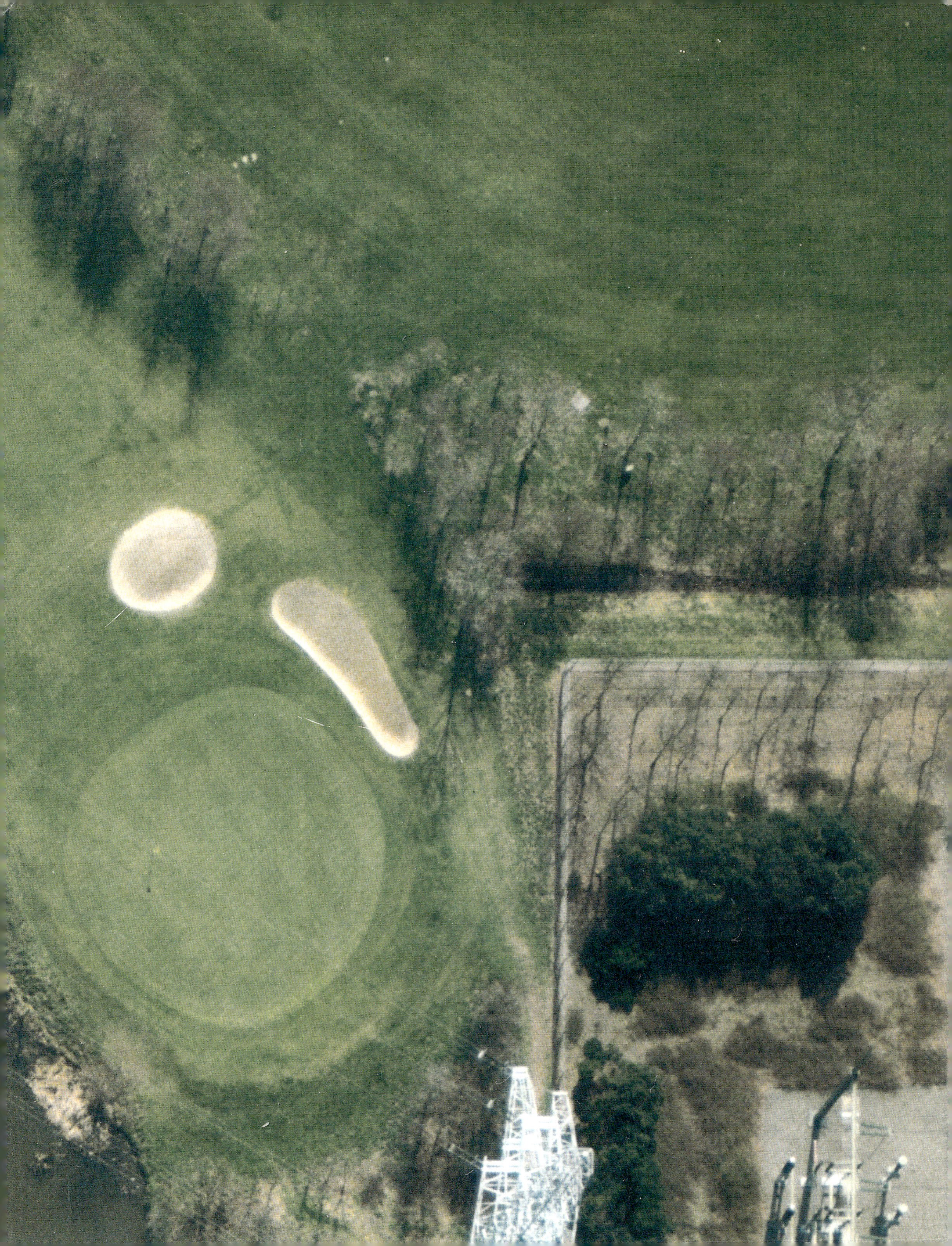

Pauline Terreehorst

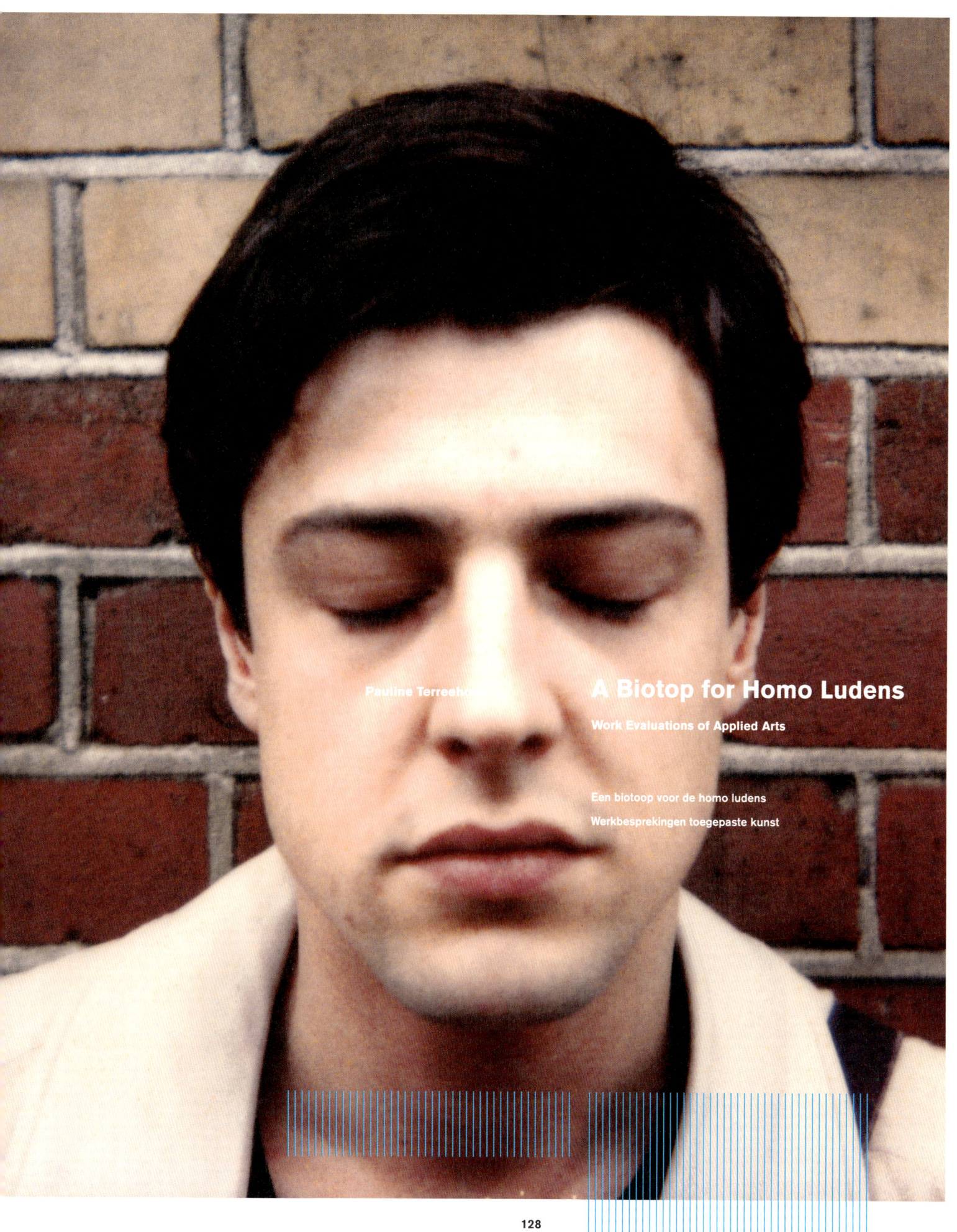

A Biotop for Homo Ludens

Work Evaluations of Applied Arts

Een biotoop voor de homo ludens

Werkbesprekingen toegepaste kunst

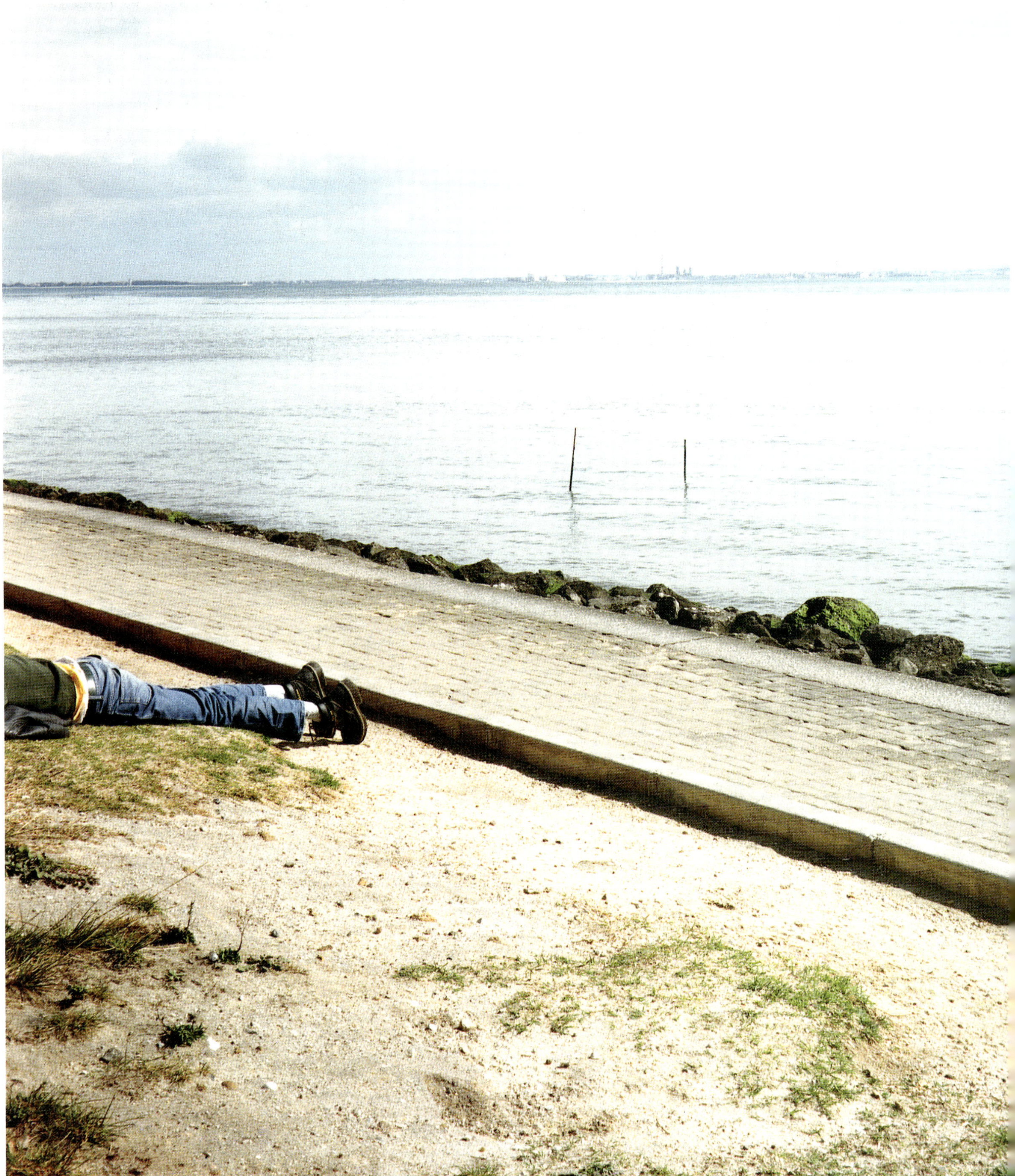

Culture and nature form a classic opposition. Whoever mixes them, as in a park, always investigates boundaries. He impinges upon nature with the elements of that same nature. The designer of a park confronts himself and the public with existing images – of a flower, a tree, a lawn or a pond. Dreams and desires also come into play. The park is a refuge – free from work, free of development. People use a park to take a break – sometimes with an excuse such as letting the dog out, strolling with a child, or running a lap on the training circuit. A park is also sensual – sensory experiences, like hearing the blackbirds or smelling a rose, accompany the visitor every step. Yet he never lets himself be fooled. He knows that this nature has been constructed. His experience is a theatrical one: the «I know, but still» of the movie- or theatregoer who is perfectly aware that the sets have been painted and the actors are not really at each other's throats. Only here, the suppression is even easier to accomplish, for the physical reality of nature, in a new ordering, cannot be denied. And the people too, who play their own role, always show a truly existing element of their lives. For the moment, they are a dog-owner, athlete, lover or saunterer, and play their role in a fleeting eye-contact with anonymous passers-by. But soon they will transform back to the role they play in life outside the park.

> Cultuur en natuur vormen een klassieke tegenstelling. Wie ze vermengt, zoals in een park, onderzoekt altijd grenzen. Hij doet een ingreep in de natuur met de elementen van die natuur. De ontwerper van een park confronteert zichzelf en het publiek met bestaande beelden – over een bloem, een boom, een grasveld of een vijver. Ook zijn er steeds dromen en verlangens in het geding. Het park is een vrijplaats – vrij van werk, vrij van bebouwing. Mensen gebruiken een park om even eruit te zijn – soms met een excuus als het uitlaten van de hond, een wandeling met het kind of een rondje op de trimbaan. Een park is ook altijd sensueel – zintuigelijke ervaringen, zoals het horen van de merels of het ruiken van een roos, begeleiden de bezoeker bij elke stap. Toch laat hij zich nooit foppen. Hij weet dat deze natuur gemaakt is. Wat hij beleeft, is een theatrale ervaring: het «ik weet wel maar toch» van de bezoeker van een film of een toneelstuk die ook wel weet dat de decors geschilderd zijn en de acteurs elkaar niet echt naar het leven staan. Alleen is die verdringing hier nog makkelijker te realiseren, want de fysieke werkelijkheid van de natuur, in een nieuwe schikking, is niet te ontkennen. En ook de mensen, die er hun eigen rol spelen, laten altijd een werkelijk bestaand element van hun leven zien. Ze zijn nu even hondenbezitter, sportman, geliefde of flaneur en spelen hun rol in het vluchtige oogcontact met anonieme voorbijgangers. Straks transformeren ze weer naar de rol die ze innemen in het leven buiten het park.

Did the exhibitors who participated in the Park of the Future take such things into consideration? Sometimes they did, sometimes they didn't – often they treated these themes implicitly. They regularly concentrated on one single aspect of the park, and then gave it an unexpected, spectacularly new content, furthering the conceptual debate on parks. In any event, they were concerned with the form more than with the users.

Even during a first round past the participants contributing in the category of Applied Arts, it was apparent that nobody had taken the park theme literally. Many used it as a metaphor for something else. Nature in its bare, physical form was almost nowhere to be seen, perhaps because many had sought or been allotted a place indoors, in the old factory halls of the Westergasfabriek grounds. But maybe the explanation is simpler. The age of most of the artists participating in the Park of the Future lay roughly between twenty and twenty-five – and that normally just isn't an age at which one is especially interested in nature. One is more oriented towards the city, or the urbanized environment. The appreciation of nature often comes later.

The concept 'park', however, was analysed by the participants in all its facets – the sheer number of people and the variety of disciplines involved guaranteeing a great wealth of ideas. The visitor was confronted with this just like during a walk through a park: unexpectedly, seeking his way through the abundance of impressions.

> Hebben de exposanten die deelnamen aan het Park van de Toekomst dit soort overwegingen gehad? Soms wel, soms niet – vaak behandelden ze deze thema's impliciet. Ze richtten zich regelmatig op een enkel aspect van het park, en gaven dat dan een onverwachte, spectaculair nieuwe inhoud die de conceptuele discussie over het park verder hielp. Ze bogen zich in ieder geval vaker over de vorm dan over de gebruikers. Al bij een eerste rondgang langs de deelnemers die een bijdragen leverden in de categorie Toegepaste Kunst viel op dat niemand het park letterlijk als uitgangspunt had genomen. Velen gebruikten het als een metafoor voor iets anders. Natuur in zijn naakte, fysieke vorm was vrijwel nergens te vinden. Wellicht kwam dat omdat velen binnen, in de oude fabriekloodsen van het Westergasfabriekterrein een plaats hadden gezocht – of gekregen. Maar misschien is de verklaring wel simpler. De leeftijd van de meeste kunstenaars die deelnamen aan het Park van de Toekomst lag ruwweg tussen de twintig en vijfentwintig jaar – en dat is nu eenmaal geen leeftijd waarop je in de regel bijzonder in natuur bent geïnteresseerd. Je richt je meer op de stad, op de bebouwde omgeving. De waardering voor natuur komt vaak later. Het concept 'park' werd echter wel in al zijn facetten geanalyseerd door de deelnemers – alleen al het aantal mensen dat zich erover boog, en de variëteit in disciplines garandeerde een grote rijkdom aan ideeën. De bezoeker werd ermee geconfronteerd als tijdens een wandeling door een park: onverhoeds, zijn weg zoekend in de veelheid van indrukken.

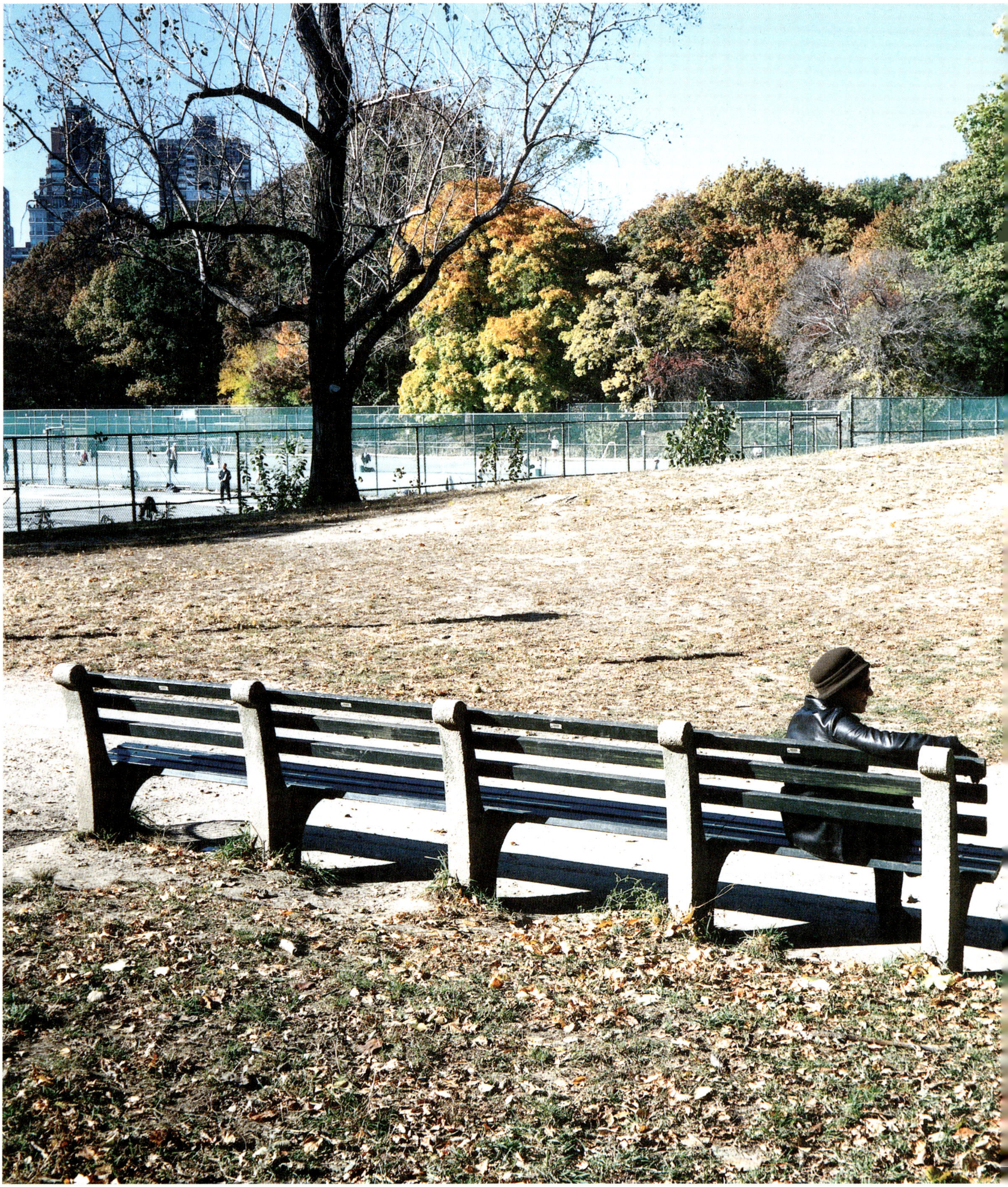

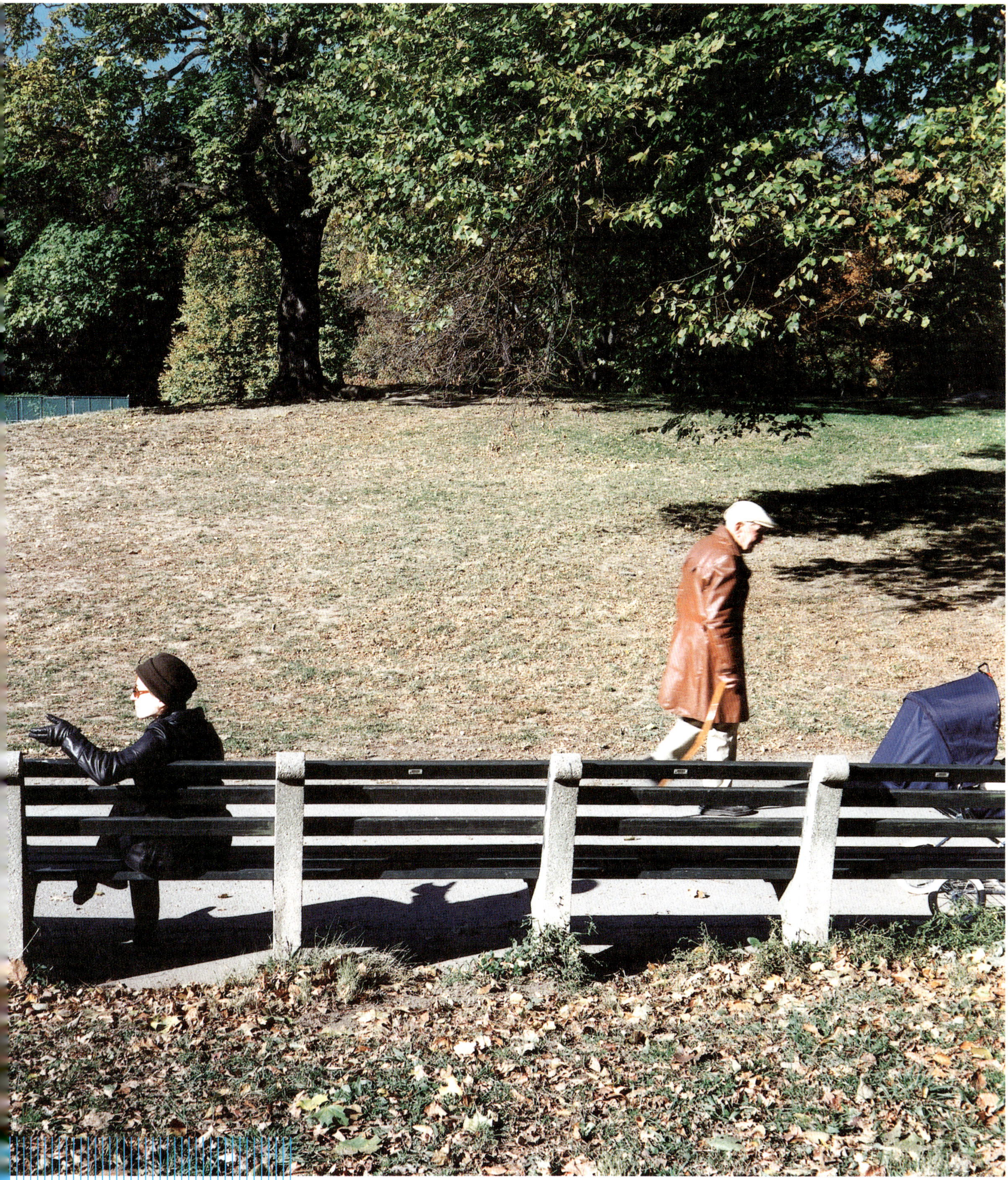

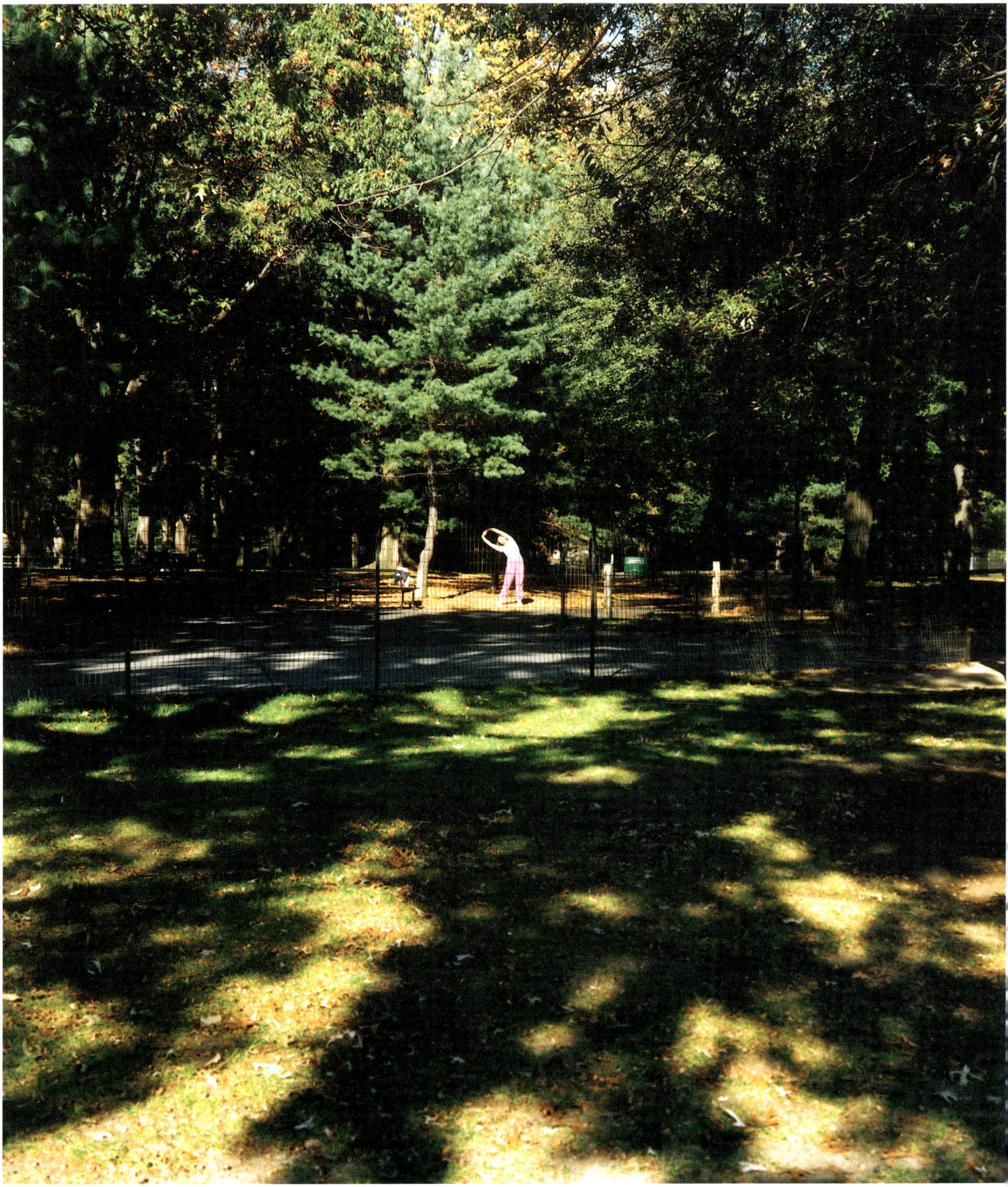

Photography, Graphic Design and Installations

Here, a striking amount of attention was given to sub-features of the park experience. Claire van der Plas of the Amsterdam Sandberg Instituut, looked into the theme 'people watching'. By analogy with bird-watchers, she characterized the passers-by in a video-slide presentation, based on external features, and classified them – the more people she added, the more refined the classification became.

More commercial was a series of photographs that could form an alternative advertising campaign for urban green. With Urban Green (and with the slogan: Concrete is not what Mother Earth intended), a plea was made for grass in the underground or as covering for pavements in the city. The strong visualisation of the separate images by Nguyen Thu, Shane-Alexis Humphrey and others of the School of Visual Arts in New York, according to the first commentaries, did not however form a unity making a strong statement.

Fotografie, grafische vormgeving en installaties

Opvallend veel aandacht was hier voor deelaspecten van de parkervaring. Claire van der Plas van het Amsterdamse Sandberg Instituut bijvoorbeeld ging in op het thema 'mensen kijken'. Naar analogie van de 'vogelaars' typeerde ze in een video-diapresentatie voorbijgangers aan de hand van uiterlijke kenmerken, en deelde ze in – hoe meer mensen ze zou toevoegen hoe verfijnder de indeling zou worden.

Commerciëler was een serie foto's die een alternatieve reclamecampagne zou kunnen vormen voor stedelijke groen. Met Urban Green (en onder het motto: Concrete is not what Mother Earth intended) hield men een pleidooi voor gras in de metro of als bedekking voor het trottoir in de stad. De sterke visualisatie van de afzonderlijke beelden van Nguyen Thu, Shane-Alexis Humphrey en anderen van de School of Visual Arts in New York, leverde volgens de eerste commentaren echter geen geheel op met een krachtig statement.

Ook grafische vormgeving, maar van een geheel andere orde was het project van Jennifer Gibson, eveneens uit New York. Zij zag het park vooral als een ontmoetingsplaats – althans, ze wilde de anonieme passanten een voorwendsel geven om met elkaar in gesprek te komen. Ze verdeelde het schilderij 'het Gesprek' van Anton Rooskens (1975) in een groot aantal puzzelstukjes. Op elk van de stukjes staat precies aangegeven waar ze bevestigd moeten worden op een lege wand. Hoe meer mensen deelnemen, des te sneller is het beeld compleet.

In een project van de Virginian Commonwealth University boog men zich over de al bestaande, vaste routes in een park, de aanduidingen waardoor iedereen moeiteloos het restaurant of de speelvijver kan vinden. In een aardige omkering bedacht men tekens om de weg juist kwijt te raken. Maar niet in elk park kun je lopen en anderen ontmoeten.

More graphic design, but of an entirely different nature, was the project by Jennifer Gibson from New York. She saw the park especially as a meeting place – at least, she wanted to provide anonymous passers-by with a pretext to strike up a conversation with one another. She cut the painting 'The Conversation' by Anton Rooskens (1975) into a large number of puzzle pieces. On every piece there is an indication exactly where it is to be fastened onto an empty wall. The more people that participate, the faster the image is completed.

A project by the Virginian Commonwealth University looked into the existing, fixed routes in a park, the signs enabling everybody to find the restaurant or the pond with the greatest of ease. In a nice turnaround, signs were devised to lose one's way.

But not all parks allow you to stroll or to meet others. Some parks are only to be looked at, such as the Japanese garden by Sudou Daisuke, Yuki Hashimoto and Natsuki Hamamoto of the Hokkaido College of Art and Design, Japan. Here there was a rather disorderly hill – not a miniature of Mount Fuji, but more a refuse heap: order versus chaos – in the garden anything can be found, and every opposition can be combined.

More functional for the future use of a park was the visualization of an artificial ski run populated by old men.

The only one to look into the class aspect of park visitors was Siv So Hee Steina, student of the Oslo National College of the Arts. She made a pink tent for a nomad, a tramp, which could be placed anywhere. Her work prompted politically correct reactions from visiting academy directors. In wartime – during the Park of the Future the Kosovo war between Nato and Yugoslavia was raging – we don't make jokes about tents.

Sommige parken zijn alleen om naar te kijken, zoals de Japanse tuin van Sudou Daisuke, Yuki Hashimoto en Natsuki Hamamoto van het Hokkaido College of Art and Design in Japan. Hier stond een nogal wanordelijke heuvel – geen miniatuur Mount Fuji, maar eerder een afvalberg: orde versus chaos – in de tuin is alles te vinden, en elke tegenstelling is er te combineren.

Functioneler voor het toekomstige gebruik van een park was de visualisatie van een kunst-skipiste die werd bevolkt door oude mannen.

De enige die zich richtte op het klasse-aspect van bezoekers van een park was Siv So Hee Steina van het National College of the Arts in Oslo. Ze maakte een roze tent voor een nomade, een zwerver, die overal te plaatsen zou zijn. Het kwam haar op politiek correcte reacties te staan van bezoekende academie-directeuren. In oorlogstijd – ten tijde van het Park van de Toekomst woedde de oorlog van de NAVO tegen Joegoslavië om Kosovo – maken wij geen grappen over tenten.

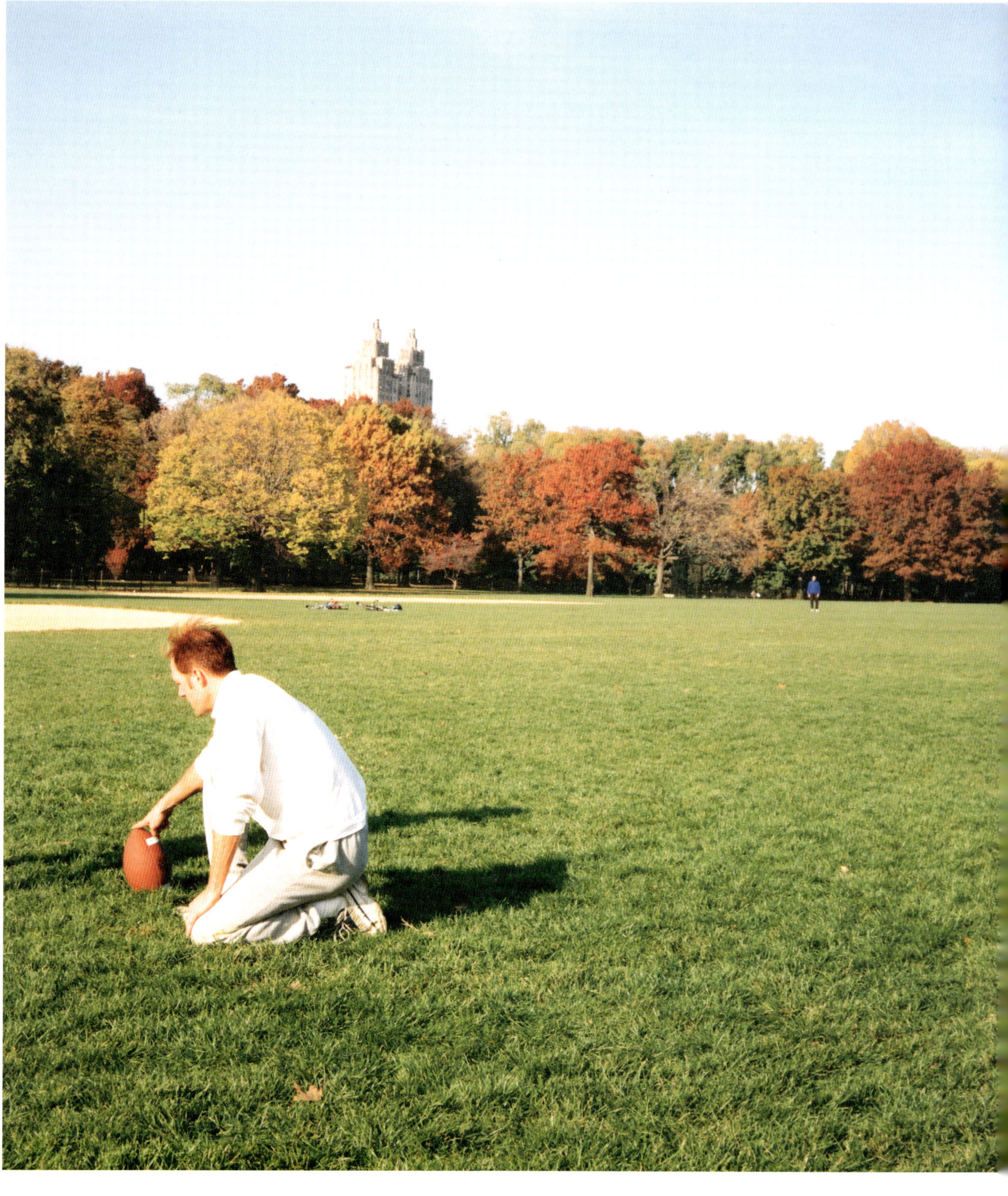

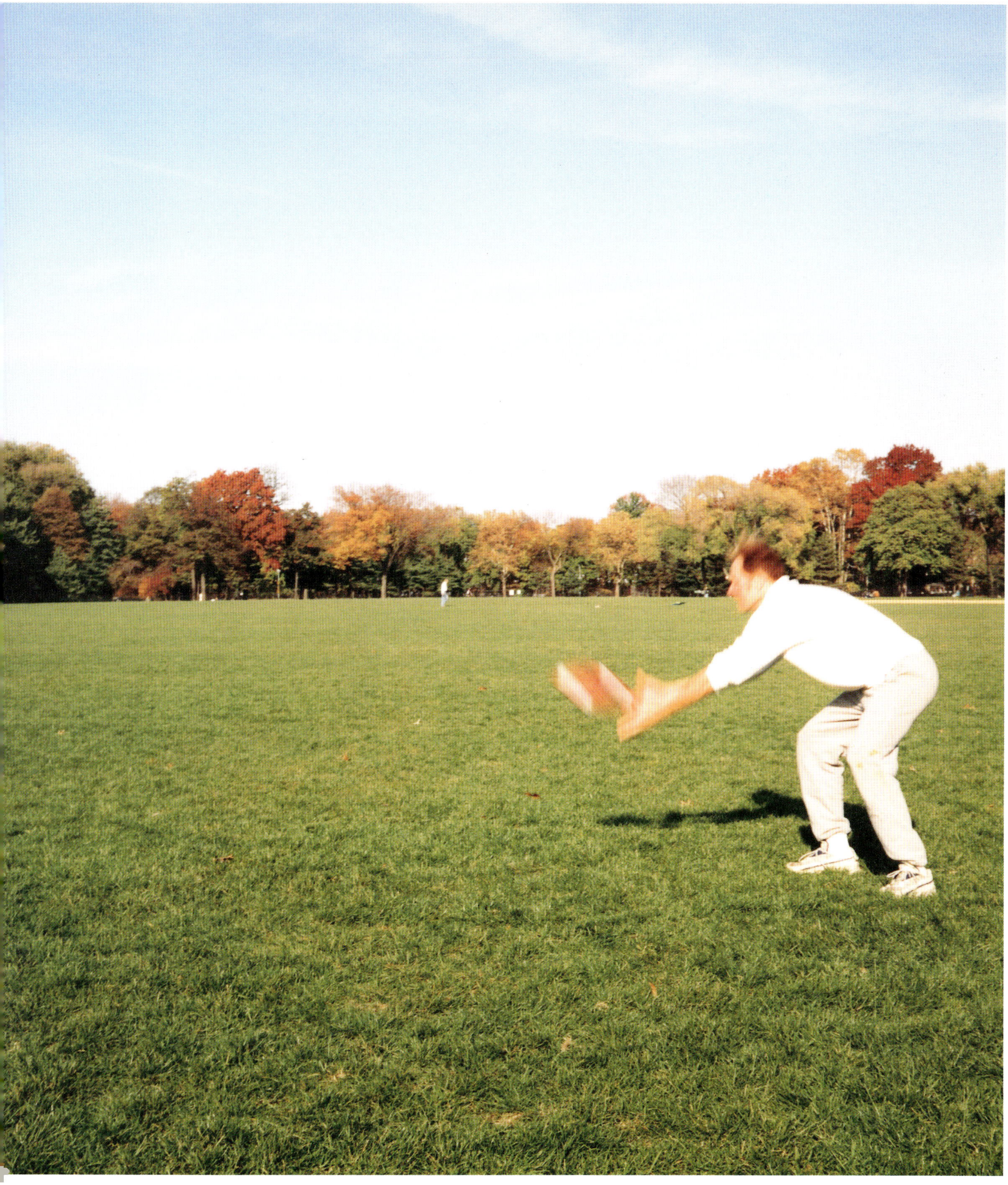

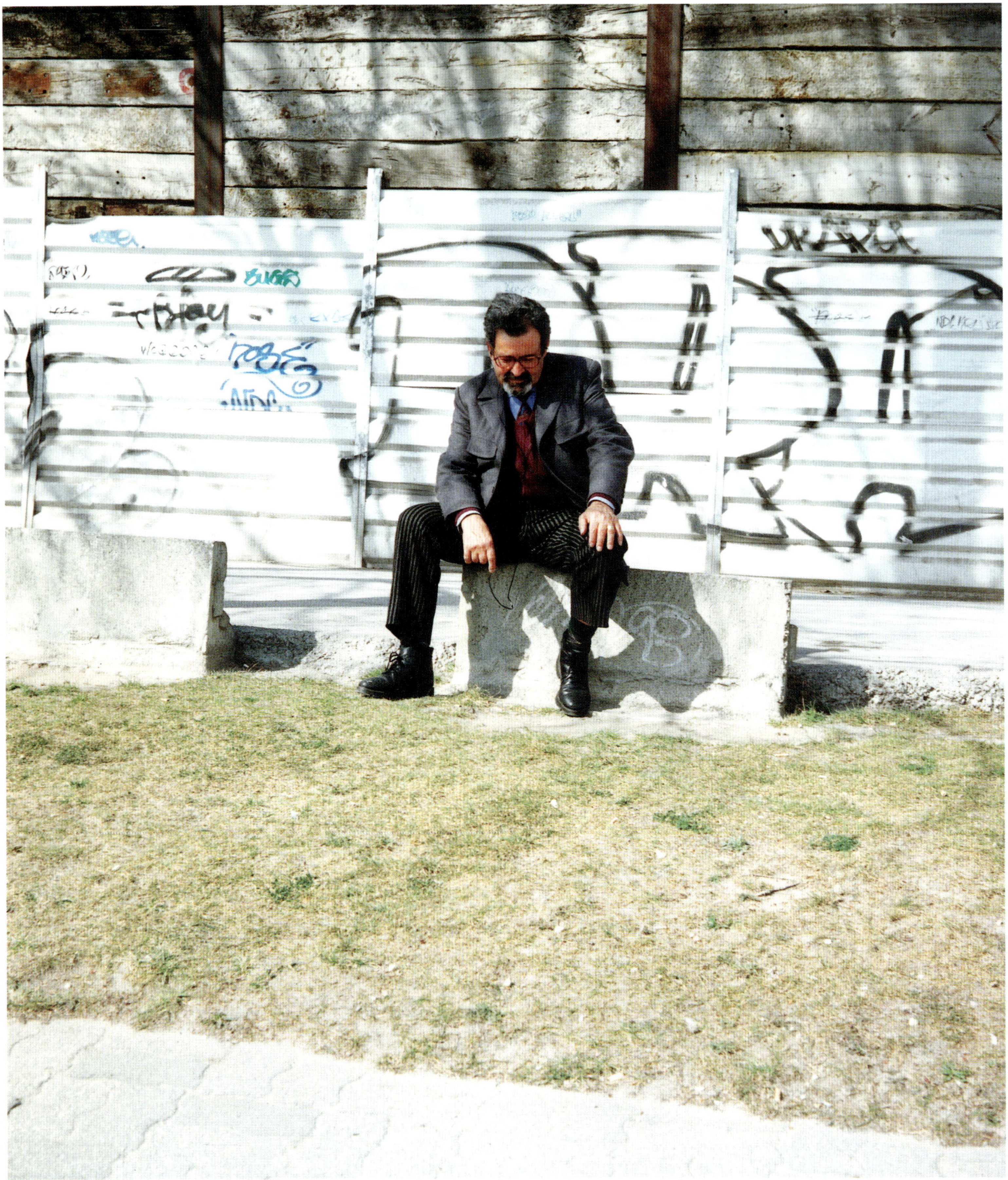

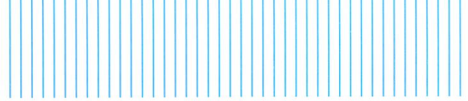

Architecture and Audio-visual

The contributions by students of architecture were of a wholly different nature. They were more practical, more direct: they sometimes designed whole cities, with park-like structures, or changed elements that were now disturbing into the far more pleasant surroundings of a park. For example by letting trees grow on a parking garage. Someone else made a city into a holiday paradise by suspending pathways high up between apartment buildings, and fastening slides onto them. In this park city, the shopping mall is underground, or concealed by a park on its roof. The |shopping mall as tree-house| seemed an option.

Nature came near by offering the opportunity of a special walk: via a metres-high bamboo park on a roof, or over a grass path instead of a stone pavement, that seemed feasible thanks to the use of suspended steel grids through which the grass could grow. In an other contribution, this approach was radicalized by turning the pavement that functionally connects A to B into an attraction. There was a path leading through a greenhouse, where everybody could pick fruit and vegetables. Another path led through a chicken run. Most surprising were the paths made of pebbles that changed colour according to the weather: they were pink in rain, and glowed in the dark – to put the passer-by into a good mood, with the motto |life is a survival trip and you have to turn it into a game|. Instead of a Park of the Future, it thus also became a Park of the Fairy Tale.

Architectuur en audiovisueel

Van een geheel andere orde waren bijdragen van architectuur-studenten. Ze waren praktischer, directer: ontwierpen soms hele steden, met parkachtige structuren, of veranderden nu storende elementen in de veel aangenamere omgeving van een park. Bijvoorbeeld door een parkeergarage te laten begroeien met bomen. Een ander maakte van de stad een vakantieparadijs door hoge, hangende wandelpaden aan te brengen tussen torenflats, en bevestigde daar glijbanen tegenaan. In deze park-stad is het winkelcentrum ondergronds gebracht, dan wel verhuld door een park op het dak. Het |winkelcentrum als boomhut| leek een optie.

De natuur kwam dichtbij door de mogelijkheid te bieden een bijzondere wandeling te maken: via een metershoog bamboepark op een dak, of over een graspad in plaats van een stenen trottoir, dat realiseerbaar leek, doordat er zwevende stalen roosters waren gebruikt waar het gras doorheen stak. In een andere bijdrage werd deze aanpak geradicaliseerd door van een trottoir, dat punt A en B functioneel verbindt, een attractie te maken. Er was een pad dat door een groentekas liep, waar iedereen vrij fruit en groenten mocht plukken. Een ander pad liep door een kippenren. Meest verrassend waren de paden gemaakt van kiezelstenen die met het weer mee verkleurden: ze werden roze bij regen en gaven licht in het donker – om de voorbijganger vrolijk te stemmen, onder het motto |Het leven is een survival-tocht en je moet er een spel van maken|. In plaats van een |Park of the Future| werd het zo ook nog een |Park of the Fairy Tale|.

The most radical was a contribution in which the whole city underwent a metamorphosis as park. Light patterns and |swimming paths| as a replacement for a bicycle path aimed to give the city a new, playful dimension. The city was interpreted as a great amusement park with the street as an obstacle course. We ought to better appreciate the |detours| in the city. In addition, parks were depicted as an |illustrated| walk, as a vertical spiral, a tree structure actually, hanging full of park signs. Here too, there were pictograms with which to find, or else lose your way. Again and again, highrise appeared to lend itself to park development.

A number of participants took the location of the Westergasfabriek itself as their point of departure, commenting on the highly polluted old industrial area, and consequently letting people in protective white clothing walk around (such as the students of the Ecole Supérieure d'Art Visuel in Geneva).

Het meest radicaal was de bijdrage waarin de hele stad een metamorfose als park onderging. Lichtpatronen en |zwempaden| als vervanging voor het fietspad moeten de stad een nieuwe speelse dimensie geven. De stad werd opgevat als een groot pretpark met de straat als hindernisbaan. We zouden juist de omwegen in de steden meer moeten gaan waarderen. Parken werden verder verbeeld als |getekende| wandeling, als verticale spiraal, een boomstructuur eigenlijk, die volgehangen was met |park| tekens.

Pictogrammen om je weg te vinden, of juist kwijt te raken, kwamen ook hier weer voor. Steeds weer bleek hoogbouw zich voor parkaanleg te lenen.

Een aantal had de lokatie van de Westergasfabriek zelf als uitgangspunt genomen. Men becommentarieerde het zwaar vervuilde oude industrieterrein, en lieten daarom mensen in witte beschermende kleding rondlopen (zoals leerlingen van de Ecole Supérieure d'Art Visuel in Genève).

De meeste studenten audiovisueel lieten het echte park voor wat het was en maakten in een verduisterde ruimte een artificieel park, met bloemen van papier, parfum voor hun geur en park-projecties. Golbarg Zolfaghari en Franziska van Nguyen van de Academie Minerva maakten een dromerig beeld en tegelijkertijd een monument, een tombe, waar je alleen in eerbied naar kijken kunt en nauwelijks rond kunt lopen zonder de bloemen te beschadigen. Hun park was een ode aan de vergankelijkheid – die echter niet door iedereen gelijkelijk werd gewaardeerd.

Heel anders lag dat bij het Instant Park van Peter van de Kuur en Esther Kokmeijer van de academie uit Kampen. Hun eigentijdse park had niet concreter kunnen zijn. Het sloot aan bij de flexibiliteit en fragmentering van het maatschappelijk leven en bestond uit een aantal onderdelen, modules: een aantal rollen gras, een zak schelpen en een geluidsband met het gesnater van eenden. De beschouwers waardeerden dat hier geen neo-romantiek werd bedreven. Het park werd als uitgangspunt geaccepteerd, het was een verdediging van het |park-nu| met zuiver fysieke middelen. Ironisch en tegelijk betrokken vond men dit een van de belangrijkste bijdragen aan het Park van de Toekomst, waarin men een veractschap met Joseph Beuys ontdekte.

Most audiovisual students left the real park as it was and created an artificial park in a darkened room, with paper flowers, perfume for their scent and park-projections.

Golbarg Zolfaghari and Franziska van Nguyen of the Academie Minerva made a dreamy picture and at the same time a monument, a tomb, in which you could look only with reverence and could hardly walk around without damaging the flowers. Their park was an ode to transience – which however was not always equally appreciated.

This was different for the Instant Park by Peter van der Kunst and Esther Kokmeijer of the academy in Kampen. Their contemporary park couldn't have been more tangible, tying in with the flexibility and fragmentation of modern society and consisting of a number of parts, modules: a number of grass sods, a bag of shells and a tape-recording of quacking ducks. Observers appreciated that this was no neo-Romanticism. The park was accepted as point of departure, it was a defence of the 'park-now', with strictly physical elements. Ironic and at the same time involved, it was considered one of the most important contributions to the Park of the Future, and was found to be reminiscent of Joseph Beuys.

Time and again during the Park of the Future, the step from physical reality to a virtual environment appeared to be a small one. The Schule für Gestaltung made a multi-media presentation based on the social dimension of a park. Who do you meet there? And how will the visitors speak to one another? In a lot of bad English, was their idea, hence their plea for an area with room for authenticity: for the own language of all Europeans, starting with the four languages spoken in their native country Switzerland. 'Europe' was their park of the future. To depict this, they used images of the Swiss landscape. The computer-guided soundtrack influenced the constantly changing images, together forming a special environment. The choice of hardly noteworthy images did make the beauty somewhat noncommittal (a tourist office commercial). In addition, the plea for authenticity – and ultimately nationalism – was criticized.

A simpler, but in its simplicity perfectly executed idea came from Jantien de Wilde of the Academie Minerva in Groningen. She removed the middle of a dinner plate, the edge of which was decorated with plant motifs. In the free centre she mounted a video image of a naked woman. In so doing, she pointed out a special aspect of the park: watching and being watched by strangers, which is always related to voyeurism. Sex in the park was scarce.

Van de fysieke realiteit naar de virtuele omgeving bleek steeds een kleine stap tijdens het Park van de Toekomst. De Schule für Gestaltung maakte een multimedia-presentatie met als uitgangspunt de sociale dimensie van een park. Wie kom je er tegen? En hoe zullen de bezoekers met elkaar spreken. Veel slecht Engels, was hun idee, vandaar hun pleidooi voor een gebied waar plaats zou zijn voor authenticiteit: voor de eigen talen van alle Europeanen, om te beginnen de vier talen die in hun geboorteland Zwitserland worden gesproken. 'Europa' was hun park van de toekomst. Om dit te verbeelden gebruikten ze beelden van het Zwitserse landschap. De computergestuurde geluidsband beïnvloedde de constant veranderende beelden die met elkaar een bijzonder environment opleverde. De keuze van de weinig opzienbarende beelden maakten de schoonheid ook wel wat vrijblijvend (een VVV-commercial). Daarnaast werd het pleidooi voor authenticiteit – en uiteindelijk nationalisme – kritisch becommentarieerd.

Een simpeler, maar in zijn eenvoud perfect uitgevoerd idee had Jantien de Wilde van de Academie Minverva uit Groningen. Ze verwijderde het midden van een dinerbord, waarvan de rand versierd was met plantmotieven. In het vrijgekomen centrum monteerde ze een videobeeld van een naakte vrouw. Ze wees daarmee op een bijzonder aspect van het park: het kijken en bekeken worden van vreemden, dat altijd een relatie heeft met voyeurisme. Seks in het park was schaars.

Design

De design-studenten hadden zich geconcentreerd op een groot aantal deelaspecten van de parkervaring, zoals geur of zuurstof. Kim van Leuken van de Design Academy in Eindhoven maakte een T-shirt met draagbare zuurstof: plantzaden die met behulp van regenwater uitbundig zullen groeien. «Geniet van wat er al is» was de boodschap. Tot dezelfde categorie hoorde een hangmat, waarin ook al tussen de stoflagen zaden ontkiemden.

Joost van Bleiswijk eveneens van de Design Academy maakte een simpele parkstoel, gemaakt van boombast dat hij verstevigde met polyester. De stoel, als object te plaatsen in een park, zou vanzelf gedeeltelijk vergaan, en zo de vergankelijkheid aangeven van natuur.

Malin Lindmark van de organiserende Gerrit Rietveld Academie maakte een installatie die veel indruk maakte. Ze was de enige die nadrukkelijk aangaf dat het park ook een seksuele plaats is. Ze liet afbeeldingen zien van een vrouw met haar hond en deed onderzoek naar diverse geuren die voor een grote aantrekkingskracht konden zorgen in de natuurlijke omgeving van het park. «Feel, see, hear, smell and enjoy the park» was haar motto.

Het park werd ook veel gezien als ervaring, een mentaliteit die je mee zou kunnen nemen. Dat het park daar tegenover ook geconstrueerde natuur is, waar kunstmatige omgevingen voor nieuwe ruimtes zorgen, leek de achtergrond van een bijzonder project van Ph. A. Walz, die zichzelf omschreef als neurentologist. Met verdroogde appels als uitgangspunt maakte ze op hersenhelften gelijkende objecten, die het beeld opriepen van vitrines in musea voor natuurlijke historie.

De natuur kan bewaard en bekeken worden in een geconcentreerde vorm. Niet alleen wanneer het historie is, maar ook als vorm van verbeelding. Een van de aardigste vondsten waren in dit kader conserven, met het opschrift PARK in hetzelfde lettertype als het bekende conservenmerk HAK, en presse papiers waarin zich miniatuur-parken bevonden.

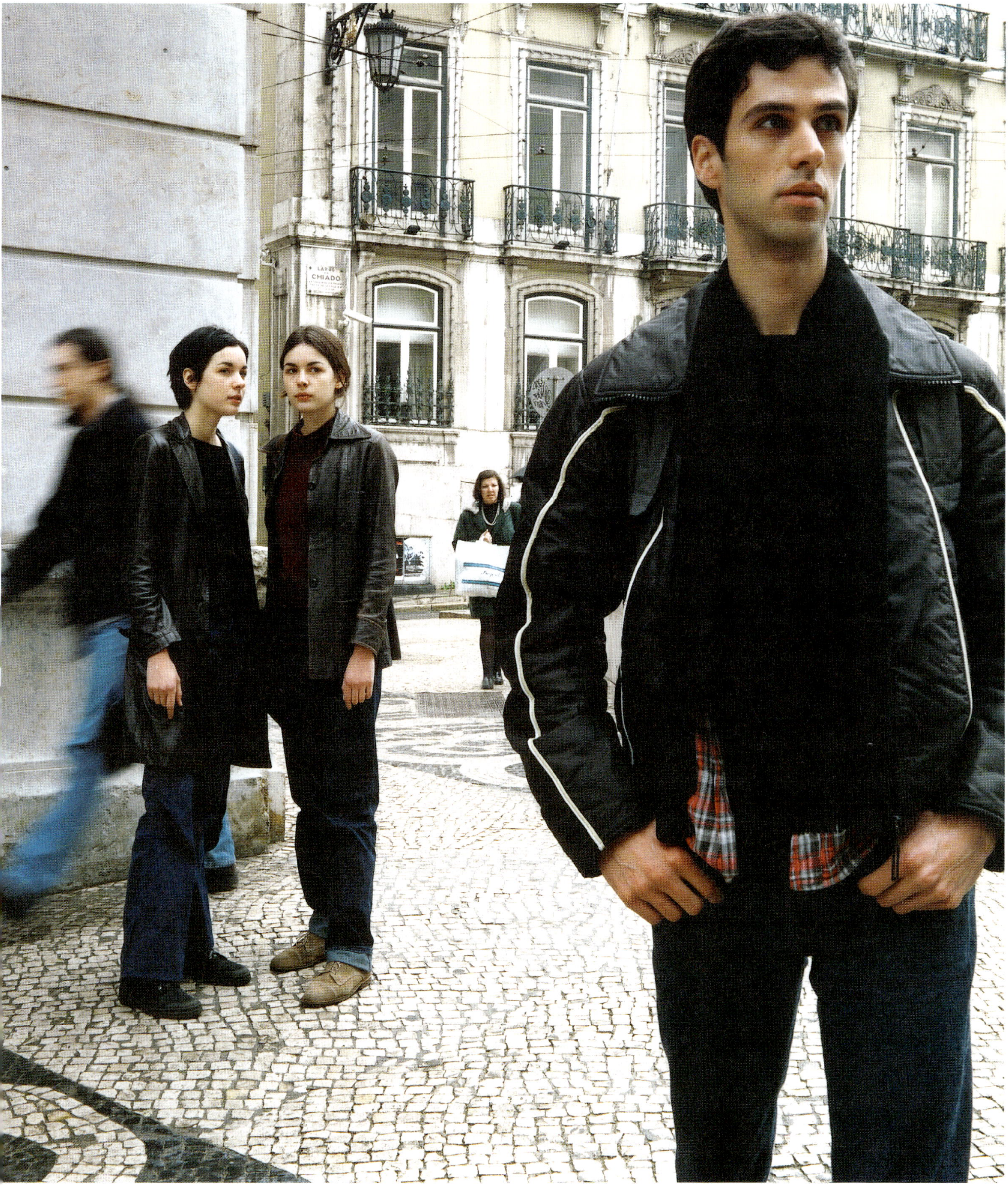
CHIADO

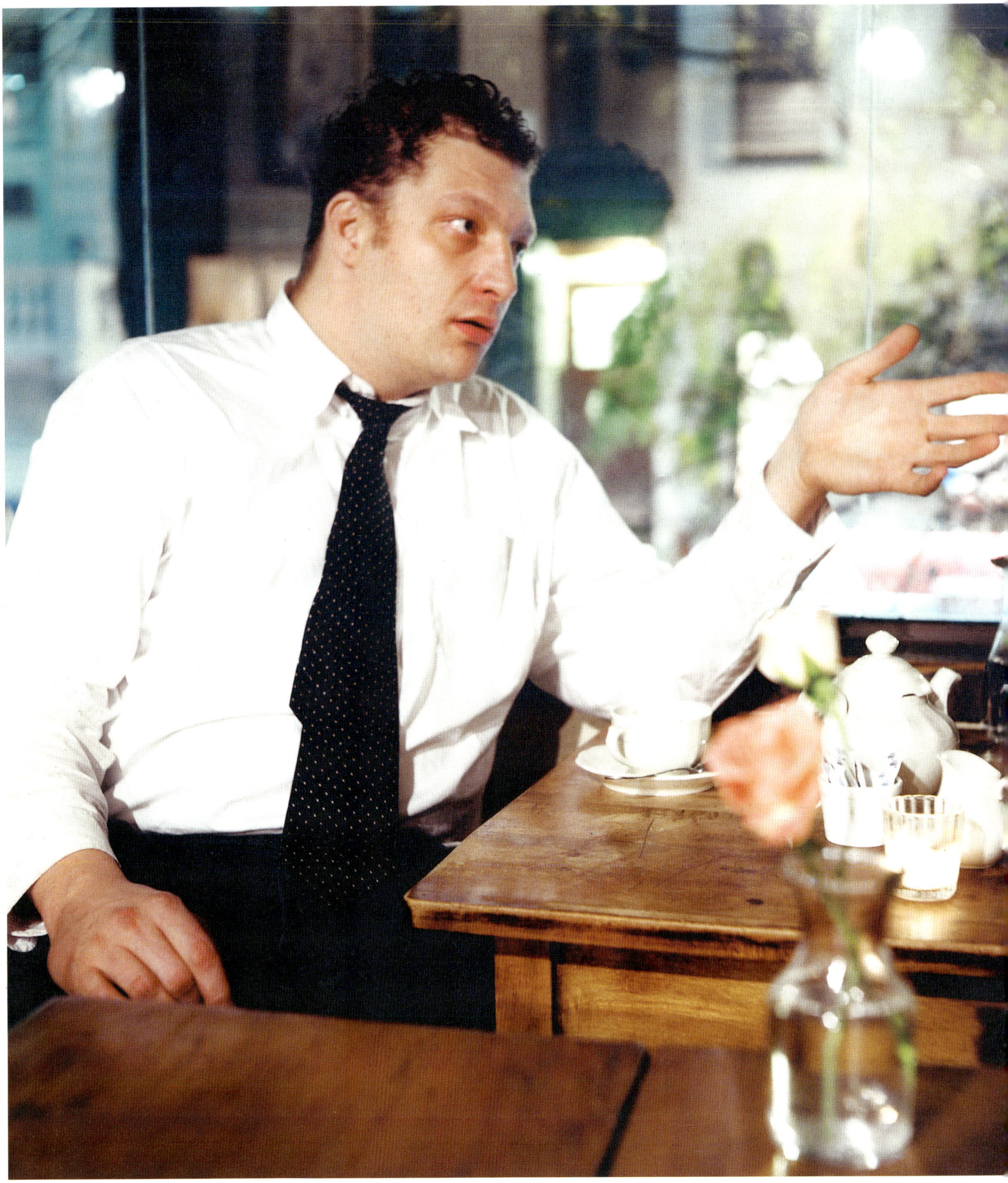

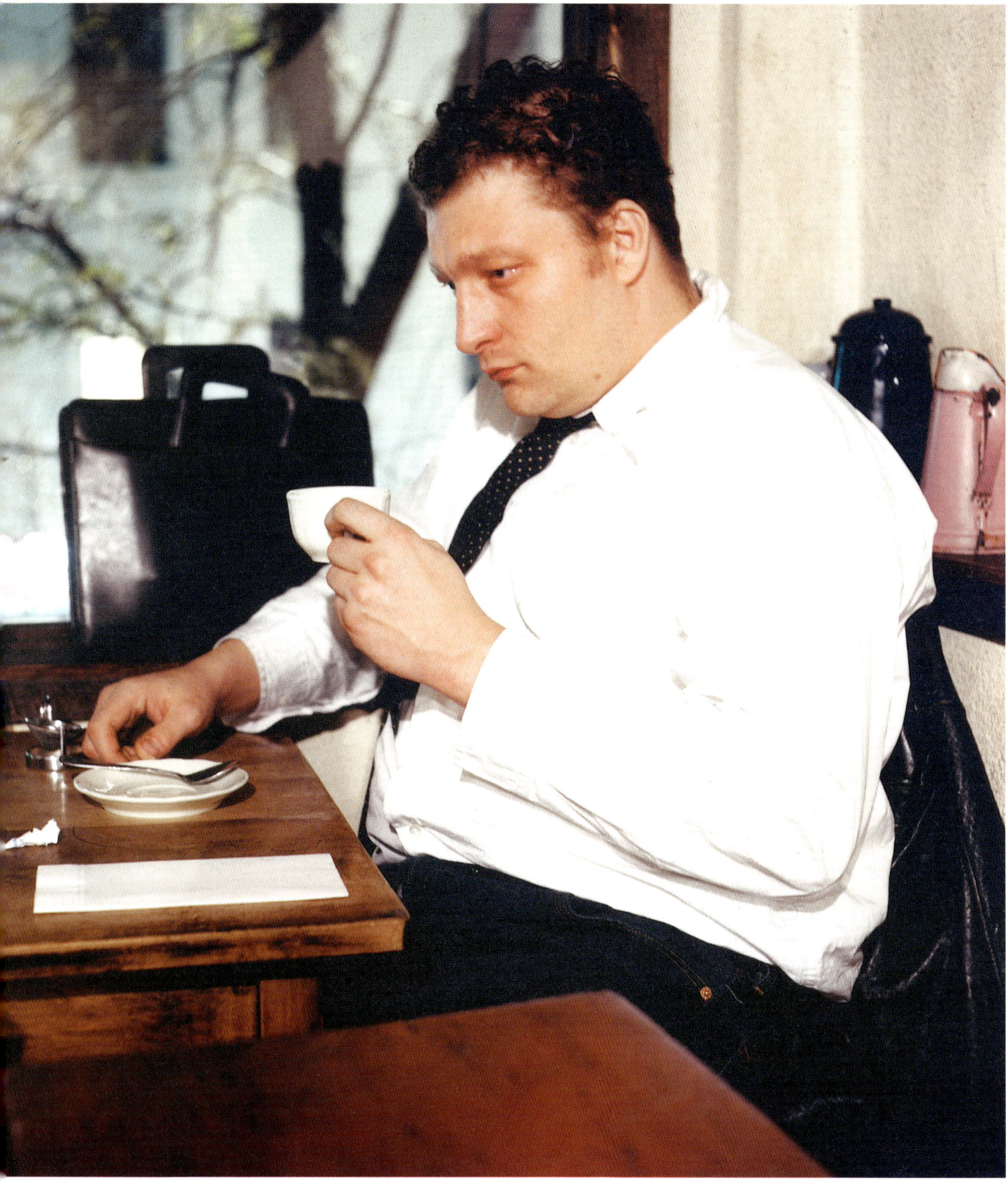

Design

Students of design concentrated on a large number of sub-features of the park experience, such as smell, or oxygen. Wim van Leuken from the Design Academy in Eindhoven made a T-shirt with portable oxygen: plant seeds which would grow abundantly with the help of rain water. 'Enjoy what is already there' was the message. Belonging in the same category was a hammock, again with seeds sprouting between all the layers of material.

Joost van Bleiswijk, also from Eindhoven, made a simple park chair, made of tree bark reinforced with polyester. The chair, to be placed as an object in a park, would decompose partially, and thus indicate the transience of nature.

Malin Lindmarck of the organizing Gerrit Rietveld Academie made an installation that made quite an impression. She was the only one to indicate emphatically that the park is also a sexual place. She showed pictures of a woman with her dog and investigated various scents that could hold a great attraction in the natural setting of the park. «Feel, see, hear, smell and enjoy the park» was her motto. The park was also often seen as an experience, as a mentality that you could take with you.

That the park on the other hand is also constructed nature, in which artificial surroundings open up new spaces, seemed to be the background of a noteworthy project by Ph. A. Walz, who described himself as neurentologist. Using dried apples, he made objects resembling brain hemispheres, evoking the image of showcases in museums of natural history.

Nature can be preserved and observed in a concentrated form. Not only when it is history, but also as a form of imagination. One of the nicest ideas in this regard were conserves, bearing the label PARK in the same lettering as the well-known brand HAK, and paperweights containing miniature parks.

Mode en keramische vormgeving

Het park is bij uitstek een plaats om te zien en gezien te worden, om via de tekens van kleding te communiceren met vreemden. Dat uitgangspunt bleek echter weinigen aan te spreken. Ze concentreerden zich op een modeshow die uitgroeide tot een evenement – waarvoor een park tenslotte ook het goede kader vormt. Modellen stonden achterop motoren, bereden door een plaatselijke motorclub, en showden zo kleding die eerder paste in een disco dan in een rozentuin. Maar misschien is de disco ook wel de hedendaagse vertaling van het ooit zo subversieve park.

Het park is een plaats voor veelsoortige ervaringen. Dat sluit aan bij zijn geschiedenis. Het park ontstond ooit als 'vervanging' van de stad toen Engelse grootgrondbezitters zich terugtrokken op hun landgoederen om daar in – politieke – vrijheid te leven. Amusement heeft er vanaf het begin deel van uitgemaakt. We danken er onze huidige pretparken aan. Dat er dus enige vorm van amusement ontworpen zou worden voor het Park van de Toekomst lag voor de hand. De communicatie-spelletjes, die al eerder ter sprake kwamen, zijn er een voorbeeld van.

Fashion and Ceramic Design

The park is pre-eminently a place to see and be seen. To communicate with strangers via the signals of clothing. This theme did not seem to appeal to very many participants. They concentrated on a fashion show that grew into a happening – for which after all, a park also forms the right setting. Models stood on the back of motorcycles, ridden by a local motorcycle club, showing clothing better suited for a disco than for a rose garden. But then again, maybe the disco is the contemporary translation of the park that was once so subversive.

The park is a place for multifarious experiences. This is connected to its history. Parks once came into being as a 'substitute' for the city, when English landowners withdrew to their country estates to live in political freedom. Amusement played a part from the very beginning, to which we owe our contemporary amusement parks. It was not surprising that some form of amusement would be designed for the Park of the Future. The communication games, discussed earlier, were an example.

Een bijzondere bijdrage leverden echter de keramisten. Op het terrein van de Westergasfabriek kozen ze voor een opvallende plaats voor hun presentatie: het gebied rond een oude, onttakelde, met water gevulde gashouder, die in de loop van de tijd is veranderd in een bijzondere vijver, en rondom dichtgroeide met struiken en bomen. Daar plaatsten ze hun objecten: in bomen, tussen het gras, half verscholen in het groen. De voorbijganger wordt geïntrigeerd: door bijzondere geluiden, kleuren en vormen die een 'andere' aanwezigheid verraden. Door de studenten werd gebruik gemaakt van de speciale klank die keramiek voort kan brengen. Silke Wolter verwerkte in haar geluidssculptuur een tape van het fabricageproces met zijn slurpende en zuigende geluiden. Anderen richtten zich op de mogelijkheden van kleur en vorm. Ze maakten een meditatieplaats, zoals Anna Volkoya met een veel kleurig tegeltableau, of ze creëerden een onverwachte confrontatie met diervormen, zoals Paula Verstegen, die een persoonlijke herinnering aan een knuffelbeest vertaalde naar een bijzondere diereninstallatie in het gras. Ook de telefoonboom van Tadaaki Narita, een boom waarin tientallen keramische telefoon hoorns bewogen in de wind, van veraf zichtbaar voor het langsrijdende verkeer, nodigde uit om zo'n hoorn tegen je oor te houden en even rustig te luisteren – naar het ruisen van de zee. Een vorm van contemplatie die in schril contrast stond met het keramische nachtmerrie-park van Halim Al-Karim uit Irak net als de anderen afkomstig van de Gerrit Rietveld Academie. Hij verbeeldde binnen enkele vierkante meters alle demonen die hem wakend en slapen achtervolgen sinds hij zijn getroubleerde land verliet.

But a very special contribution was made by the ceramic artists. On the grounds of the Wester Gasworks they chose a striking place for their presentation: the area around an old, dismantled gas holder filled with water, which in the course of time has changed into a pond, closed in by shrubs and trees. There they placed their objects: in trees, in the grass, half-hidden in the green. The passer-by is intrigued: by unusual sounds, colours and forms betraying an 'other' presence. Use was made of the special sound ceramics can produce. In her sound sculpture, Silke Wolter incorporated a tape-recording of the manufacturing process, with its slurping and sucking noises. Others concentrated on the possibilities of colour and form. They made a meditation place, like Anna Volkoya with a multi-coloured tile tableau, or they created an unexpected confrontation with animal shapes, like Paula Verstegen, who translated a personal memory of a cuddly toy into an animal installation in the grass. The telephone tree by Tadaaki Narita, a tree in which countless ceramic telephone receivers moved in the wind, visible from afar for passing traffic, formed an invitation to hold one of the receivers against your ear and just to listen for a moment – to the murmur of the sea. A form of contemplation that stood in sharp contrast to the ceramic nightmare park by Halim Al-Karim from Irak, like the others student of the Gerrit Rietveld Academie. In a space of several square metres, he depicted all the demons that pursue him day and night since he left his troubled land behind.

Al deze onderdelen werden bezocht door een delegatie van directeuren van deelnemende academies. Met elke student werd aandachtig gesproken. De kritische gesprekken waren open, eerlijk en soms niet mals. In het algemeen was men verrast door de enorme variëteit in het werk. Dat was een voor- en een nadeel. Een voordeel omdat zo elk aspect van het park wel een keer behandeld werd, een nadeel omdat het veel wisselende bijdragen opleverde – plannen, objecten, essays, kunstwerken. Daarvan was de kwaliteit ook vaak heel wisselend. Er waren nogal wat kinderlijke bijdragen bij. De meest interessante werken vond men de conceptuele projecten. In het algemeen constateerde men weinig gevoeligheid voor de toekomst. Waarschijnlijk werden de studenten in het jaar dat de voorbereiding op dit project duurde wel wat erg vrij gelaten. Veel projecten waren onaf, lieten slechts een – interessante – aanzet zien. Ze eindigden vaak waar je moest gaan nadenken. Voor een volgende manifestatie van de verzamelde buitenlandse kunstacademies zou het thema preciezer gedefinieerd moeten worden, waarbij, naar analogie met het schaatsen, werd gesproken over een verplichte en een vrije 'Kür'. Opvallend was verder dat er nauwelijks nog onderscheid leek te bestaan tussen de bijdragen uit verschillende landen. Er is sprake van een internationale stijl nu iedereen van elkaars werk op de hoogte is (of kan zijn) door de toegenomen mogelijkheden tot communicatie.

All these sections were visited by a delegation of directors of participating academies. Every student was spoken to extensively. The critical conversations were open, honest, and sometimes quite harsh. In general, people were surprised by the enormous variety in the work. This was an advantage as well as a disadvantage. An advantage because every aspect of the park was treated at least once, a disadvantage because it resulted in such disparate contributions – plans, objects, essays, works of art. The quality varied greatly. There were rather a lot of childish contributions. The conceptual projects were considered the most interesting works. Sensitivity towards the future was generally found to be lacking. The students were probably given somewhat too much freedom in the year leading up to this project. Many projects were unfinished, showing only an – interesting – start, often ending just when you began having to think. For a next manifestation of the collected international art academies, the theme should be defined more precisely, with, analogous to figure-skating, a compulsory and a free 'Kür'. What was also striking was that there no longer seemed to be much difference between the contributions from different countries. Now that everybody is informed (or can be) about one another's work thanks to the increased possibilities of communication, there seems to be an international style.

Ook de politieke of ideologische dimensie bleek geheel verdwenen, met uitzondering van een grote gevoeligheid voor de aantasting van het milieu. Weinig studenten vroegen zich af wat de positie van mensen is – in het park en daarbuiten. Er lijkt geen hiërarchie meer tussen amusement en maatschappelijk leven. Ze lopen in elkaar over. Is het de taak van een academie om de ideologische dimensie aan te brengen waar die ontbreekt? Of moeten scholen deze afkeer als gegeven accepteren? Waarom zouden studenten zich ook iets aantrekken van de wereld om hen heen als die wereld ook nauwelijks op hen zit te wachten. Elke student aan een kunstacademie is er inmiddels van doordrongen dat hij een kostenpost is en dat het beter voor de wereld zou zijn als hij niet zou bestaan. In die situatie is het geen wonder dat de student eerst aan zichzelf denkt en het leven op zijn best beschouwt als een amusante survival-tocht.

HALIFAX
MONTREAL
WASHINGTON
NEW YORK
HAVANNA
WESTGRÖNLAND
BRASILIA
RIO DE JANEIRO
SÃO PAULO
MONTEVIDEO
BUENOS AIRES
CARACAS
LA PAZ
ASUNCIÓN
SANTIAGO CHILE
PANAMA
SANTAFÉ BOGOTÁ
QUITO
LIMA
2 3 4 5
gorenje
DENON
Togal
SANYO
SATURN
SPORTARENA
KAUFHOF
U
JUWELIER
ORION

AZOREN
REYKJAVIK
DUBLIN
LONDON
AMSTERDAM
BERLIN
PARIS
STOCKHOLM
WARSCHAU
KAP VERDE
CASABLANCA
CONAKRY
DAKAR
BAMAKO
ACCRA
OSLO
KOPENHAGEN
WIEN
BERN
PRESSBURG
BELGRAD
ROM
TUNIS
KINSHASA
ANKARA
ISTANBUL
ATHEN
TEL AVIV
JERUSALEM
BEIRUT
DAMASKUS
KAIRO
KAPSTADT
SHARP
TV VIDEO AUDIO

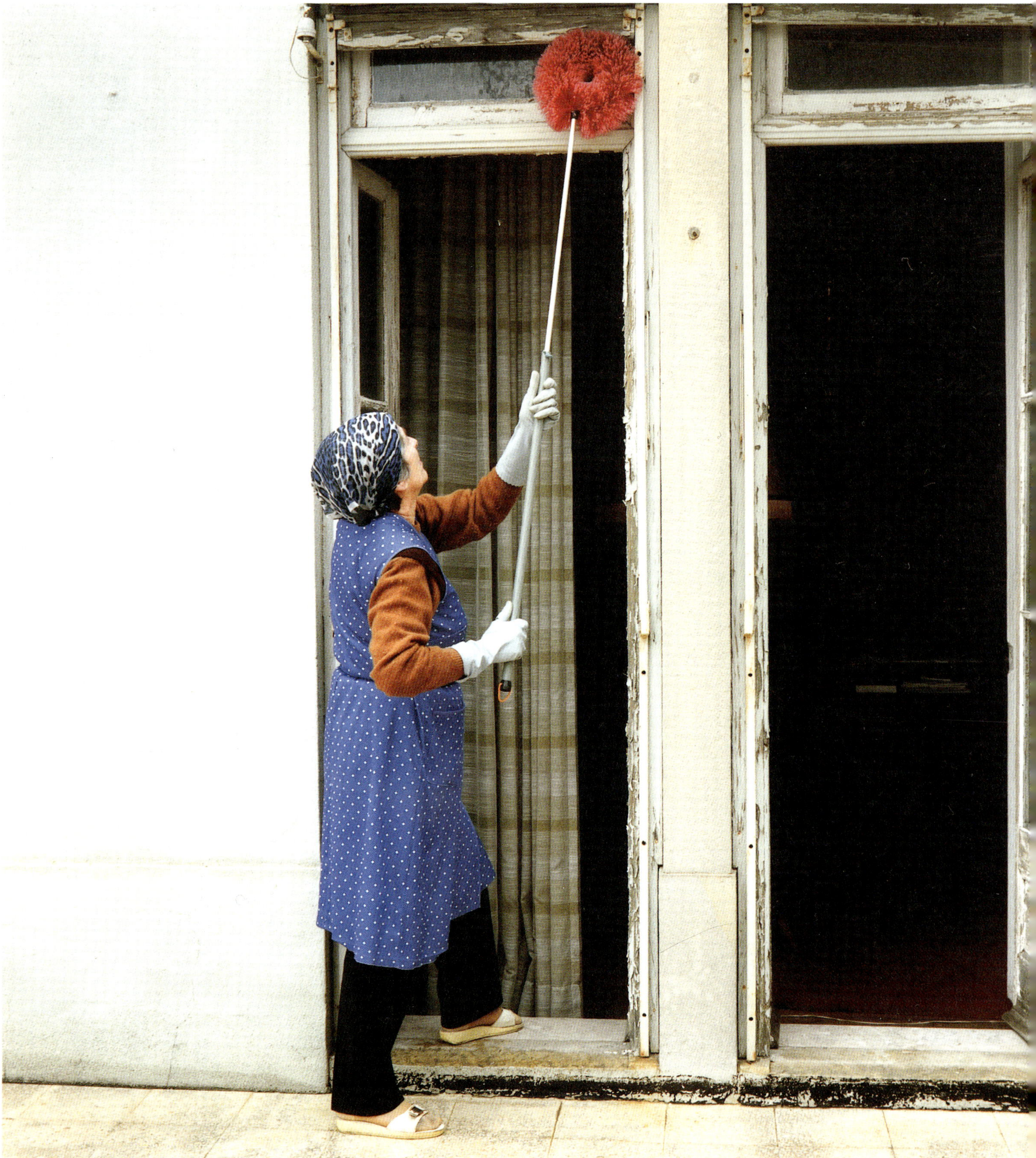

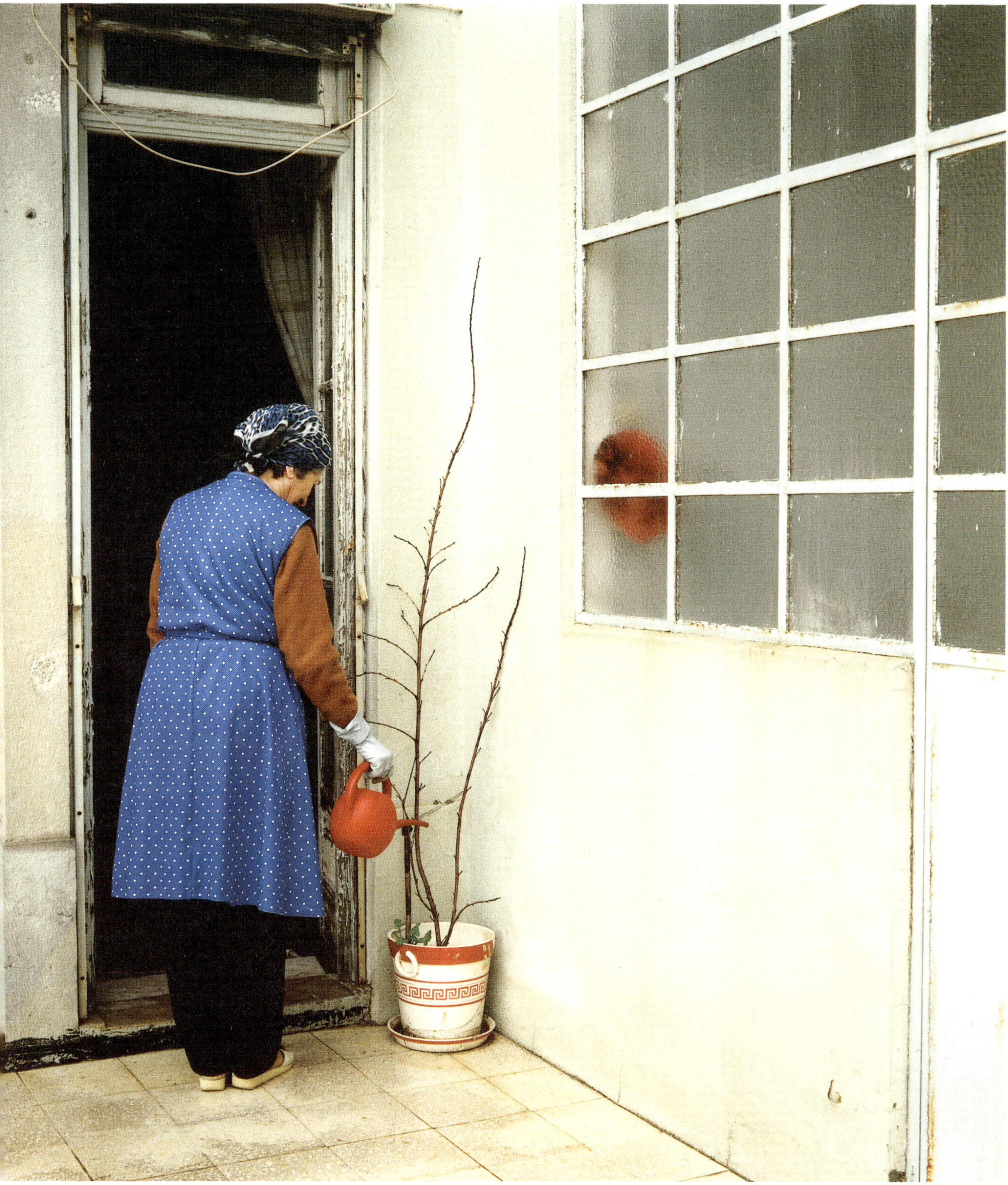

The political and ideological dimension also seemed to have disappeared completely, with the exception of a great sensitivity to environmental damage. Few students asked themselves what the position of people is – in the park and outside it. There seems to be no hierarchy between amusement and daily life, the two blending into each other. Is it the task of an art school to supply an ideological dimension where it is lacking? Or should schools accept this aversion as a given? After all, why should students care about the world around them when this world is hardly waiting for them. Every art academy student by now is fully aware that he is a burden and that it would be better for the world if he didn't exist. In this situation, no wonder the student thinks of himself first and at best considers life an amusing survival trip.

The most striking outcome of the entire project is that students hardly see a difference between nature and culture, between park and city. They blend into one another. Students experience everything as an artificial environment, and hence almost automatically make the city into a park, as could be seen in the countless playful routes. Like the computer games they are familiar with, they see every environment as a place for adventure. Thus the city, via the park, becomes a playground. Homo ludens, born in the sixties, finally has a biotope.

> De meest opzienbarende uitkomst van dit totale project is dat studenten eigenlijk nauwelijks onderscheid zien tussen natuur en cultuur, tussen park en stad. Die lopen vloeiend in elkaar over. Ze ervaren àlles als een kunstmatige omgeving, en maken daardoor bijna automatisch van de stad een park, zoals te zien was in de talloze speelse routes. Net zoals in de computerspellen waar ze vertrouwd mee zijn, zien ze elke omgeving als plaats voor avontuur. Zo wordt de stad, via het park, een speelplaats.
>
> De homo ludens, geboren in de jaren zestig, heeft eindelijk een biotoop.

Pauline Terreehorst
is a columnist for the Newspaper 'de Volkskrant' and researcher in the area of urban life.
is columnist van de Volkskrant en onderzoeker op het gebied van stedelijk leven.

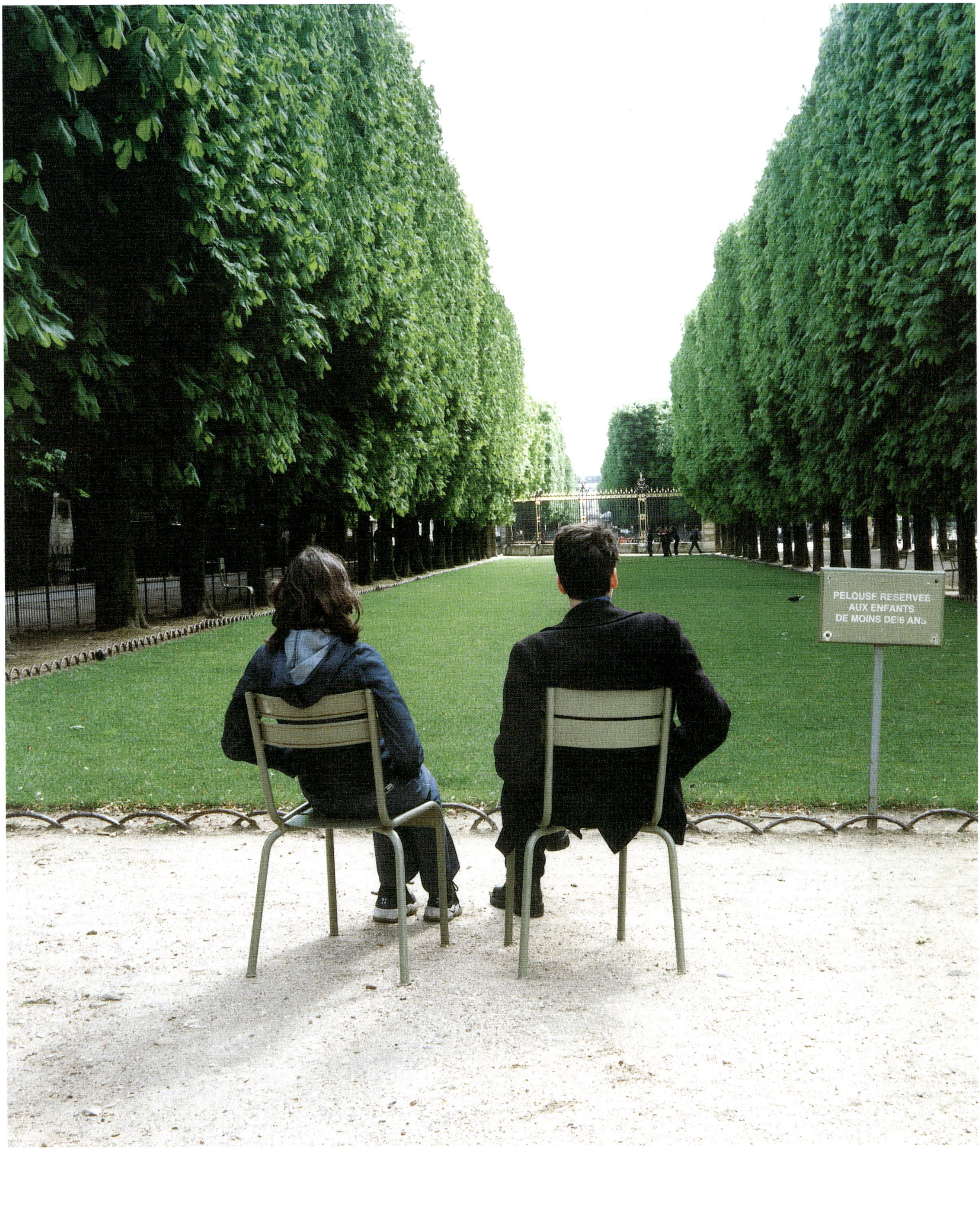
PELOUSE RESERVEE
AUX ENFANTS
DE MOINS DE 6 ANS

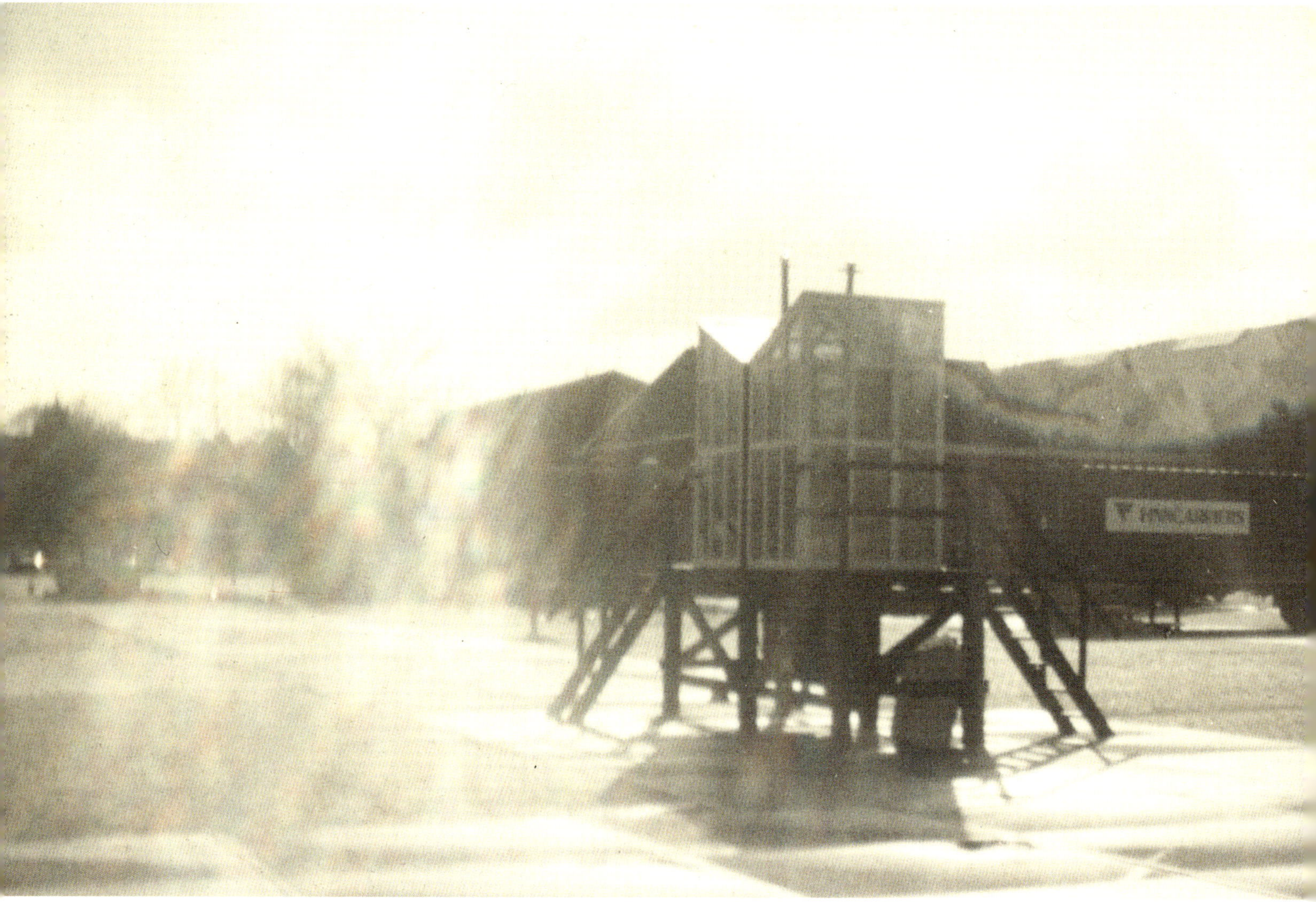

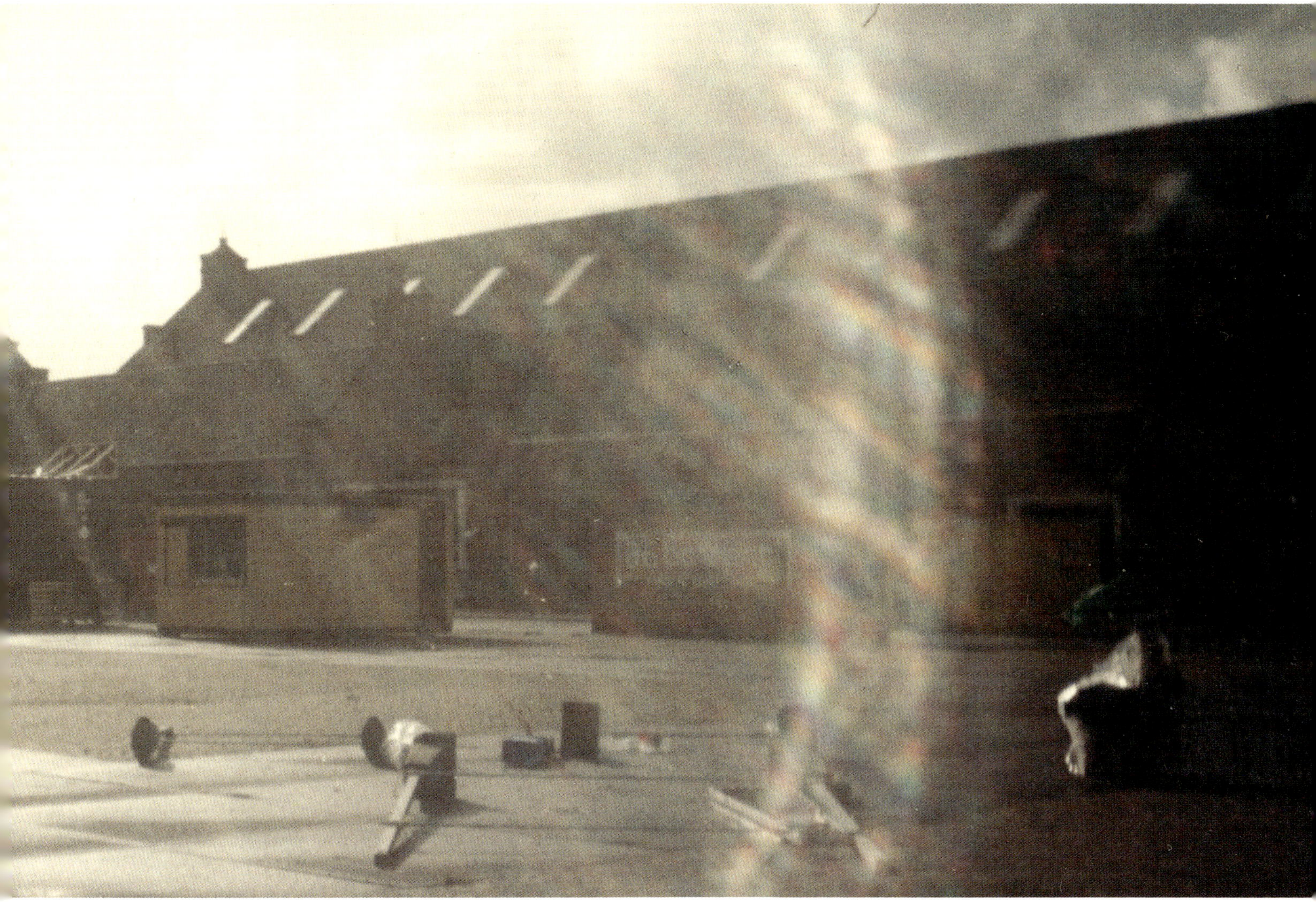

The AIAS Prize of Honour

De AIAS Prize of Honour

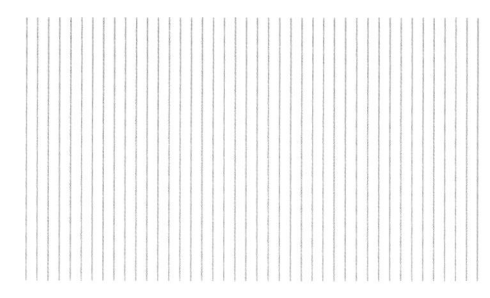

Every year, AIAS (the International Association of Independent Art and Design Schools) organizes workshops for teachers and advanced students from the affiliated schools. These workshops are linked to the general assembly, the annual meeting of the association.

To celebrate the 75th anniversary of the Gerrit Rietveld Academie and in connection to Simon den Hartog's farewell from the academy as well as from AIAS, the General Assembly and the workshops 1999 were extended on this occasion to include participants from all Dutch art and design academies. Unlike in previous AIAS workshops, the participants, supervised by their teachers, developed a project on the theme in advance. The result was presented on the grounds of the Westergasfabriek. No less than 43 schools from around the world registered, and 792 participants – students, teachers and management – actively took part in exhibitions, lectures, discussions and excursions.

AIAS (the International Association of Independant Art and Designschool) organiseert jaarlijks workshops voor docenten en gevorderde studenten van de aangesloten scholen. Deze workshops zijn gelieerd aan de general assembly, de jaarvergadering van de vereniging.

Ter gelegenheid van het 75-jarig bestaan van de Gerrit Rietveld Academie en in verband met het afscheid van Simon den Hartog, zowel van de academie als van AIAS, werd besloten om een General Assembly en workshops 1999 te organiseren en voor de gelegenheid uit te breiden met deelnemers van alle Nederlandse Kunst- en Ontwerphogescholen.

AIAS was established in 1990 in the Bauhaus Dessau. This initiative of the Schule für Gestaltung Basel and the Gerrit Rietveld Academie aims to develop and strengthen the contacts between independent, relatively small art and design academies. Participating schools have a strong tradition and offer education of a high quality. The members contribute actively to the internationalization of art and design education.

In tegenstelling tot voorgaande AIAS-workshops werkten de deelnemers vooraf, onder begeleiding van hun docenten, een project rond het thema uit. Het resultaat hiervan werd gepresenteerd op het terrein van de Westergasfabriek. Maar liefst 43 scholen vanuit de hele wereld meldden zich aan en zo'n 792 participanten – studenten, docenten en directieleden – namen actief deel aan de lezingen, discussies en excursies.

AIAS werd in 1990 in het Bauhaus Dessau opgericht. Dit initiatief van de Schule für Gestaltung Basel en de Gerrit Rietveld Academie heeft als doel het ontwikkelen en versterken van contacten tussen onafhankelijke, relatief kleine kunst- en ontwerphogescholen. De deelnemende scholen hebben een sterke traditie en bieden hooggekwalificeerd onderwijs. De leden dragen actief bij aan de internationalisering van het kunst- en ontwerponderwijs.

Nu, negen jaar later, telt de vereniging 22 scholen verspreid over Europa, Azië en Amerika. Het directe, persoonlijke contact tussen de directies levert een grote slagvaardigheid op, wat het mogelijk maakt om vele vruchtbare samenwerkingsprojecten te realiseren. Het wederzijdse respect voor en nieuwsgierigheid naar elkaars cultuur en de betekenis daarvan voor de persoonlijke en professionele ontwikkeling van kunst- en ontwerp- studenten, is hierbij de belangrijkste doelstelling.

Now, nine years later, the association comprise 22 schools spread across Europe, Asia and Ame rica. The direct, personal contact between th boards makes for quick and decisive action, en abling the realization of many fruitful joint pro jects. The mutual respect for and curiosity abou one another's culture and its role in the persona and professional development of art and desig students is the most important goal.

Every year, the AIAS Prize of Honour i awarded to the best AIAS student. For this on particular occasion, the Association increased th money prize from DM 4,000 to DM 10,000. On Fr day, April 16 the jury announced that the AIA Prize of Honour would be awarded to two cand dates: Anneliese Sojer from the AKI in Enschedd and Sean Hopper, Leon White and Luke Griffin an occasional collective from Bristol, England.

Jaarlijks wordt de AIAS Prize of Honour ui gereikt aan de beste AIAS-student. De Veren ging heeft deze geldprijs voor deze gelegenhei eenmalig verhoogd van DM 4'000 naar D 10'000. Op vrijdag 16 april maakte de jury b kend dat de AIAS Prize of Honour 1999 aa twee kandidaten werd uitgereikt: Annelies Sojer van de AKI in Enschede en Sean Hoppe Leon White en Luke Griffing, een geleger heidscollectief uit Bristol, Engeland.

Els Nieuwenhuis
secretary AIAS
secretaris AIAS

Participating Schools
Deelnemende Scholen

Antwerpen, B
Karel de Grote Hogeschool
Amsterdam, NL
Amsterdamse Academie voor Beeldende Vorming
Amsterdam, NL
Gerrit Rietveld Academie (AIAS)
Amsterdam, NL
Sandberg Instituut (AIAS)
Arnhem, NL
Hogeschool voor de Kunsten
Athens, GR
Athens School of Fine Arts
Barcelona, E
Escole Superior de Disseny Elisava
Basel, CH
Schule für Gestaltung Basel (AIAS)
Bratislava, SK
SVU Academy of fine Arts and Design
Breda, NL
Academie voor Beeldende Kunsten St. Joost
Bristol, GB
University of the West of England
Copenhagen, DK
Danmarks Designskole
Den Bosch, NL
Academie voor Beeldende Vorming
Den Haag, NL
Koninklijke Academie voor Beeldende Kunsten
Düsseldorf, D
Fachhochschule
Eindhoven, NL
Design Academy
Enschede, NL
AKI Academie voor Beeldende Kunst (AIAS)
Euiwang-Shi Kyunggi-Do, KOR
Kaywon School of Art and Design (AIAS)
Firenze, I
Studio Art Centre International (AIAS)
Geneva, CH
Ecole Supérieure d'Art Visuel (AIAS)
Gent, B
Hogeschool Gent
Groningen, NL
Academie Minerva

Halle, D
Hochschule für Kunst und Design (AIAS)
Hamburg, D
Fachhochschule Hamburg
Hamburg, D
Hochschule für Bildende Künste Hamburg (AIAS)
Helsinki, FIN
University of Art and Design Helsinki (AIAS)
Issy Les Moulineaux, F
Strate Collège (AIAS)
Jerusalem, IL
School of Visual Theatre
Kampen, NL
Chr. Hogeschool voor de kunsten Constantijn Huygens
Lisboa, P
Centro de Arte e Communicacao Visual (AIAS)
London, GB
Wimbledon School of Art (AIAS)
Maastricht, NL
Academie Beeldende Kunst
New York, USA
School of Visual Arts (AIAS)
Oslo, N
Statens Handverks- og Kunstindustriskole (AIAS)
Paris, F
Ecole Supérieure de l'Art Graphiques et Architecture Intérieure (AIAS)
Rotterdam, NL
Hogeschool Rotterdam en omstreken, Willem de Kooning Academie
Saporro, J
Hokkaido College of Art and Design (AIAS)
Tilburg, NL
Academie voor Beeldende Vorming
Tokyo, J
Tokyo Toyo Bijutsu Gakko of Tokyo (AIAS)
Torino, I
Academy of Fine Arts, Accademia Albertina
Utrecht, NL
Hogeschool voor de Kunsten
Virginia, USA
Virginia Commonwealth University
Zürich, CH
Hochschule für Gestaltung und Kunst (AIAS)

Park of the Future

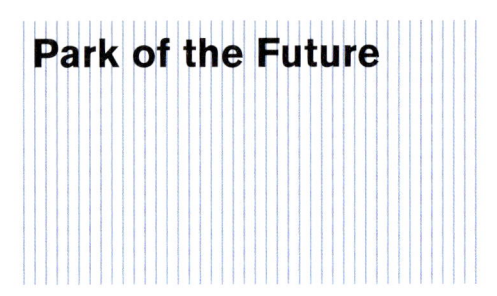

Seminar 12-18 april 1999 in the framework of the 75th anniversary (1924-1999) of the Gerrit Rietveld Academie Amsterdam and the annual workshops of the International Association of Independant Art and Design Schools (AIAS) and the farewell of Simon den Hartog after having been chairman of the board of the Gerrit Rietveld Academie (GRA) for 25 years.

Project Co-ordinator
Harry Heyink

Project Office
Ingrid Habets, Florian Göttke, Alette Fleischer, Emilie Blom van Assendelft, Linda Bannink, Luit Tabak

Public Relations
Kiek Houthuysen, Eveline Brilleman

Special Projects
Joost van Haaften, André Klein, Margriet Kruyver

The Other Side of Design
The Park of the Future is subsumed under the foundation The Other Side of Design.
Board: Simon den Hartog, Wouter Fens, Maarten Regouin, Petri Leijdekkers

Fundraising
Wouter Fens, Han Lyre, André van Stigt, Harry Heyink
Assistants fundraising: Ingrid Habets, José Neering

AIAS Forum
Mary Beckinsale, Manuel da Costa Cabral, Sipke Huismans, Saburo Nakagome, Rudolf Schilling

The AIAS Prize of Honour
Co-ordinated by Simon den Hartog, Els Nieuwenhuis
Jury: Sipke Huismans, Young Jin Kang, Jules Maidoff
Nominees: Ro Hagers (GRA), So Yun Byun (Korea), Malin Kristina Lindmark (GRA)
The prize was awarded to: Anneliese Sojer (AKI) from the Netherlands, Sean Hopper, Leon White, and Luke Griffing, an occasional collective from Bristol, England.

Printing of Publicity
Design by Julia Born, Daria Holme, Elisabeth Maas, Yvonne van Versendaal

Guest Speakers
Supervised by Alette Fleischer

Vito Acconci (artist), Yariv Alter Fin (artist, designer), Lia Gieling (for Marinus Boezem (artist), director de Paviljoens Almere), Annet Bult (artist), Erik de Jong (architectural and landscape historian), Hans van Dijk (architect), Olafur Eliasson (artist), Andrée van Es (managing director De Balie Amsterdam), Michael R. van Gessel (landscape architect), Paul Groot (art critic), Francine Houben (Mecanoo Architekten), Kamagurka (cartoonist, comedian, artist, interviewed by PJ Roggeband en Gijs Muller), André Klein (art historian), Maarten Kloos (architect, chairman of the forum discussion), Jeroen Kooijmans (artist), Hans van Koolwijk (sound artist), Ronald Ophuis (artist), Johan Pas (art historian, critic and curator), Neil Porter (architect), Jonathan Smales (chief executive Earth Centre), Debra Solomon (artist), Rodney Turner (biochemist), Mike Tyler (artist), Evert Verhagen (project manager Westergasfabriek)

Work Evaluations
Supervised by Albert van der Weide
Assisted by Federico Campanale

Chairpersons
Graphic Design, New Media, Photography
Jules van de Vijver, Alain Roulot, Adrienne Goehler, Rüdi Baur, Saburo Nakagome, Alois Müller, Silas Rhodes

Free and Applied Art
Willebrord de Winter, Paul van Dijk, Liesbeth van 't Hout, J. René Tallop, Birgitta Einarsson, Hideo Takahashi

Autonomous Art
Sipke Huismans, Petri Leijdekkers, Kees Vuyk, Alex de Vries, Mary Beckinsale, Ludwig Ehrler, Young-Jin Kang

Architecture and Landscape Architecture
Peter Godefrooij, Daniël Reist, Rudolf Schilling, Bernard Zumthor, Koefoed Holger

Workshops
Supervised by Bas van Leeuwen
Assisted by Rutger Emmelkamp

Joost Grootens, Moritz Ebinger, José Vonk, Roos Heemskerk, Anne Mieke Kooper, Joost Post (in collaboration with Nedgraphics), Bruno Felix, Onno Boekhoudt, Iris Eichenberg, Ellert Haitjema, Willem van Zoetendaal, Peik Suyling, Babs Haenen, Bernard Asselbergs, Mieke Groot, Ruwan Aluvihare, Henk de Vroom

Excursions
Co-ordinated by Antje de Wilde

Kapitein Touringcar, Vincent de Boer, de Paviljoens Almere

Guided Tours
Co-ordinated by Bert Taken

Els Nieuwenhuis, Tineke Reijnders, Bert Taken, Bernard Asselbergs, Jouke van der Werf, Mathilde Speier Roskam, Wim Kroep, Renée Aardewijn, Aaf van Essen

Film Programme
Co-ordinated by Albert Wulffers
Assisted by Inke Heiland

Martin Grootenboer, Margriet Kruyver, Kitty Manning

Evening Programme
Co-ordinated by Paul van den Berg

Erik Alkema, Max Franken, Ro Hagers, Inke Heiland, Miek Hoekzema, Vanessa Hudig, Yasmijn Karhof, Koorts, Lama, Robert Lambermont, Hans Muller, Jonas Ohlsson, Rob Slooten, Bernard Trasberger, Hotze Veenstra, Peter Vink, Merel Voorsluis, Richard Watkins

Simon of the Future
Farewell afternoon Simon den Hartog

Felix Rottenberg, Andrée van Es, Anne Mieke Kooper, Charlotte van der Putten, Martin Grootenboer, Ank Verrips, Ruud Molleman, Colette Grootenboer, Erik Alkema, Diederik Boel, Mariska van Gelder, Alette Fleischer, Mariëlle Lam, Merel Voorsluis, Richard Watkins, students of the Audiovisual Department (VAV)

Floormanagers

...andro de Castro, Rutger Emmelkamp, Gerrit van der ...out, Stephanie Kratz, Wouter van Loon, Sabine ...ooibroek, Jan van der Ploeg, Femke Schaap, Kuno ...rwindt, Jan Wierda

Drivers

...ob van Betuw, York Vornfett

Setting Up

...o-ordination and ground planning by Florian Göttke

...odul Karim Asselman, Alex Fischer, Andi, Anita ...chaluszko, Dylan Graham, Etta Säfve, Eveline ...sschendijk, Jeroen Visschendijk, Frank, Gerbrand, ...unver Helbo, Jeroen van de Ven, Jonas, Kinga ...elczynska, Krysztof Wegiel, Lisa, Miriam Daube, ...klas Bakstrøm, Noël Stavropoulos, Ro Hagers, ...agi Groner, Stefan Kuhn

Technical Assistance

...erk Timmer, Ank Verrips, Jan Paul Glas, Sandro de ...astro, Frans Boven, Ruud Molleman, Auke Riemersma ...d students of the SAE Technology College

Tool Rental

...o-ordinated by Andries de Kock and Ief van Meegeren

...scha Rem and Bart Vissers

Cleaning

...o-ordinated by Jasper van Dijk

...Fedal Akhechaa, Ahmed Aoulad Si Ahmed, Martin ...ergwerf, Abdul El Bohali

Catering The Wave

...o-ordinated by Sophia France, Bernardien Smits

...ichting Au Gratin and many volunteers

Fashion Show

Supervised by Giene Steenman

Liesbeth Gritter, Nico Bouwens Productie Doorn, Motorclub, Yamaha TDM-TRX International Owners Club - Nico de Vroome, Kawasaki Z Club - Wilco Vonk, designers, models, Juul van den Heuvel, Franka van der Loo, Neeltje Dam, Bas Morsch, Erik Buis

75 Anniversary Party

Co-ordinated by Sophia France and André Klein

Steven Baart, Casper en Frank, Fred Dzialiner, Pieter Elbers, Alexander Fischer, Hans Muller, Alberto de Michele

Registration Desk

Ingrid Habets, Linda Bannink, Ingo Heuschkel, Jet Langman, Pier Tosta

Information Desk

Co-ordinated by Mirjam Mazurel

Gerrie Högemann, Lenneke Favier, Anita van Meggelen, Pauline Prins, Roel Ruyten, Jutka Vićs, Marijke Slothouber, Suzanna Brenner, Prosper Maas, Rona Mathlenes, Eleonora Meier, Richtje Reinsma, Pier Tosta

Ticket Control

Yayaire Salas, Claire Vayne, Ellen Verheyen

The Bank

Supervised by Daaf Haverman

Inez Opti, Vincent Rijs, Josine Vogelaar, Margot Witteveld, Sangito Blok, Ron Pront, Staeske Rebers

The Simons

Co-ordinated by Wim Worm, Sytze Folkertsma and Alex Barbaix

Una Gildea, Sytze Folkertsma, Moussa Ibrahim, Michiel Blumental, Martijn Mintjes, Esther Kronemeyer, Angelique van Wesemael, Volker Licht

The Parkshop

Co-ordinated by Marjan Unger

Chiquita Nahar

The Park Newspaper

Co-ordinated and designed by Jozee Brouwer

Josefien Croese, Albine van Donkelaar, Esme Duives, Shunji Hori, Raga Paape, Tibor Sisarica

Caretakers

Theo van Doorn, Fred Dzialiner, Gerrie Högemann, Bert de Waard, Appie Bood, Dylan Graham

Attendants

Co-ordinated by Jet Langman

Andrea, Alex Barbaix, Frans Boven, Pieter Elbers, Charlotte, Bert Hendriks, Andrea, Christiaan Honig, Ton Huisman, Frank Hulscher, Erwin Keen, Desiree Klein, Frank Kormicks, Theo van der Meer, Kees Maas, Ruud Molleman, Aukje Nolten, Johannes Schwartz, Vincent van Ginneke, Paula, Ron Pront, Rosa, Martin Stoete

Security

Co-ordinated by Fred Dzialiner

Marlous Born, Sebastiaan Bruin, Sybren Hoek, Sander Lenen, Toine van de Kruis, Emiel Molin, Maartje van Nimwegen, Sebastiaan Serlé, Wouter Stelwagen, Alexander Titarenko, Mathieu Vrijman, Floor Wesseling

Westergasfabriek

Evert Verhagen, Liesbeth Jansen, Fré Meijer, Adri Jonges, Charlotte Kruyver, Mariza Manck, Femke Barendrecht, Patrick Praaning, Ohio - Elsemieke Meijer, Club de Ville - Emmy Schouten, Marc van Warmerdam and personnel of the Ketelhuis, the Laboratorium building, William Rodenburg, Simon Rood, Guus Claessens

Website

Markus Hofmeier, Peter Mertens

Colophon

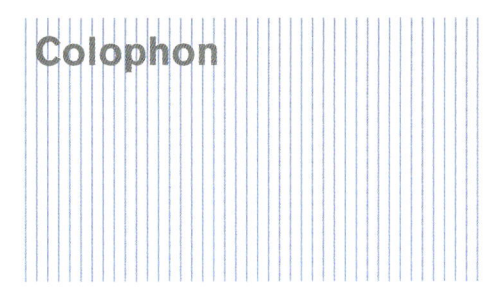

Park of the Future
Seminar 12-18 april 1999 in the framework of the 75th anniversary (1924-1999) of the Gerrit Rietveld Academie Amsterdam and the annual workshops of the International Association of Independant Art and Design Schools (AIAS) and the farewell of Simon den Hartog after having been chairman of the board of the Gerrit Rietveld Academie (GRA) for 25 years.

Editors
Margriet Kruyver, final editing, co-ordinator
   Time Based Arts Department GRA
Willem van Zoetendaal, co-ordinator
   Photography Department GRA
Simon den Hartog, former chairman of the
   Board of the Gerrit Rietveld Academie and
   former president of AIAS
Wouter Fens, board member GRA
Harry Heyink, project co-ordinator Park of the
   Future, GRA
André Klein, co-ordinator Bureau Rietveld GRA
Albert van der Weide, board advisor GRA

Design
Kathrin Hero

Translation
Philibert Schogt

Printing
Drukkerij SSP, Amsterdam
Drukkerij Rob Stolk, Amsterdam
Drukkerij Calff en Meischke, Amsterdam

Binding
Baltus, Amsterdam

Paper
Arctic Volume, 150 g/m^2
Maine Club, 150 g/m^2
both by Grafisch Papier

2500 copies printed

ISBN 90-6617-241-x

This book is published to close off the AIAS seminar that took place on the grounds of the Westergasfabriek in Amsterdam from 12 through 18 april 1999, and is a publication by De Balie in collaboration with The Other Side of Design Foundation and the Gerrit Rietveld Academie, Amsterdam, 1999.

Rietveld project nr. 100

Copyright Gerrit Rietveld Academie, Sandberg Instituut, the writers, the designer and the photographers.

Photography
Ahmed Helaka, p. 32, 33, 36, 37, 40, 42, 44, 46
Kathrin Hero, p. 14
Arne Kaiser, p. 129, 131-133, 135-137, 140-142, 145-148, 150
Dirk Kome, p. 71, 86
Astrid Kruse Jensen, p. 64, 65, 66, 68, 69, 74, 85b, 87, 88, 89, 90
Jan Luitjes, p. 77, 78
Petra Noordkamp, p. 102, 104, 108, 110, 152
Corry Schoenarts, p. 80, 82, 91, 92, 95
Annemarie Sigtermans, p. 67, 73, 81, 83, 84, 94
Monika Wiechowska, p. 9, 10, 13, 15, 16, 18, 20-23, 26-28
Mario Zeba, p. 72, 85a, 93

Cover photograph by Arne Kaiser

poem by Herman de Coninck from:
Herman de Coninck, Vingerafdrukken, AP, 1997

The names of the participants mentioned here were known on the day of registration.

This publication was preceded by the four issues listed on the next page.

Every reasonable effort has been made to acknowledge credits for illustrations included in this book. However in some instances the copyright holders could not be traced. In case of any claims, please contact the publisher.

Gerrit Rietveld Academie
Fred Roeskestraat 96
1076 ED Amsterdam
The Netherlands

tel. +31 20 5711600/671
fax +31 20 5711654

www.gerritrietveldacademie.nl
www.gerritrietveldacademie.nl/park
info@gerritrietveldacademie.nl
rietveld@gerritrietveldacademie.nl

With thanks to

Art Unlimited, Ynte Alkema, Frank Beekers, Guy van Belle, Janek Bersz, Frans Bevers, René Binsbergen, Jan Bos, Madeleine Bosscher - de Rijk, Bouw en Woningtoezicht, Joke Brakman, Brandweer Amsterdam, Nicky den Breejen, Eveline Dielen, EHBO-Dienst dhr. Vonk, Linda van Deursen, Iris Eichenberg, Firma Perle, Manel Esparbé y Gasca, Mathilda van Geem, Gemeente Politie Amsterdam, Mieke Gerritsen, Michael de Goede, Henk Groenendijk, Mieke Groot, Joost Grotens, Joost van Haaften, Frieda Hahn, Joseph Hey, Jet van den Heuvel, Gerard Heyman, Martine van der Horst, Jos Houweling, Impressariaat Wim Visser bv, Renate Jorg, Olivier Julia, Sabine Käppler, Arthur Kempenaar, Matja Kerbosch, Arjo Klamer, Koninklijke Bijenkorf B.V., Freek Kuin, Victor Levie, Erik Mattijssen, Luna Maurer, Aernout Mik, Cees Nagelkerke, Hester Oerlemans, Frans Oosterhof, Ruudt Peters, Alet Pilon, Huig van der Plas, Portiers Westergasfabriek, René Put, Susanna Robinson, PJ Roggeband, Macha Roesink, Dick Rijken, Marjolijn Ruyg, Sandberg Instituut, Tom Schippers, Gabriëlle Schleijpen, Jaap Schokkenbroek, Lenny Schröder, Rob Schröder, Eric Slothouber, Wilma Sommers, Stadsdeelraad Westerpark, Stichting Blijvend Applaus, Ivo van Stiphout, Rob Stolk, Peik Suyling, TFF Decor Almere, Selma Trapman, Matti Veldkamp, Eveline Visschendijk, Bert Visser, Barry Vos, Pien Vrijhof, Tjallien Walma van der Molen, Lam de Wolf, Dick v.d. Woude, Sybrand Zijlstra, all teachers involved, volunteers and many others.

Rogério Lira
Andrew Mattijssen
1997

Sofie Spindler
Shira
1998

Julia Born
Daria Holme
1998

Merit Buitenhuis
Judith Schoffelen
1999

This publication has been made possible by

Ministerie van VROM
Rijksplanologische Dienst

Ministerie van LNV
dir. Groene Ruimte en Recreatie

Sponsors and Subsidisers of the Park of the Future

HGIS-C van
　het Ministerie van Onderwijs, Cultuur en
　Wetenschappen
　en het Ministerie van Buitenlandse Zaken
VSB Fonds
Amsterdams Fonds voor de Kunst
Mondriaan Stichting
SNS Reaal Groep
Prins Bernhard Fonds
Stimuleringsfonds voor Architectuur
Stichting Herinneringsfonds Vincent van Gogh

Stichting Cultuurfonds van de Bank
　Nederlandse Gemeenten
Stadsdeel Westerpark
Bouwfonds Cultuurfonds
Van Eesteren-Fluck & Van Lohuizen Stichting
Schipholfonds
Anjerfonds Amsterdam
Rabo Vastgoed b.v.
Vereniging Buma
Forbo Krommenie b.v.
Meyson b.v.
Strukton Bouwprojekten b.v.

Hotel Arena
MAB b.v.
Winston Hotel
Alpha Papier
Paardekooper & Hoffman
Combi b.v.
Giele B.V. bloemdecoraties/interieurbeplanting
International Association of Independant Art
　and Design Schools, AIAS
Drukkerij SSP
Drukkerij Rob Stolk
Drukkerij Calff en Meischke